走向数字文明

数字政府

全球建设趋势与中国实践

中国信息通信研究院 组编
张春飞 杨媛 刘高峰 等著

机械工业出版社
CHINA MACHINE PRESS

《数字政府：全球建设趋势与中国实践》是服务我国数字经济建设，为数字中国战略落地和执行提供智力支撑的专业经济读物。

数字政府是建设网络强国、数字中国的基础性和先导性工程，是创新政府治理理念和方式、形成数字治理新格局、推进国家治理体系和治理能力现代化的重要举措。本书从全球及我国数字政府改革的最新实践入手，研究分析新一轮人工智能发展浪潮、数字中国整体布局下数字政府建设的新趋势、新规律；从中央关于数字政府建设的最新体系框架入手，描绘提出各模块的未来发展思路、策略路径；从技术创新这一最活跃、最关键的变量入手，总结大数据、人工智能、区块链等新兴技术在政府治理中的应用进展、制度规则变革，展望数字政府的变革方向。

图书在版编目（CIP）数据

数字政府：全球建设趋势与中国实践／中国信息通信研究院组编；张春飞等著. -- 北京：机械工业出版社，2025.2. --（走向数字文明）. -- ISBN 978-7-111-77386-3

Ⅰ. D63-39

中国国家版本馆 CIP 数据核字第 20257MN163 号

机械工业出版社（北京市百万庄大街22号　邮政编码100037）
策划编辑：李　浩　　　　责任编辑：李　浩　刘　洁
责任校对：李　杉　张亚楠　　责任印制：常天培
北京联兴盛业印刷股份有限公司印刷
2025年6月第1版第1次印刷
170mm×230mm・16.75印张・1插页・215千字
标准书号：ISBN 978-7-111-77386-3
定价：89.00元

电话服务　　　　　　　　　网络服务
客服电话：010-88361066　　机　工　官　网：www.cmpbook.com
　　　　　010-88379833　　机　工　官　博：weibo.com/cmp1952
　　　　　010-68326294　　金　书　网：www.golden-book.com
封底无防伪标均为盗版　机工教育服务网：www.cmpedu.com

推荐序

中国信息通信研究院副院长　王志勤

当今世界，数字技术正以前所未有的速度重塑社会生产模式、生活方式和治理逻辑，成为重组全球要素资源、重塑全球经济结构、重构全球竞争格局的关键力量。全球数字经济规模持续扩张，5G、人工智能、大数据等数字技术与实体经济深度融合，持续提升经济全要素生产率。数据作为新型生产要素广泛融入生产、分配、流通、消费各环节，其爆发式增长和规模化应用不断催生新产业、新业态。平台作为新的组织方式和商业形态，推动技术和产业变革朝着数字化、智能化方向加速演进，在贯通经济循环、优化社会资源配置的作用日益突显。人工智能快速发展突破，深度融入千行百业，驱动科技跨越发展、产业优化升级、生产力整体跃升等方面深刻变革。

从人类文明史来看，每一次跃迁都伴随着技术与制度的共振。当蒸汽机轰鸣开启工业文明时，亚当·斯密以《国富论》重构经济规则；当电力网络重塑城市形态时，马克斯·韦伯用科层制定义现代治理；今天，数字技术的指数级进化正将人类推向新的文明临界点。人类如何在数字化快速发展中驾驭风险、平衡创新与秩序，是迫切需要解答的难题。

当前，数字化大发展大变革与制度建设的不适应问题日益显现。例如，数据要素的产权界定滞后于交易流通需求，全球算力竞争与数字主权博弈正在影响数字领域的国际合作，政府治理能力亟待提升以更好地适应数字化智能化发展的需要，网络安全威胁从技术漏洞升级为系统性风险。这些矛盾的本质，是工业文明的治理工具箱已经无法拆解数字时代的复杂问题，需要我们系统性思考数字时代的治理体系变革。

基于上述洞察，中国信息通信研究院与机械工业出版社共同策划了"数字经济与治理"系列丛书，以全球视野、中国方案、学术深度、实践导向为锚点，通过《数字治理》《数字贸易》《数字政府》《数字安全》四册，回应当前数字治理的热点难点问题。《数字治理》和《数字贸易》两册聚焦全球层面的数字治理规则重塑、数字贸易演变，洞察了数字化发展背景下的国际治理体系改革和国际经贸发展最新动向，展现了中国积极参与全球数字治理体系建设、深化全球数字贸易合作的实践成果。《数字政府》聚焦国家层面治理能力的提升，基于政府数字化变革的规律特征，提出了建设路径、制度改革和未来发展方向。《数字安全》识别了数字化发展中面临的安全挑战，基于数字安全技术和产业发展分析，探讨了如何在数字化时代实现安全与发展的动态平衡。

从编撰成文到出版发行，"数字经济与治理"系列丛书凝聚了中国信息通信研究院各研究团队的辛勤与智慧。编写团队均长期深耕在产业发展和数字治理一线，拥有丰富的实践经验，书中嵌入了大量我们长期积累的数据和案例。希望这套丛书能成为政策制定者的案头参考、学术研究者的思想火种、行业实践者的行动指南，更期待它激发每一位读者对数字时代"何以治""何以安""何以兴"的深度思考。

历史长河奔腾不息，时代考卷常答常新。站在"数字文明"的新起点上，唯有建立技术向善的治理框架、包容普惠的发展模式、动态平衡的监管体系，我们才能将数字技术的变革性力量转化为文明进步的可持续动能。

前　言

近年来，伴随着新一轮科技革命和产业变革向新高度、新阶段持续演进，数字化技术日新月异，应用潜能全面迸发，推动数字经济高速增长、快速创新，并广泛渗透到其他领域，带来生产生活方式和社会治理模式的重塑，成为当今时代最具变革性的力量。数字化技术的发展，特别是大数据、云计算、物联网和人工智能等新兴技术的迅速崛起，推动政府治理方式和服务模式产生深刻变革。数字化技术不仅为政府治理提供了强大的工具，更为其注入了创新动力，使得政府能够更高效、更透明、更便捷地管理公共事务、服务社会民众，数字政府应运而生，并成为政府提高治理效率、优化公共服务和增强公信力的必经之路。

新时代数字政府建设的篇章已在全球范围内展开。新冠疫情加速了世界各国政府数字化转型的步伐。面对突如其来的公共卫生危机，各国意识到已有政府治理和服务模式的弊端，不仅加快利用数字化技术推动在线服务普及，还持续推动数字基础设施建设，深化数据共享与治理创新，为未来更具韧性的智慧政府建设奠定基础。

此外，各国在数字政府建设中结合自身国情和战略目标，形成了各具特色的发展模式。美国打造了以公民为中心的"开放型政府"，通过与时俱进更新数据的开放战略，致力推动公民参与，建设公平、透明、开放的数字政府。

英国形成"数字政府即平台"模式，以统一平台建设，牵引推动跨部门协作、通用工具建设和数据共享等，构建基于平台的政府数字化转型路径。新加坡则形成"智慧国"模式，运用整体理念，协同推进信息基础设施建设、公共服务整合优化、经济社会数字化转型等举措，以构建普惠化的智慧国家。爱沙尼亚是"数字国家"模式的先行者，在全球率先开展数字基础设施建设，普及数字身份、无边界"数字公民"等服务，实现了广泛、高效的数字公共服务，成为全球数字政府建设的佼佼者。

我国高度重视并持续推进政府数字化转型，从政府办公信息化到电子政务再到"互联网+"政务服务，始终重视以信息技术提升治理和服务能力。当前，数字政府建设已成为我国政府推动治理体系和治理能力现代化的重要抓手。

在顶层设计方面，中央通过多项文件部署了数字政府建设的框架体系、重点任务。国家发改委《"十四五"推进国家政务信息化规划》以"大数据、大平台、大系统"为总抓手，指导推进三大任务11项具体工程；《国务院关于加强数字政府建设的指导意见》明确了数字政府建设的五大体系。在建设路径方面，基本形成了以体制机制统筹化为驱动，以履职场景协同化为牵引，以政务数据一体化、平台支撑集约化为两大支撑，以运维运营长效化、安全防护体系化为两大保障的"1122"的一体化建设框架。在实践方面，诸多地方政府涌现出可复制、可推广的创新案例。例如，浙江省率先推行"最多跑一次"改革，大幅提升办事效率；上海市搭建"一网通办"平台，实现政务服务"一站式"办理。这些典型案例为全国数字政府的建设提供了宝贵经验。

信息技术是政府数字化转型的核心驱动力。当前，以大数据、人工智能、云计算、区块链为代表的新一代信息技术，为数字政府注入前所未有的创新动能。大数据为政府决策注入数据驱动的深刻洞察，人工智能通过智能化分析提升政府服务的效率和精准度，云计算为数字政府建设提供灵活、可扩展的计算资源和平台，区块链通过去中心化和数据加密技术为公共数据共享和治理优化提供可信保障。大模型作为人工智能技术的新飞跃，将推动数字政府建设向"智能+政务服务"升级，引发新一轮变革浪潮。

然而，新技术在为数字政府注入创新活力的同时，也加剧了数据与隐私安全、决策偏见与歧视、数字鸿沟等风险。为此，各国纷纷出台规范文件，加强风险治理与管控。我国在持续完善共性风险治理制度的同时，还针对技术应用的特殊问题出台专项治理规范，为数字政府建设提供坚实保障。

数字政府建设是复杂而多维的过程，既需要技术的持续创新与应用，又需要治理机制和理念的同步变革。为帮助从业者更好地理解新时期数字政府的建设要求，把握政府数字化变革的规律特征，基于对全球数字政府建设的发展趋势与我国数字政府建设的相关实践的梳理，我们编写了《数字政府：全球建设趋势与中国实践》一书。

本书从数字化发展的宏观背景切入，层层递进地剖析了数字政府建设的核心内容和关键议题，全面探讨了数字政府建设在全球范围内的现状、特点和趋势，生动呈现了我国数字政府建设的历程、成效与经验。希望这本书能为数字政府建设的管理者、建设者、运营者提供有价值的参考和启示。

本书编写团队成员还包括刘柳、张佳宁、张子淇、罗珞珈、崔颖、路博、胡穆、闫钰丹，他们在各章节的撰写工作中付出了大量努力。谨此向编写团队全体成员致以诚挚感谢。

目 录

推荐序
前　言

第一章　数字时代的治理变革　/　1

　第一节　数字时代到来　/　2

　第二节　数字化与治理体系变革　/　5

　第三节　数字政府的内涵与特征　/　8

　　一、电子政务　/　8

　　二、移动政府　/　9

　　三、智慧政府　/　10

第二章　全球数字政府建设的进展与特点　/　17

　第一节　数字化驱动政府治理转型　/　18

　　一、全球政府数字化转型基本历程　/　18

　　二、全球数字政府发展特点及挑战　/　20

第二节　新冠疫情加速政府数字化转型的步伐　/ 26

一、数字化技术的作用和意义　/ 26

二、以数字化技术应对治理危机　/ 27

第三节　主要国家数字政府建设模式　/ 31

一、部分国家或地区数字战略制定时间及内容趋势　/ 31

二、数字政府建设的典型特点　/ 34

第三章　AIGC引发全球新一轮数字政府改革浪潮　/ 39

第一节　全球掀起政务大模型应用浪潮　/ 41

一、大模型应用进展　/ 41

二、覆盖场景丰富，技术潜能初现　/ 44

三、部署方式多元，尚无统一路径　/ 54

四、配套措施全面，强化支持保障　/ 57

第二节　各国探索政务大模型治理与规范　/ 59

一、发布临时指南，使用趋向合规　/ 59

二、聚焦四类风险提出管控原则　/ 62

三、通过分类分级框定场景范围　/ 65

四、从三方面建立技术使用规范　/ 68

第三节　发达国家推进AIGC应用的思路与做法　/ 70

一、美国：以政府先用带动市场新技术使用　/ 70

二、英国：探索创新应用与风险监管的平衡　/ 74

三、新加坡：以整体统筹构建新技术应用优势　/ 78

第四章 我国数字政府建设的进程与挑战 / 81

第一节 政府信息化发展历程 / 82

一、信息化发展奠基 / 82

二、电子政务建设起步 / 83

三、"互联网+"深化拓展 / 85

四、数字政府全面发展 / 88

第二节 数字政府建设取得的成效 / 91

一、发展水平全球领先 / 91

二、制度机制不断健全 / 92

三、基础设施持续夯实 / 95

四、数据价值加快释放 / 97

五、赋能应用成效凸显 / 99

六、安全保障有力有效 / 107

七、带动经济转型发展 / 109

第三节 存在的不足与发展挑战 / 110

一、体制机制不顺,协同推进较难 / 110

二、建设运营脱节,总体把控较难 / 111

三、数据责权错配,提效增值较难 / 112

四、历史系统散乱,整合集成较难 / 112

五、新建应用较多,有效使用较难 / 113

六、长效运维遇阻,持续发展较难 / 113

第五章　驱动引擎：新兴技术助推政府转型发展 / 115

第一节　"ABCD"四类技术推动政府转型 / 116

一、大数据技术：实现精细治理 / 116

二、人工智能技术：助力科学决策 / 120

三、云计算技术：资源弹性部署 / 126

四、区块链技术：营造可信环境 / 128

第二节　数字化技术应用引发治理风险 / 132

一、数字化技术应用面临共性治理问题 / 132

二、典型技术应用引发特殊治理问题 / 135

第三节　两条主线推进治理规则建设 / 138

一、技术应用的共性规则建设情况 / 139

二、典型技术的特殊规则建设情况 / 148

第六章　数字政府建设路径：从分散化迈向一体化集约化 / 157

第一节　一体化成为数字政府建设的重要路径 / 158

一、政策：从宏观到微观推进一体化布局 / 158

二、服务：政府数字履职应用一体化协同 / 160

三、数据：政务数据体系建设一体化部署 / 161

四、技术：数字化技术赋能加速一体化融合 / 162

五、底座：数字基础设施趋向一体化共用 / 163

第二节　数字政府一体化建设的内涵 / 164

一、一体化建设的概念和内涵 / 164

二、数字政府领域的一体化建设 / 165

第三节　一体化建设的重点任务 / 166

一、先决条件：体制机制统筹化部署 / 166

二、关键抓手：履职场景协同化设计 / 173

三、协同根基：政务数据一体化布局 / 177

四、降本增效：平台支撑集约化建设 / 182

五、长期好用：运维运营长效化运作 / 187

六、红线底线：安全防护体系化保障 / 191

第四节　一体化建设的推进策略 / 193

一、"省市统筹、赋能基层"，加快省域一体化 / 194

二、"跨域协同、民生先行"，推进区域一体化 / 195

三、"全局部署、点面结合"，渐进全国一体化 / 196

第七章　落地策略：数字政府建设的典型案例 / 197

第一节　顶层规划先行：甘肃省市县一体化贯通模式助力数字政府建设 / 198

一、甘肃建设数字政府的设计规划 / 198

二、甘肃的五大创新实践 / 199

三、甘肃数字政府建设取得的四大成效 / 202

第二节　体制改革驱动：辽宁省以12345热线为抓手深化营商环境建设 / 203

一、辽宁建设数字政府的规划 / 203

二、辽宁的五大制度创新 / 204

三、辽宁的三大创新实践 / 205

四、数字辽宁取得的三大成效 / 207

第三节 建设场景统筹：广州市"四网融合"打造数字政府建设新图景 / 207

一、广州建设数字政府的规划 / 207

二、广州的四大创新实践 / 208

三、数字广州取得四大成效 / 213

第四节 技术赋能增效：乌海市以人工智能应用助推城市大脑升级 / 215

一、乌海建设数字政府的规划 / 215

二、乌海的数字平台建设 / 215

三、乌海的三大创新实践 / 219

四、数字乌海取得的四大成效 / 221

第五节 数据价值释放：沈抚改革创新示范区政务数据资源一体化管理 / 222

一、沈抚建设数字政府的规划 / 222

二、沈抚的四大创新实践 / 223

三、数字沈抚取得的三大成效 / 225

第六节 网络安全智治：诸暨市数字政府安全体系建设 / 226

一、诸暨建设数字政府的规划 / 226

二、诸暨的数字政府建设规划和三大场景创新实践 / 227

三、数字诸暨取得的三大成效 / 231

第八章　评估评价：数字政府的成效测度与应用　/　233

第一节　评价什么　/　234

一、明确数字政府建设内涵　/　234

二、数字政府评估评价指标　/　235

三、数字政府评价考量因素　/　236

第二节　如何评价　/　237

一、国际层面　/　237

二、国内层面　/　241

三、评价的不足之处　/　244

第三节　如何应用　/　246

一、合理科学运用评价结果　/　246

二、可靠且有效的评价结果　/　246

三、确保评价结果的科学应用　/　249

第一章

数字时代的治理变革

第一节　数字时代到来

纵观世界文明史，人类先后经历了农业革命、工业革命、信息革命。每一次产业技术革命，都给人类生产生活带来巨大而深刻的影响，不断提高人类认识世界、改造世界的能力。近年来，数字化技术日新月异，应用潜能全面迸发，推动数字经济高速增长、快速创新，并广泛渗透到其他经济领域，深刻改变世界经济的发展动力、发展方式，重塑社会治理格局。

中国信息通信研究院（以下简称为中国信通院）数据显示，2022 年全球 51 国数字经济增加值规模为 41.4 万亿美元，同比名义增长 7.4%，占 GDP（国内生产总值）比重的 46.1%，成为快速构筑经济复苏的关键支撑。我国数字经济规模稳居全球第二，占 GDP 比重从 2016 年的 30.3% 提升至 2022 年的 41.5%，增速连续 11 年显著高于同期 GDP 增速，持续发挥经济"稳定器"和"加速器"的作用。互联网、大数据、人工智能等数字化技术对实体经济的赋能作用突出，数实融合带来的经济产出占 GDP 比重从 2012 年的 20.9% 提升到 2022 年的 33.9%。经济增长动力加速向数字化方向转型，2012 年以来数字化投入对经济增长的贡献度快速上升，2018 年首次超过传统投入贡献度，2022 年首次超过 30%。

相比于工业时代，数字时代的生产生活呈现出几方面的显著特征。

互联网等数字设施成为经济社会的基础连接，推动社会要素网络化连接、社会形态逐步数字化。从经济关系上看，网络协作越来越普遍，商业模式、商业组织、供应链等网络化、数字化程度不断提升。以电子商务为例，信息技术和互联网的迅猛发展彻底颠覆了传统零售业格局，越来越多的企业、品牌和新零售平台进入电商市场，全球零售电商市场规模在 2014—2022 年几乎增长了三倍。据 eMarketer 预测，到 2026 年，在线部分将占全球零售总额的近 1/4。

近年来，以新一代信息技术为依托，5G（第五代移动通信技术）网络、大数据中心、工业互联网等新型信息基础设施快速发展，并拉动交通、能源、工业等传统基础设施的数字化、网络化、智能化改造升级，人人、人物、物物互联互通的趋势正加速实现，未来可能进一步促进应用场景和商业模式的更迭，推动产业生态系统更加丰富。

从社会关系看，基于互联网的人际关系成为人们日常交往的重要组成部分，虚拟社会与现实社会加速融合，网络成为大量人群获取知识和信息的首选路径，具有同样价值观、思维方式的个体通过互联网聚集，围绕特定议题规模联动。个体对网络的依赖度显著加强，中国互联网络信息中心（CNNIC）第54次中国互联网络发展状况统计报告显示，截至2024年6月，我国网民规模达10.9967亿人，互联网普及率达78.0%，网络视频（含短视频）用户占网民整体的97.1%，即时通信的网民使用率达98.0%，网络支付、网络购物的网民使用率超过82%，线上办公占网民总体的45.4%。

数据成为关键的生产要素，广泛融入生产、分配、流通、消费和社会服务管理各环节。过去20年，互联网、物联网技术快速发展，计算机处理能力的增长印证了摩尔定律，存储技术的提升使得存储设备价格大幅下降，促使全球数据存储量呈指数级增长。IDC（国际数据公司）发布的《数据时代2025》显示，2025年全球每年生产的数据将从2018年的33ZB（泽字节）增长至175ZB，相当于每天产生491EB（艾字节）的数据。数据的爆发式增长和规模化应用不断催生新产业、新业态，对经济发展的推动作用不断显现。根据中国信通院测算，2022年第一产业、第二产业、第三产业的数据要素对经济贡献度分别为0.32%、0.65%、1.69%，与2021年相比，分别增长了0.25%、0.49%、0.62%。

2019年党的十九届四中全会首次将数据增列为新的生产要素，反映出随着经济活动数字化转型加快，数据对提高生产效率的作用日益凸显。随后，《中共中央 国务院关于构建更加完善的要素市场化配置体制机制的意见》（2020年3月）、《中共中央 国务院关于构建数据基础制度更好发挥数据要素作用的意见》（2022年12月）等文件相继出台，对数据资源整合共享、开发利用、安全治理、市场化配置等提出系统化设计，推动我国数据要素市场培育进展加速，畅通数据资源大循环的方向愈加明确。尤其是在人工智能快速迭代、大模型与大数据相得益彰的发展态势中，数据要素战略地位将进一步凸显。可以说，数据已成为未来人工智能领域竞争的关键要素。

人工智能快速发展突破，推动社会生产力飞速提升。近年来，人工智能相关技术持续演进，产业化和商业化进程不断提速，促进了新兴产业之间、新兴产业与传统产业之间以及技术与社会的跨界融合发展。全球主要国家不断强化人工智能的战略地位，自2016年起，先后有40余个国家和地区将推动人工智能发展上升到国家战略高度，主要经济体面向人工智能领域创新需求的投资不断加大，以期通过人工智能的创新和融合应用推动生产力升级，取得领先竞争优势。

国际货币基金组织（IMF）在2024年发布的《世界经济展望》中指出，人工智能每年预计将为全球经济带来0.1%~0.8%的生产力增长。2023年以来，以ChatGPT为代表的大模型技术引发通用人工智能（AGI）新一轮发展热潮，带动大规模产业升级、劳动力转移、产品分配机制等方面深刻变革。大模型基于大数据、大算力、多模态的技术优势，实现从感知世界、理解世界向创造世界的跃迁，有望成为内容生产方式的"颠覆者"、通用人工智能的"先行者"、人机交互的"协作者"，引领新一轮的数字化变革。根据麦肯锡报告，生成式人工智能（GAI）每年或将为全球GDP增加2.6万亿至4.4万亿美元。

根据Markets and Markets的报告，2024年全球生成式人工智能的市场规模预计为 209 亿美元，2030 年预计达 1376 亿美元，年复合增长率达 36.7%。凭借大数据、大市场、多场景优势，人工智能大模型与交通、医疗、工业等传统行业深入融合，涌现出一批新业态、新模式。据埃森哲预计，2035 年人工智能应用将为制造业带来 4 万亿美元额外增长，年增长率可达 4.4%。

第二节　数字化与治理体系变革

随着经济数字化转型加快，构建与之适应的数字治理体系成为各国治理面临的紧迫议题。在全球治理层面，世界各国相互联系和相互依存的程度空前加深，国际社会越来越成为你中有我、我中有你的人类命运共同体。数字化为各个国家和地区带来空前的发展机遇，各地区基于地缘政治关系和产业关联不断形成新的合作模式，意图通过跨区域合作增强经济发展的包容性和可持续性。

与此同时，数字化发展带来的全球性风险也日益突出，跨境数据流动、知识产权保护、网络信息内容治理、人工智能治理等新的问题急剧涌现，并呈现跨疆域、无边界的特征，单独的国家已经无法解决全球性问题，需要在全球层面建立共识和规则，形成抵御风险的共同体。

在国家治理层面，推进数字经济治理变革，加快建设数字政府、数字社会成为各方共识。从治理需求看，数字经济是一种与农业经济、工业经济截然不同的经济形态，呈现出完全不同的规律，数据化、智能化、平台化、生态化特征突出，带来一系列新的治理难题。

（1）数据的爆炸式增长使得平衡数据保护与流动成为一项全球性难题。随着数据价值增长，保护政府部门、企业、个人数据免遭窃取和滥用，保护国家数据资源安全成为数据治理面对的重要问题。但同时，数据只有流动起来才能产生价值，过多、过度的数据保护不仅可能降低企业服务和创新的动机，还会增加企业交易成本。由于各国对数据及隐私保护的偏好不同，很难确定一个各国普适的最佳监管实践。例如，美国和西班牙约60%的消费者是数据实用主义者，他们倾向于衡量网络服务是否值得共享个人信息，但在德国和荷兰，这类用户仅占40%。与美国相比，大多欧洲国家的消费者更不愿意共享个人信息。⊖

(2) 人工智能快速发展和广泛应用引发伦理争议、国家安全等风险。算法与经济、政治日益结合，其存在的歧视、偏差、侵权等问题被进一步放大。如平台推荐算法在提升精准与个性化服务的同时，引发内容低俗化、"信息茧房"等诸多问题。算法应用于政治领域时，其内在缺陷可能触发道德风险、决策风险及合法性危机。

例如，在部分国家，人工智能、机器学习和大数据被用于了解选民独特的心理和行为特征，制造政治偏见，引导选民给特定的政治家或政党投票，压制竞选对手。调查显示，印度在2019年总统大选期间有9亿选民，其中约5亿选民是拥有Meta和WhatsApp账户的手机用户，其中30%的用户可被社交媒体影响。政党和政治营销顾问通过社交媒体大数据了解社会中的部分人口统计信息以及选民的社会经济状况，帮助设计竞选策略、选择候选人和形成支持政党的言论。⊜

(3) 超大型平台的崛起推动资源和权力进一步集中。随着数字经济的发展，平台迅速成为数字经济的核心商业组织方式。数字市场呈现天然的寡头垄断格局，平台作为重要的市场组织者和信息枢纽，其对资源的重组和权力的重构模糊了政府与市场的边界，对传统的政府与企业关系、政府与市场关系产生巨大冲击。同时，平台重塑经济社会关系，数字经济的无形性

⊖ CHEN Y. Improving market performance in the digital economy [J]. China Economic Review, 2020 (62): 101482.

⊜ PANDA, SANDEEP K, et al., eds. The new advanced society: artificial intelligence and industrial internet of things paradigm [M]. New York: John Wiley & Sons, 2022.

和可移动性引发数字税收线上线下不一致、跨地域不平等问题。随着数字平台应用普及，大量兼职、非全时工作以及各类临时用工涌现，引发生产关系的变革。

（4）网络空间力量的崛起引发生态化治理挑战。伴随人类步入数字化时代，虚拟世界与现实世界交织越来越紧密，融合日益深化，现实世界成为虚拟世界形成与发展的基础，虚拟世界变为现实世界的映射与延伸。然而，在现实中受到法律法规、社会规范等一系列正式制度与非正式制度约束的海量主体，在虚拟世界却由于规则体系不完善、匿名性等特征，对其行为约束的难度大大增加，并滋生一系列破坏网络生态的行为。现实世界与虚拟世界深度交融带来的治理对象数量和种类的无限扩展与政府有限的人力、物力、财力之间的矛盾正日益凸显。

从治理主体看，数字化冲击下需要解决的社会问题日益复杂，面对外部急剧涌现的新模式新业态，政府很难依靠单一力量，沿袭传统思路全面规范社会主体的各类微观行为，需要更多发挥多元主体力量，为政府、社会确定更为合适的治理边界。例如，在平台治理方面，许多大型平台聚集了数以万计的商家和消费者，其局部信息和知识的丰富程度、独特性质及变化速度等远超过去。政府在缺乏这些信息和知识的情况下，有效治理的难度非常大，必须借助社会多元力量共同推动市场行为规制。[一]同时，互联网平台等其他主体介入治理也具有天然优势。凭借技术、市场优势，数字平台型企业可能比政府掌握更微观、更全面的市场数据。与政府强制监管模式不同，平台治理规则更为灵活多变，更容易介入具体交易行为的规范中。

我国提出"推进国家治理体系和治理能力现代化"，本质上是为了让生产关系、治理关系更好地适应生产力的发展，抓住数字化发展的战略机遇

[一] 江小涓，黄颖轩. 数字时代的市场秩序、市场监管与平台治理 [J]. 经济研究，2021，56（12）：20-41.

期，有效应对数字化发展带来的一系列挑战。数字政府建设在治理现代化中处于关键位置。政府作为国家治理前台的公共机构，其治理能力、管理手段、服务模式等都将直接影响国家治理体系和治理能力现代化的成效及实现程度。

二十国集团（G20）指出，数字化政府支撑着数字经济的蓬勃发展，信息通信技术在公共管理现代化和效率效力提升方面扮演着关键作用，敏捷、创新、数据驱动型公共部门在提高政府效率、强化成果造福于民、加强公民对政府机构信任方面十分重要。联合国电子政务调查显示，更多国家和城市正在推行数字政府战略，尤其在经历新冠疫情的挑战后，数字政府不再是一项单独或辅助的工具，不再只是解决政府缺陷或效率低下的"灵丹妙药"，而被视为公共机构在实际运作和服务提供过程中必须彻底整合的一项不可或缺的要素。

全球移动通信系统协会（GSMA）的追踪显示，随着数字技术和服务在经济社会中的作用日益显现，许多亚太地区国家在过去 20 年的数字社会建设基础上，开始关注如何迈向数字国家，并强调整体政府方针（whole-of government approach）和国际合作在数字国家建设中的重要作用。

第三节　数字政府的内涵与特征

在政府数字化转型演进过程中，涌现出诸多相关概念，包括"电子政务""移动政府""智慧政府"等。厘清这些概念，有助于深化对数字政府内涵和特征的理解。

一、电子政务

一般认为，电子政务（E-government）的概念是在 1993 年美国发布的

《国家绩效评估》报告中提出的。该报告认为，先进的信息技术是克服政府在管理和服务中的弊端的有效方法，要运用信息技术重塑政府，建立以客户为导向的电子政府（Electronic Government）。随后，较多机构和学者对电子政务的内涵及外延进行了分析。

例如，联合国将电子政务定义为"政府应用信息通信技术为公众提供信息和公共服务"。世界银行认为，电子政务主要关注的是政府机构使用信息技术更好向公民提供政府服务、改善与企业的互动，通过信息获取为公民赋权，达成有效政府管理的过程。汪玉凯认为，电子政务是指国家机关在政务活动中全面应用现代信息技术进行办公、管理和为社会提供公共服务。[一]Mete Yildiz指出，电子政务是一个多维度的概念，它不仅包括技术的使用，还涉及政府如何通过技术改变其与公民、企业和其他政府实体的互动方式。[二]虽然电子政务的概念众说纷纭且处于不断发展变化中，但通过已有定义的共性不难发现其核心特征：一是技术导向，政府应用信息技术成为电子政务的基础和核心。二是服务导向，不仅关注政府内部技术应用，更强调政府服务应以公民和企业需求为导向。三是注重互动性，注重政府与公民、企业之间的互动和信息交流，倡导公众参与。

二、移动政府

移动政府（Mobile Government）可视作电子政务的一类新形态，其发展依托于技术进步和用户需求。移动通信、移动计算机技术的进步为随时随地在线连接、通信联络和信息交互奠定了技术基础，公众对移动服务的诉求也愈发强烈。为响应公众信息服务需求，利用手机、PDA（个人数字助理）、移

[一] 汪玉凯. 中国政府信息化与电子政府[J]. 信息化建设, 2001（12）: 4-7.
[二] YILDIZ M. E-government research: reviewing the literature, limitations, and ways forward [J]. Government Information Quarterly, 2007, 24（4）: 646-665.

动计算机等便携电子设备，通过无线网络为政府工作人员和社会公众提供服务成为各国关注的焦点，移动政府逐渐走向前台。[一]移动政府提供服务的渠道更加多元，政府可通过手机短信、邮箱服务、移动版网站、政务新媒体、政务移动应用程序（APP）等为群众随时随地提供服务和信息。

移动政府具有如下四个显著特征。

（1）**技术依赖**。移动政府的实施建立在移动通信技术上。

（2）**服务可达性增强**。移动政府的服务突破时空限制，允许政府和群众在任何时间、任何地点访问和获取政府服务与信息，极大地提高了公共服务效率。

（3）**公民参与**。移动政府的交互性强，能够促进政府跨部门、政民沟通互动，提升公民参与度与责任感。

（4）**普惠性增强**。移动政府提供了短信等普适性更强的服务，提高了所有人获得均等公共服务的可能。

三、智慧政府

智慧政府（Smart Government）的兴起与全球的"智慧城市"实践密不可分。在 Guido Perboli 等学者建立的智慧城市模型中，智慧政府是其中的重要维度之一。[二]因此，智慧政府建设的初始目标被认为是帮助政府有效管理城市，如通过合理规划城市交通、提升城市治安管理水平等，推动城市经济增长并维持可持续发展。伴随着实践深入发展，学者们对智慧政府做出了不同的定义。

例如，Claude Rochet 认为智慧政府需要以公民为中心，利用信息技术对经济活动、社会活动、公民活动等领域和能源、水、建筑等资源进行协调整

[一] KUMAR M, SINHA O P. M-government-mobile technology for e-government [C] //International conference on e-government, India. 2007: 294-301.

[二] PERBOLI G, DE MARCO A, PERFETTI F, et al. A new taxonomy of smart city projects [J]. Transportation Research Procedia, 2014, 3: 470-478.

合，以技术创新满足居民的真实需求，确保城市的长期可持续发展。[一]尚珊珊等人指出，市政管理、人口管理、教育管理、医疗管理、交通管理、旅游管理、公共安全、气象服务等所有需要政府参与管理，且充分利用先进信息技术、智慧算法等辅助政府进行管理的内容均属于智慧政府。[二]金江军认为，以云计算、人工智能为代表的数字化技术显著提高了政府对内办公、对外服务的智能化水平，创造性地提出了"智慧政府"的四大领域，即办公、监管、服务和决策的智能化。[三]

由此可见，智慧政府既和智慧城市建设密不可分，又是电子政务发展的必然阶段，被认为代表了对所有政府有关事务的高效、灵活、无误地理解并处理的能力。智慧政府的显著特征则是新一代信息技术应用、以用户需求为导向、对信息的即时感知、综合分析与精准响应。智慧政府的建设是一个持续演进的过程，需要不断适应技术发展和社会变革，以满足不断变化的治理需求和公众期望。

数字政府是政府数字化转型的全新阶段和全新形态，作为新生事物，吸引了学界和政府的关注和参与，不同主体下对数字政府的认知存在一定差异。

关于数字政府概念，一类影响较广泛的观点是"数字政府即平台"。这一概念最早出现在英、美等发达国家，意指通过建设通用标准和体系架构，提升集中共享能力，减少重复建设。

例如，英国将"政府即平台"作为其数字化转型战略的核心内容，指出政府要建设通用共享平台设施，内阁组成部门或者第三方在平台上开发附加

[一] ROCHET C, CORREA J D. Urban lifecycle management: A research program for smart government of smart cities [J]. Revista de Gestão e Secretariado, 2016, 7 (2): 1-20.
[二] 尚珊珊, 杜娟. 大数据背景下智慧政府功能建设分析及路径设计 [J]. 情报理论与实践, 2019, 42 (4): 45-51.
[三] 金江军. 智慧政府：电子政务发展的新阶段 [J]. 信息化建设, 2011, (11): 16-17.

应用，推动以平台为基础的政府数字化转型。㊀Kim Soonhee（金顺姬）等学者从技术和数据视角出发，将"政府即平台"定义为围绕一系列共享接口和组件、开放标准和规范数据集，重新组织政府工作，以便公务员、企业或其他人能够更安全、高效和负责任地向公众交付更好的服务。㊁

国内学者尝试应用这一概念解释中国数字政府建设实践。如北京大学课题组将国内外数字政府建设总结为"平台驱动的数字政府"模式，即指"政府基于新型数字基础设施，构建广泛联系公众、企业、公务员和所有政府机构的平台，并在平台中持续地实现数字资源的能力化和数字能力的共享化，对外提供优质政务服务，对内提供高效办公协同，实现政府组织数字化转型，促进政府治理能力现代化的过程"。㊂胡重明搭建了"政府即平台"的三个层次，包括数据连接，通过数据共享和业务协同，实现政府内部和外部的连接性治理；流程驱动，强调利用信息技术优化业务流程，实现更高效的管理和服务；结构再造，即通过数字化转型，引发组织和制度结构的创新，包括政府内部结构的调整和政府与社会间关系的再造。㊃

相比于平台视角对数字政府实现路径的聚焦，另一个视角则更关注数字化技术给政府治理形态、治理能力、治理模式带来的改变。例如，Maria Katsonis 等将数字政府定义为，通过统一服务通道的搭建、移动终端设备的使用、数据开放及数据驱动决策等灵活方式，实现跨部门、跨系统的运作模式。㊄吴

㊀ 张晓，鲍静. 数字政府即平台：英国政府数字化转型战略研究及其启示［J］. 中国行政管理，2018，(3)：27-32.

㊁ KIM S, ANDERSEN K N, LEE J. Platform government in the era of smart technology［J］. Public Administration Review, 2022, 82（2）：362-368.

㊂ 北京大学课题组，曾渝，张权. 平台驱动的数字政府：能力、转型与现代化［J］. 电子政务，2020，(7)：2-30.

㊃ 胡重明. "政府即平台"是可能的吗？——一个协同治理数字化实践的案例研究［J］. 治理研究，2020, 36（3）：16-25.

㊄ KATSONIS M, Botros A. Digital government：a primer and professional perspectives［J］. Australian Journal of Public Administration, 2015, 74（1）：42-52.

克昌等认为，数字政府的本质是通过建立大数据驱动的政务新机制、新平台，全面提升政府在经济调节、市场监管、社会治理、公共服务和环境保护等领域的履职能力。⊖王伟玲认为数字政府是借助新一代信息通信技术，对政府施政理念、方式、手段、工具等进行全局性、系统性、根本性变革，促进经济社会运行全面数字化而建立的一种新型政府形态。⊜刘淑春认为，从本质上看，数字政府治理研究旨在处理政府"有形之手"与市场"无形之手"、社会"自治之手"的逻辑关系，提高政府治理效能、行政质量和公信力，加速实现"管制型政府"向"服务型政府"转变。⊜

对各国数字政府战略进行梳理后发现，政府作为数字政府建设主导者、使用者，更加关注数字政府"为何建、如何建、建什么、怎么用"的问题。在建设目的上，强调以公民为中心，提升数字化服务能力，引领数字社会发展。在建设内容上，一般包括基础设施、平台及应用、数据资源、安全保障等方面。在功能应用上，主要围绕公共服务、社会治理等政府核心履职领域。

总体来看，研究更聚焦数字政府的工具价值。例如，2012 年，美国发布报告《数字政府：构建 21 世纪平台更好地为美国人民服务》，强调在信息中心、共享平台、客户中心和安全隐私四项指导原则下，搭建包括信息层、平台层和展示层三个层次在内的数字政府服务模型。2018 年，新加坡政府推出"数字政府蓝图"，提出数字政府建设"为谁做""做什么""怎么做"三层结构，主要服务对象为民众、企业、公共部门人员，所做的事包括易用、无缝、安全可靠、相关协作、数字自信、数字驱动，采用整合民众和企业服务、加

⊖ 吴克昌，闫心瑶. 数字治理驱动与公共服务供给模式变革——基于广东省的实践 [J]. 电子政务, 2020 (1): 76-83.
⊜ 王伟玲. 加快实施数字政府战略：现实困境与破解路径 [J]. 电子政务, 2019 (12): 86-94.
⊜ 刘淑春. 数字政府战略意蕴、技术构架与路径设计——基于浙江改革的实践与探索 [J]. 中国行政管理, 2018 (9): 37-45.

强政策引导、推动操作及技术之间的整合、运用可靠安全系统、民众企业多方协作、提升追求创新的数字能力、建设公用数字和数据平台等措施。

2022年，《国务院关于加强数字政府建设的指导意见》发布，从履职能力体系、安全保障体系、制度规则体系、数据资源体系、平台支撑体系等方面提出了数字政府建设的意见和举措，同时强调以数字政府建设全面引领驱动数字化发展。

综合上述观点，我们对数字政府大致可有广义和狭义两种理解。广义上，数字政府内涵极广，包括政府信息化、电子政务、"互联网+政务服务"、数字化治理演变全过程，大致等同于政府信息化进程。狭义上，数字政府有别于传统电子政务甚至"互联网+政务服务"，更加强调数字化技术在政府治理中的应用广度和深度，突出智能化、泛在化、主动化特征，是政府对数字化技术应用的高阶形态。

同时，数字政府关注数字化技术对政府治理制度、理念带来的转变，意图探讨数字时代政府呈现何种形态、扮演何种角色、如何开展治理，是政府对数字化转型做出的回应。本书倾向狭义的理解，认为数字政府是国家治理现代化背景下，政府应用数字化技术履行职能而展现的一种政府运行模式，本质上是政府治理的数字化转型。在内涵上，数字政府不仅属于技术变革和应用范畴，还涉及政府管理的体制机制改革、行政文化变革等多方面；在外延上，数字政府既包含数据驱动的政务服务，又包括社会治理、城市管理、经济调控、行业监管等政府职能履行的数字化、智慧化，以全方位提升数字化治理能力和水平。

从理论和实践来看，数字政府呈现四大特点。

（1）**以用户为中心**。数字政府坚持和践行新时期服务型政府建设理念，通过政府流程再造，不断降低制度性交易成本，让数据"多跑路"、群众"少跑腿"。一方面，数字政府建设始终围绕解决群众需求，强调以群众需求为基础进行组织重构和流程再造，通过提升治理能力和治理水平，增强民众的获得感和满意度。另一方面，数字政府主张由群众评价建设效果，全面建成政务服务"好差评"制度体系，企业和群众的公共参与得到进一步增强，途径进一步扩展。

（2）数据驱动。数据是数字政府的基础性要素，数字政府主张"用数据对话、用数据决策、用数据服务、用数据创新"，以数据引导各项变革。一方面，数字政府以数据流为牵引，推动业务流程再造和部门关系重塑，将原来分散的受理中心、受理系统合并建立统一受理中心和综合受理系统，进行服务事项集中审批、统一办理，实现业务资源集中，重塑了业务流程及部门间关系。另一方面，数据作为一种新的生产要素参与市场流通已在国家层面确定，随着数字时代的全面来临，各主体数字化转型节奏加快，数据将成为万事万物的表现形式和联结方式，呈现海量、动态、多样的特征，进行数据汇聚整合、挖掘利用、分析研判将是政府治理活动的重要内容。

（3）整体协同。数字政府强调整体建设理念，要求通过机制设计，不断打通部门间壁垒，吸纳多主体力量，实现更高层次协同。一方面，数字政府建设的一个重要目标就是打破以往条块分割模式，建成上联国家、下联市县、横向到边、纵向到底的全覆盖、整体型政府，实现政府内部运作与对外服务一体化、线上线下深度融合。另一方面，数字政府强调治理机制的协同推进。对内，政府积极搭建线上沟通平台，通过技术融合、业务融合、数据融合，实现跨层级、跨地域、跨部门、跨业务的协同管理和服务，减少科层体制带来的沟通成本。对外，政府治理不断引入企业和群众参与，实现优势互补、互利共赢。

（4）泛在智能。以区块链、VR（虚拟现实）/AR（增强现实）技术、生成式人工智能等为代表的新一轮科技革命飞速发展，广泛融入数字政府建设中，推动政府形态走向泛在化、智能化。一方面，政务服务向移动端延伸，实现"掌上办""指尖办",政务服务变得无处不在、触手可及。另一方面,随着信息技术的发展和应用,传统意义上的实体政府、服务大厅等转变为"线上政府""24小时不打烊"等虚拟政府形式,政府提供服务不再局限于时间和空间的限制,对公众来说,政府"无时不在"但又隐形不可见。未来,政府可能逐渐"退居幕后",根据公众需求量身打造服务,推动原来的"申请-受理"模式转变为"提示-服务"模式。

第二章

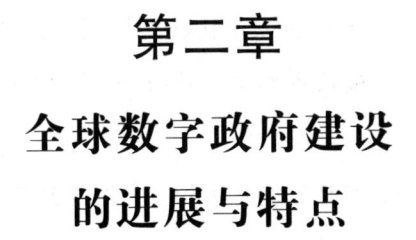

全球数字政府建设的进展与特点

第一节　数字化驱动政府治理转型

一、全球政府数字化转型基本历程

简·E.芳汀（Jane E. Fountain）在《构建虚拟政府：信息技术与制度创新》一书中指出，技术发展的内在逻辑会导致制度变迁，从而带动组织结构变迁和社会经济发展。全球政府数字化转型历程与技术变革历程联系紧密，高度重合。从技术发展的视角观察全球政府的数字化转型历程，大致可以分为以下三大阶段。

1. 第一阶段，政府数字化转型起步阶段：由计算机应用到办公自动化

20 世纪中期，伴随着计算机技术的诞生与飞速迭代，政府数字化转型历程逐步拉开序幕。在 20 世纪 50 年代至 20 世纪 60 年代，计算机技术经历了从第一代电子计算机到第二代晶体管计算机再到第三代集成电路计算机的演进。这一演进过程中，计算机的运行速度不断提高，可靠性逐步增强。同时，计算机技术逐渐被应用于文字和图形处理，为政府应用信息技术处理事务奠定了重要的软硬件基础。19 世纪 70 年代，第四代大规模集成电路计算机问世，数据库管理系统、网络软件管理系统等出现，计算机应用逐渐普及至家庭及个人。以美国为代表的发达国家为应对企业办公业务量急剧增长而影响生产率的问题，开发出"办公自动化"系统（Office Automation，OA）。随后，OA 系统被引入公共部门，实现了政府信息统计存储、文档写作、公文流转等事项的电子化，极大地提升了政府部门的运作效率，电子政务的发展由此初现端倪。

2. 第二阶段，电子政务升级发展阶段：由知识管理到政府服务网络化、移动化

20 世纪 80 年代至 2000 年代，计算机与通信技术突飞猛进，政府对数字工具的应用水平不断提升，应用范围逐步拓展。此阶段初，一方面，OA 系统不断升级优化，安全性和自动化程度大幅提升；政府对于计算机等工具的应用功能拓展到难度较高的政策规划、经济预测等领域。另一方面，1990 年代知识经济时代的来临推动办公自动化进入以知识管理为核心的阶段。办公自动化不再停留于文件事务等的处理，而是以网络为中心，以数据、信息和组织知识为处理对象，形成具备沟通、协调和控制功能的整体管理过程，由此提升政府办公管理科学化水平，推动电子政务升级发展。

20 世纪末到 2000 年代，家用计算机推广、互联网诞生并且逐步"飞入寻常百姓家"，政府与公众之间的信息交互关系开始建立。伴随着网页浏览器的诞生、智能手机的发明与推广，电子政务的发展进入以网络化为主要特征的阶段。2000 年 9 月，美国开通政府网站"第一政府"，标志着全球首个中央政府电子政务平台诞生，旋即引发全球政府网站建设的热潮，政府信息、政务服务逐渐同步到互联网上。

2000 年代中后期，手机上网逐步融入日常生活，极大便利了公众获取政府资讯和服务，推动了政民之间信息交互与联系的深化。至此，电子政务进入网络门户新时代。2010 年代，政府数字化转型进入办公与服务全面移动化的阶段。这一时期，通信技术与互联网的融合、智能手机等移动通信设备的推广、无线网络的普及推动电子政务由计算机网页端逐步同步到移动端。政府逐渐推进移动办公，各地区、各类政府移动应用程序出现，电子政务进入全面电子化、移动化新阶段，极大提高了政府治理的便捷性和效能。

3. 第三阶段，数字政府创新转型阶段：新技术赋能下的政府治理智能化

2010 年代至今，以人工智能、区块链、云计算、大数据等为代表的数字化技术快速发展，推动政府从业务服务到治理流程再到组织形态的数字化转型，数字政府建设成为政府创新发展的新趋势。2012 年，美国发布《大数据研究和发展计划》，推动美国大数据技术从商业应用上升到国家战略层面。随后大数据技术推动了人工智能的跨越式发展，相关技术开始被应用于数据分析、辅助决策等政府事务中。2010年代初，随着虚拟化、自动化和网络技术的发展，云计算逐渐成为一种被广泛应用的计算模式，越来越多的政府部门开始采用云计算技术，用于管理数据、提供服务和优化运营。区块链技术也被用于开展选举、数字身份管理、政府采购等方面的政府事务。

2014年，爱沙尼亚政府开展全球首例电子公民新项目，是全球首个利用区块链开展居民身份证件管理的国家（见图2-1）。截至目前，98%的爱沙尼亚居民拥有电子身份证。2022年，伴随着人工智能技术的不断迭代升级，通用人工智能大模型的出现再次驱动政府借助最新技术开展办公、提供服务，打造智能政府。新技术逐步渗透到政府治理的各个环节、各类事项中，推动政府数字化转型迈向数字政府建设的新篇章。

图 2-1　爱莎尼亚电子身份证

资料来源：爱沙尼亚政府官网。

二、全球数字政府发展特点及挑战

联合国经济与社会事务部（United Nations Department of Economic and Social Affairs，UNDESA）从2001年开始发布《联合国电子政务调查报告》，对会员国的电子政务发展的情况进行评估。该系列报告一直被公认为评估衡量各国电子政务发展水平的一项重要工具,已成为全球各国公共部门数字化建设的指导框架。

2008年,《联合国电子政务调查报告》(以下简称《报告》)开始使用电子政务发展指数(E-Government Development Index,EGDI)来衡量会员国电子政务发展水平。EGDI由三个指标构成,包括在线服务指数(OSI)、电信基础设施指数(TII)和人力资本指数(HCI)。

其中,在线服务指数用以评估各国政府在国家层面提供公共服务时使用信息通信技术的情况,重点关注服务提供、内容提供、制度框架、技术和电子参与五个方面。电信基础设施指数主要衡量国家电信基础设施的发展情况,通过国家居民的互联网用户数、移动电话用户数、无线宽带用户数和固定宽带用户数等相关数据来测量。人力资本指数则反映了各国居民在基础或传统素养方面的水平,如数字素养、语言素养等,主要关注各国初、中、高等学校总入学率、预期受教育年限、平均受教育年限等相关数据。

从历年报告分析发现,全球数字政府正处于快速发展阶段,许多国家或地区纷纷加大投入力度,推动数字政府建设水平持续提升。但同时,区域发展不平衡、数字安全等问题也日益凸显,成为数字政府建设的重要制约因素。

1. 全球电子政务发展水平整体上升

2012年至2022年,全球电子政务发展指数平均值由0.49提高到0.61,在线服务指数由0.42上升至0.56,电信基础设施指数则由0.32上升至0.58,人力资本指数趋势较为平稳(见图2-2)。

《报告》将EGDI分为四个等级,指数范围从0.75~1.00为"非常高"水平组,0.50~0.7499为"高"水平组,0.25~0.4999为"中等"水平组,0~0.2499为"低"水平组。

2022年的评估结果显示,"非常高"水平组中的国家数量不断增多,达到60个,比2020年增长5.3%,占联合国会员国的31%。"高"水平组的国家有 73 个，相较于 2020 年的 69 个国家增长了 5.8%，占会员国的 38%。"中等"水平组的国家有 53 个，"低"水平组的国家有 7 个，较之于 2020 年数量均有所下降，在会员国中的比重分别为 27% 和 4%（见图 2-3）。特别是，在组别升级的国家中，有 6 个国家被联合国列为最不发达国家、内陆发展中国家和/或小岛屿发展中国家，这说明部分国家在资源有限的情况下，仍高度关注电子政务发展并取得了显著进展。

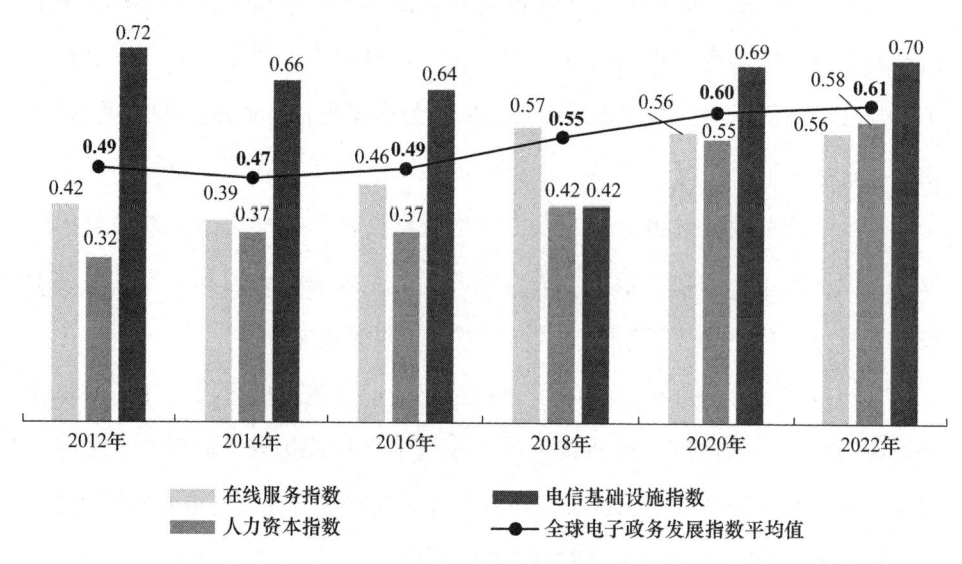

图 2-2　全球电子政务发展态势

资料来源：《联合国电子政务调查报告》。

电子政务总体水平的提升与各国加快数字政府改革的行动密不可分。

（1）各国普遍强调电子政务的顶层设计和制度建设。联合国统计显示，2022 年有 155 个会员国制定了国家级数字政府战略并与时俱进持续进行更新，较多国家在积极推进网络安全（153 国）、数据发展（128 国）、个人信息保护（145 国）、政府数据公开（117 国）和电子参与（91 国）等相关方面的立法和制度建设，致力于消除数字政府建设障碍，提供良好生态环境。

a) 2020年

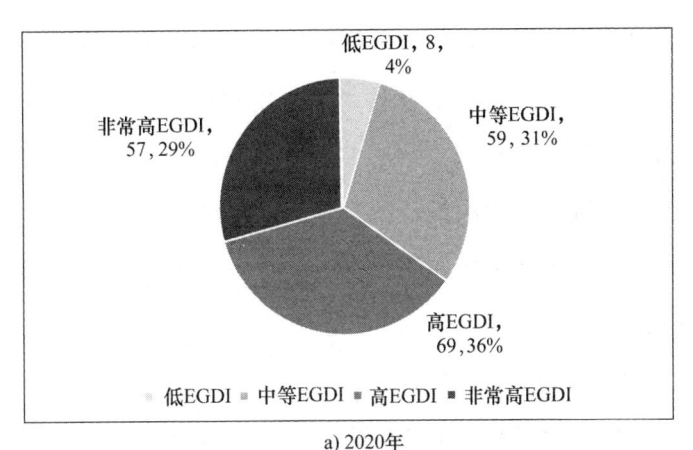

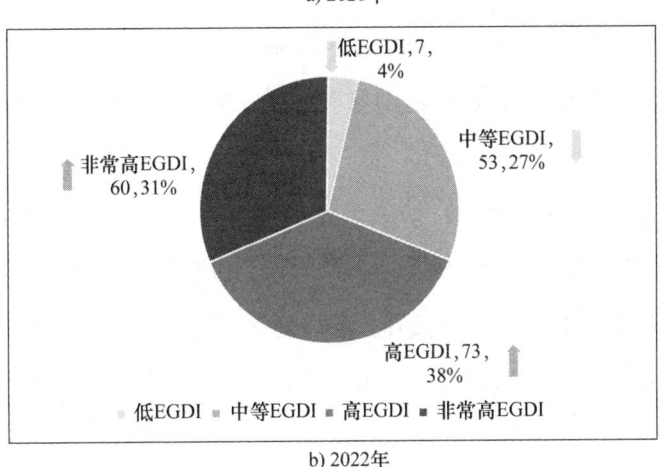

b) 2022年

图 2-3　2020 年和 2022 年 EGDI 分组变化情况

资料来源:《联合国电子政务调查报告》。

（2）积极推动在线服务能力升级和覆盖范围扩大。3/4 的成员国使用"一站式"门户网站在线提供政务服务。评估调查的 22 个在线服务事项，全球覆盖率从 2020 年的 66% 上升至 2022 年的 71%，至少提供 1 项在线服务的国家数量从 162 个增加至 177 个。越来越多的国家朝着"默认数字化"方向转变，随时随地为公众提供自动化、个性化的服务。各国普遍重视征求和回应社会意见，努力根据公众的需求定制服务，尤其是更加重视满足儿童和青少年、妇女和女孩、老年人和残疾人等群体的特殊需求。

（3）**新技术应用在政府数字化转型中受到高度重视**。新冠疫情促使人们的生产生活方式发生改变，也为新技术的应用和各学科的融合提供了契机。越来越多的政府通过虚拟协作平台，实现公共部门和相关群体的实时沟通；一些政府利用政务数据开发决策辅助工具，加强政府分析和预测能力，提升社会治理的精准性；人工智能在政府治理中被创新使用，用以打造智慧政务助手、开展智慧监管等。

2. 区域数字鸿沟呈现扩大趋势

全球各区域间电子政务发展水平参差不齐。《报告》显示，2022年欧洲电子政务发展指数平均值为0.8305，排名第一，一直占据领先地位且持续进步。欧洲区域在全球排名前15的国家中占到一半以上，81%的国家处于"非常高"水平组，19%的国家处于"高"水平组。亚洲区域电子政务发展指数平均值为0.6493，排名第二，是电子政务发展指数得分提高国家占比最高（51%）的地区。美洲区域电子政务发展指数平均值为0.6438，排名第三，区域整体电子政务发展水平稳步提升。大洋洲区域电子政务发展指数平均值为0.5081，排名第四，较2020年以来有所下降，主要原因是电信基础设施指数的急剧下降。非洲区域电子政务发展指数平均值为0.4054，排名第五，但相较于2020年增长了3.6%，是EGDI增幅最大的区域，取得了显著进步。非洲区域电信基础设施指数较2020年增长了12%，EGDI中低水平组国家的数量呈现下降趋势，区域整体处于不断进步中，电子政务发展前景乐观。

在新冠疫情前，各个区域或国家在数字接入、数字技能、数字治理等方面已存在较大差距。新冠疫情倒逼各国政府加快推动数字化转型，但由于国情、资源、文化等各方面的差异，电子政务发展中的"数字鸿沟"依然显著甚至呈扩大趋势。

从区域与区域之间的差异来看，欧洲电子政务发展水平一直处于领先地位，其他区域尤其是大洋洲、非洲与之差异较大。2022年，欧洲的EGDI平均值比第二名亚洲高出近0.2，比大洋洲高约0.3，达到了非洲平均值的两倍多。尽管非洲在电子政务发展中取得了进展，但仅有该地区的EGDI平均值低于全球平均水平。从分组对比来看，所有欧洲国家EGDI已达到"非常高"或"高"水平组，而非洲没有"高水平"组国家，70%的国家处于"中等"或"低"EGDI水平组。大洋洲的12个小岛屿发展中国家中有11个国家也处于"低"水平发展阶段，且为残疾人、老年人和青少年等特殊群体提供的个性化线上服务事项仍然不足。

从区域内部差异来看，欧洲区域各国的电子政务发展水平差异较小，基本实现趋同。但亚洲、美洲、大洋洲及非洲区域内部各国在电子政务发展水平上的差异较大。

亚洲区域得分较高的为韩国（分值为0.9560，排名第3位）、新加坡（分值为0.9133，排名第12位）、阿拉伯联合酋长国（分值为0.9010，排名第13位）和日本（分值为0.9002，排名第14位），这些国家在全球范围内处于领先地位。而也门、朝鲜和阿富汗得分仅在0.2710~0.2899，排名在第178位至184位间，与领先国家差异巨大。在大洋洲，新西兰和澳大利亚的EGDI分别为0.9432和0.9405，位列全球第4位和第7位，处于世界领先地位。但除此两国外，该区域其他国家平均EGDI为0.4358，远低于领先的这两个国家。大洋洲区域有较多小岛屿发展中国家，其电信基础设施不发达，造成了区域电子政务发展不平衡的困境。在非洲区域，南非已成为电子政务的领跑者，其EGDI为0.7357，但南苏丹、索马里、中非等国家排名在全球榜单中垫底。

3. 数字化进程面临三方面挑战

各国均已意识到数字政府建设的重要性，但要推动政府数字化转型的进一步深化，依然面临不少挑战。

(1)"数字鸿沟"持续存在并可能扩大。尽管许多国家加大了技术投资力度并取得一定进展，但相较于基础扎实、资源丰厚的欧美发达国家而言，电子政务发展依然存在较大差距。尤其是在不发达国家较多的非洲区域，数字化进程零散，如果不采取有针对性、系统性措施帮助低收入和中低收入国家以及处境特殊的国家，数字鸿沟可能会进一步扩大。

(2) 数字化服务覆盖率仍需提高。首先，许多国家目前仍仅使用门户网站提供信息和部分数字化服务，公众需要线下到政府机关完成大部分业务办理。其次，发展水平落后地区的政府组织流程效率有待改善，公众协同参与治理的渠道较为欠缺，数字政府治理框架体系不够完善，政府数字化服务能力无法满足公众的需求。

(3) 数字化转型增速加剧数据安全问题。虽然较多国家都相继制定了与数字政府建设和公共数据使用相关的政策法规，但仍未完全形成完善的协同管理体系，未能采用具有针对性、包容性的服务机制，数据应用和治理风险尚不能完全规制。

第二节　新冠疫情加速政府数字化转型的步伐

2020年初，新冠疫情在全球暴发，严重威胁人类身体健康和生命安全，扰乱社会经济正常运作，再次证明人类生活在一个命运与共的"全球风险社会"中。科学发展和技术创新是人类战胜大灾大疫的重要支撑，数字化技术在公共卫生事件应对的全流程中具有重要的作用和意义。

一、数字化技术的作用和意义

1. 数字化技术能提升政府防疫决策的精准性和科学性

人类社会目前已经发展为一个海量数据聚集和流通的"数字世界"，利用数据融合、数学模型、仿真技术等手段，政府决策者能够全面且准确地了解掌握疫情信息，加强疫情发展态势的主动性研判，制定科学高效的防控政策，做好交通管制、物资投放、舆情管控、传染源防控等重大决策。

2. 数字化技术有利于提升经济社会应对突发事件的韧性，维持正常运转

一方面，数字化技术能够汇聚市场信息，快速链接产业链供应链体系内的各大要素，做好市场预测分析，提高要素流通效率，增强传统企业的抗风险能力。另一方面，数字化技术能为传统产业带来创新工具，提升生产效能，助力传统产业转型升级，为新一轮数字经济的发展注入动力。

3. 数字化技术有利于防控期间政府服务和治理的提质升级

政府依托数字化技术搭建的服务平台能够实现疫情期间政府服务的"无接触"办理，高效解决防控期间群众的生产生活需求。数字化技术还有利于政府做好信息公开、民意收集，助力社会治理协同化发展。

二、以数字化技术应对治理危机

从全球实践看，面对新冠疫情这一严重治理危机，各国政府不得不借助数字化技术来强化内部协作、畅通政民互动，改变原有服务提供方式，以推动经济社会正常运转。

1. 新冠疫情期间各国政府对民众活动进行了一定限制，倒逼政府提升在线"无接触"服务提供水平

（1）越来越多的国家加强了健康卫生相关的在线服务提供。2022年《联合国电子政务调查报告》显示，在2020—2021年，为应对新冠疫情，90%的会员国建立了专门针对疫情防控的门户网站或在其国家门户网站中设立了相应区域，99个国家的政府门户网站为居民提供远程医疗服务，141个国家的政府提供了远程学习平台或相关支持，156个国家的政府网站提供新冠病毒疫苗信息和调度服务。

（2）各国政府在线服务的范围扩大，个性化程度提升。新冠疫情期间，各种新兴的政务服务数字化解决方案为用户提供了更加简单直观且友好的访问界面，政府也增强了数据收集分析、智能系统搭建、服务渠道融合等方面的建设，从而为群众提供更为个性化的服务。例如，新冠疫情期间，英国政府在线开展法律诉讼，美国最高法院通过电话会议平台进行听证，扩大了数字司法的概念和范围。

实践案例 2-1：新加坡多措并举应对新冠疫情，提升在线服务水平

新加坡在抗击新冠疫情期间采取了多项数字化举措，进一步提升在线医疗服务、群众电子参与水平，以满足特殊时期群众对在线服务的需求和期望。同时，借助数字化技术开展接触者追踪，促进电子商务发展，助力精准防控，维持特殊时期社会经济的平稳发展。

在线医疗服务方面，新冠疫情资讯服务提供平台 FluGoWhere 可帮助公民在家中获取医疗服务相关信息，特别是针对患有呼吸道疾病的群众提供特殊补贴的公立诊所信息，提高了医疗保健服务的可及性。

（1）群众电子参与方面，新加坡通过众筹平台如"Give.sg"和"better.sg"，提供数字捐赠活动和志愿服务机会，开展针对性社区活动，以积极帮助受疫情影响的弱势群体。此类一站式服务平台极大地简化了援助流程，为需要帮助的群体提供了实质性支持，保障了疫情期间的协同共治。

（2）接触者追踪方面，新加坡政府开发了一系列人工智能驱动的技术，如 SPOTON 热扫描仪，用于建立大规模温度筛查系统以及自动温度筛查龙门架，以提高非接触式扫描的效率。

这些技术的应用有助于落实社交隔离要求，并及时发现潜在的感染风险。电子商务方面，新加坡专门开设"Covid GoBusiness"门户网站，为企业提供豁免申请、人力资源支持等各种服务，有效地增强了中小微企业在疫情经济形势下的韧性，为经济复苏提供了重要支撑。

（资料来源：根据公开新闻整理。）

2. 新冠疫情期间，各类公众需求数量激增，紧急性和急迫性加剧，倒逼政府流程数字化改革

新冠疫情前，政府的政策法规制定和执行在一定程度上灵活性欠缺，政策审批流程较长，政策实施的滞后性较强。新冠疫情中，对各类政策、服务、资源等的急迫需求迫使各国政府加快结构调整，精简业务办理流程，同时利用数字化技术提高业务办理效率，提升响应速度。例如，多国利用数字化技术改进传统采购流程。印度开发了涵盖口罩、检测试剂盒等所有疫情相关物品的电子采购系统，将平均招标时间从两周缩短到三天。美国海军利用数字化技术将其供应采购时间平均加快了32%，以迅速应对疫情期间的紧急需求。

3. 新冠疫情催生新一轮的数字化转型浪潮，倒逼政府加快完善数字化的生态、设施和系统

各国纷纷开展数字素养的相关培训项目，提升公共部门及公民对数字化技术的接受和使用能力。2022年《联合国电子政务调查报告》显示，在英国最近开展的一项民意调查中，60%的受访者声称，他们现在比疫情前更有使用数字公共服务的信心，75%的受访者表示，他们愿意通过智能手机使用政府数字化服务。同时，各国政府推动数据系统的更新升级、大力建设数字基础设施，以推动政府信息公开和共享，夯实政府服务数据和硬件基础。例如，印度卫生和家庭福利部依靠公共和私人投资建立了国家电子卫生局，主要负责在印度开发和推行与健康有关的信息系统，并发起了 e-Raktkosh 计划来实现全国血库的数字化。

实践案例 2-2：数字公共基础设施助力新冠疫情防控

数字公共基础设施（Digital Public Infrastructure, DPI）是指由政府或政府与私营部门合作提供的前端和后端系统，包括数字身份认证系统、数字支付系统、数据共享和交换平台等。这些基础设施涵盖了民众、企业和政府之间的服务交付和运营，跨越公共和私营部门，同时支持社会保障网络的运作。

在DPI的开发和建设中，印度走得较为靠前。2009年，印度正式启动以"印度堆栈"（The India Stack）为代表的数字治理系统建设。"印度堆栈"作为印度最常用的一组DPI，旨在将不同属性、规模、业务类型的机构纳入同一体系，推动人口量级的数据、身份、资金流通，以此提高数字服务的可达性、应用规模和服务质量，主要包括身份认证体系、联合支付接口、数字文件夹和数据整合器。

新冠疫情期间，DPI对于印度政府快速响应、提供服务发挥了关键作用。通过身份认证系统，政府能够快速识别受助者身份，借助可信数据共享和跨检数据库快速验证并确定受助者资格，再利用数字化支付系统，实现快速、安全地向受助者发放资金。此外，印度还开发了CoWIN疫苗接种服务平台，以提供疫苗跟踪、预约和发放接种证书等服务。印度政府评估，到2021年3月，数字基础设施和其他治理改革累计节省约1.1%的GDP支出。

未来，印度将继续推进DPI发展，在教育、医疗、交通等领域支撑更多数字化服务交付，提高公共服务的便捷性和普及性，为建立响应迅速、具有弹性的社会保障和公共服务体系奠定基础。

（资料来源：根据公开新闻整理。）

新冠疫情加速政府数字化转型的同时，也暴露出在危机事件应对中数字政府建设的不足。在新冠疫情影响下，政府数字化能力与公众需求之间的结构性矛盾突出。虽然政府在疫情倒逼下加快了数字化能力的建设，开发上线各种信息系统，但是急剧增长的用户数量依然超出了数字政府的承载能力，已有系统和新建系统失灵现象时有发生。

例如，2020年4月前后，日本政府在发放补贴时采用通过身份证号码线上申请和邮寄申请两种方式，但由于试图线上申请的用户更多、身份证电子系统建设中信息登记和更新的不及时、线上线下信息系统的不同步等原因，补贴发放严重受阻。

第三节　主要国家数字政府建设模式

为应对新一轮信息革命带来的政府治理挑战，美国、欧盟国家、日本等发达国家都在加速"数字蝶变"，抓紧推出政府数字化转型战略。2022年《联合国电子政务发展报告》显示，在193个联合国会员国中，151个国家制定了数字化战略，有145个国家设有首席信息官（CIO）或类似职位，123个国家制定了数字化安全战略。数字政府作为数字化转型的"重中之重"，受到世界各国普遍重视，已上升到国家战略层面的高度。

一、部分国家或地区数字战略制定时间及内容趋势

1. 部分发达国家/地区

发达国家在政府数字化战略制定上走在前列，且伴随经济社会发展和技术进步不断更新迭代，具有较强的阶段性和接续性（见表2-1）。

表2-1　部分发达国家数字政府战略

国别	时间/年	战略规划
丹麦	2011	2011—2015年数字政府战略
	2016	2016—2020年数字化战略
	2022	联合政府数字化战略（2022—2025）

(续)

国　别	时间/年	战　略　规　划
新加坡	2000	电子政务行动计划Ⅰ
	2003	电子政务行动计划Ⅱ
	2006	智慧国2015计划（2006—2015）
	2014	智慧国2025计划（2015—2025）
英国	2012	政府数字化战略
	2017	政府转型战略（2017—2020）
	2021	政府数字服务：2021—2024年战略
	2022	英国数字战略（更新）
美国	2002	电子政务战略——简化面向公民的服务
	2017	政府技术现代化法案
	2020	联邦数据战略行动计划
韩国	2008	数字政府2.0
	2013	数字政府3.0
	2019	数字政府革新推进计划
	2022	大韩民国数字战略
瑞典	2000	4小时公共行政战略
	2008	数字治理行动计划（2008—2010）
	2014	开放政府伙伴关系（2014—2016）
澳大利亚	2011	政府数字化转型政策
	2018	2025政府数字化转型战略
	2021	政府数字化转型战略
加拿大	2014	数字加拿大150计划
	2016	加拿大政府信息技术战略计划（2016—2020）
	2022	政府数字化战略（2022）

资料来源：根据公开资料整理。

发达国家的政府数字化战略在内容上呈现四方面趋势。

（1）将数字政府建设融入整个国家的数字化发展战略中进行部署，从构筑国家数字竞争新优势的高度推进相关工作。例如，丹麦2022年发布数字化战略，提出全社会数字化转型的九大目标，其中一个目标就是为个人和企业提供连贯的数字公共服务。

（2）将数据治理放在更优先事项，进一步扩大数据开放。例如，新加坡第二个"智慧国"十年计划提出，将秉持"大数据治国"的全新理念，推动建立全国性数据连接、收集、分析的操作系统。美国在2019年出台《开放政府数据法案》、2020年出台《联邦数据战略行动计划》，进一步明确公共数据开放、建立首席数据官（CDO）、数据治理制度建设等要求。加拿大在2024年更新了公共数据服务战略，补充和增强了其在2022年政府数字化战略中提出的"数据驱动的数字服务和计划"。

（3）更加强调智能化技术应用和公共服务的个性化定制。例如，韩国在2019年的数字政府革新推进计划、2020年的国家转型战略中，均提出要建立为个人提供定制化行政服务的智能型政府。

（4）部分地区不断强化跨区域政策的协调发展。例如，欧盟根据单一数字市场建设要求，开发系列数字化服务工具，降低企业或个人跨行政区域的办事成本，具体包括：面向企业或个人服务的统一门户网站，容纳各类专业资格证书、社会保障文件的数字身份钱包；面向行政机构内部信息交流共享的市场信息管理系统；用于衡量不同领域单一市场政策执行情况的单一市场记分牌等。2024年4月11日，《欧洲互操作法案》正式生效，致力于推进成员国之间跨境数据交换和数字公共服务互联，推动学历文凭或专业资格的相互承认、道路安全车辆数据的交换、社会保障和健康数据的访问，以及与税收、海关、公共招标认证、数字驾照、商业登记有关的信息交换。据测算，该法案预计每年可节省高达50亿欧元。

2. 部分发展中国家或地区

对于发展中国家或地区而言，通往数字包容和可持续发展的道路仍然充满障碍和不确定性。为使数字化这一最大变量成为推动发展的最大增量，发展中国家和组织也跟随技术发展潮流，加快数字化战略的制定，引领数字化发展。

（1）2016年5月，印度推出"数字印度"（Digital India）战略。该战略聚焦于人人受益的基础设施建设、基于需求的政府治理和服务、公民的数字赋权三大关键领域，并指出支撑数字化转型的九大支柱，具体包括高速宽带、普及移动连接、公共网络接入项目、电子政务、电子化服务、全面信息化、发展电子信息制造业、IT（信息技术）就业岗位和早期示范项目。

（2）2020年5月，巴西通过第10332/2020号法令制定了其数字政府战略。通过该法令，巴西政府为数字服务的转型、数字渠道的统一和系统间互操作性的发展制定了指导方针。该战略主要目标为：提供一个直观、直接的公共数字服务平台，可促进政府数据库的集成和互操作性，提供数字公民身份，并优化信息技术基础设施。

（3）2021年，越南提出首个数字政府战略。该战略确定了五个主要目标，包括：为社会提供优质服务、拓宽公众参与、改善国家机构的运作、有效解决社会经济增长问题、在联合国公开数据的国家排名上取得突破性的变化。为实现这些目标，战略提出了六组国家重点任务：改善法治环境、发展数字基础设施（云优先）、发展数字平台和国家规模的系统、发展国家数据、发展国家应用和服务、确保国家网络的安全。

（4）2021年，非洲联盟发布《非洲数字化转型战略（2020—2030）》，从宏观上对非洲数字化发展目标和方案进行规划，将数字化转型作为非洲大陆经济社会发展的重中之重，具体目标包括：建立泛非洲的数字单一市场，实现安全、无障碍和可负担的宽带网络连接，协调各国数字化转型的法律法规和政策，建立和完善非洲大陆层面的数字平台和服务网络等。

二、数字政府建设的典型特点

全球各国数字政府战略各有特点，在实践中也均根据自身国情，坚持不同的创新理念，采用特点各异的实施方法，形成了不同的数字政府建设模式，代表性的案例包括美国建设的"开放型政府"、英国建设的"数字政府即平台"、新加坡建设的"智慧国"、爱沙尼亚建设的"数字国家"等。

1. 美国：开放型政府

美国数字政府建设发源于20世纪90年代的"信息高速公路"战略，历经30余年的发展，依托技术创新和制度改革，一直走在世界前列。2022年美国电子政务发展指数得分为0.9151，全球排名第十。

"开放型政府"是美国在数字政府建设中一以贯之的理念。21世纪初期，克林顿政府认识到互联网对公民政治参与的重要性，敦促各政府机构研发设计上线政府官网。2002年，白宫发布《电子政务战略——简化面向公民的服务》，旨在加强公民与联邦政府的互动，推动美国电子政务建设从以信息技术为中心转变为以公民为中心。在实现政府信息和服务上网后，美国数字政府建设开始由"电子政务"向"开放政府"转变。2009年，《透明和开放政府备忘录》和《开放政府指令》发布，"Data. gov"政府数据公开网站建立，强化了政府数据的归集统筹，奠定了政府数据开放的基础。

这一时期，美国通过一系列战略布局和大数据等最新技术手段的使用，推动公平、透明、开放的数字政府建设。2012年，美国发布《数字政府：建立一个面向21世纪的平台更好地服务美国人民》，明确提出让美国公民随时、随地、使用任何设备获得高质量的数字政府信息和服务的战略目标。随后，美国还对开放政府行动计划、数据战略做了与时俱进的调整和更新。2022年12月，拜登政府发布第五个"开放政府"国家行动计划，通过改善对政府数据、研究和信息的访问，增加公民空间，提升公众参与度等举措，建设"一个更具包容性、响应性和问责制"的政府。

2. 英国：数字政府即平台

英国是全球数字政府建设的佼佼者，在推进政府数字化转型的进程中推出了诸多具有示范性的理念和举措。2012—2014年，英国颁布并更新了《政府数字化战略》，实施了《政府数字包容战略》，旨在推动数字化成为政府提供公共服务的优先方式并扩大其覆盖范围。在此基础上，2015 年，英国开始推动"数字政府即平台"计划。这一系列举措取得了显著成效，助推英国政府获得 2016 年联合国电子政务调查评估第一名，成为当时全球表现最为卓越的数字政府。

"数字政府即平台"战略是英国政府数字化转型的指导思想和核心内容。"数字政府即平台"概念源自电子商务发展过程中形成的平台运营模式，英国率先将此模式引入数字政府建设中，推动以平台为基础的政府公共服务数字化改造。就英国实践而言，"数字政府即平台"具体是指内阁政府数字服务部提供通用共享平台设施，内阁组成部门或者第三方在平台上开发附加应用，推动以平台为基础的政府数字化转型。

2021 年，政府数字服务部发布《政府数字服务：2021—2024 年战略》，通过五项重要举措，进一步深化平台型政府建设。

（1）统一门户网站。基于 2012 年开启的"政府网站瘦身革命"，进一步优化 GOV.UK 内容和技术平台、简化信息发布工具，逐步使政府网站从 2000 余个缩减为一个——"GOV.UK"成为英国政府的唯一在线门户。

（2）推动跨部门协作。通过完善政府网站账户功能，打造个性化内容视图，实现部门共享和一键式完成操作，解决跨部门联合服务的问题。

（3）简化数字身份解决方案。统一登录方式，开展多部门合作，逐步实现用户通过"GOV.UK Verify"一次验证，访问各种政府服务。

（4）建设通用工具和专业服务。建立组件库，使用户能够方便地选择和使用信息。通过建立轻量级后端产品，满足后端案件管理和其他常见需求，并由专业服务部门提供技术支持。

（5）促进数据共享。各部门间合作共享用户信息，建立数据登记册和信息交换机制，实现部门间、公民与国家之间的信息交换、在线互动分析等，以提升服务水平和政策制定水平。

3. 新加坡：智慧国

新加坡是世界最早推行"政府信息化"的国家之一，目前已成为国际上数字政府建设的领头羊。2022 年新加坡电子政务发展指数得分为 0.9133，在联合国会员国中排名第十二，在亚洲区域排名第二。

新加坡政府致力于建设全球第一个智慧国家。20 世纪 80 年代到 20 世纪 90 年代，新加坡先后实施"国家计算机计划""IT2000 智慧岛计划"，推动信息技术由政府机构内部应用拓展至全国公民使用，奠定"智慧国"建设的硬件基础。2006 年，新加坡启动"智慧国 2015 计划（2006—2015）"，通过发展信息通信产业、建设基础设施、提升人力资源水平等举措推动社会各方面的数字化转型。2014 年，新加坡发布"智慧国 2025 计划（2015—2025）"，旨在以信息技术为依托，建立无缝流畅、公众中心的整体型政府。

为顺利建设"智慧国"，新加坡政府大力提倡"3C"理念，包括"连接"（Connect）、"收集"（Collect）和"理解"（Comprehend）。"连接"是指通过数字基础设施平台的部署，实现人和物的任何地点、任何时间的互联互通；"收集"则是指通过覆盖全国的传感器网络匿名、安全获取实时海量数据；"理解"则是指通过数据共享及分析，感知预测需求，提供精准公共服务。

在具体实践中，一方面政府以大数据治理为抓手，大力推进数据共享开放，充分挖掘数据调动公共价值。在政府内部，"数据分享原则"明确了数据创建与发布、数据读取查阅等方面的规则。在对外共享中，打造了一站式政府数据公开门户网站，开放经济、教育、运输等多个重要领域的政府数据。

另一方面，新加坡强调以民众为中心，提供整合式公共服务。例如，通过新加坡电子公民中心可实现个人人生历程必经阶段和事件的各类服务。此外，新加坡政府还主动加强与群众、科研机构、私营部门等的合作，以多元化视角提供更为完善的公共服务。

新加坡坚持服务型政府定位，将"智慧国"建设的核心目标聚焦于为群众创造更美好的生活，并致力于建设普惠化智慧城市，从而逐步形成以数字化技术赋能、以用户为中心、以数据驱动城市治理的特色发展路径。

4. 爱沙尼亚：数字国家

爱沙尼亚一直是全球数字政府领域的先行者，以其创新的电子政务系统和数字化服务而闻名，常年在国际数字政府评估中名列前茅。科技期刊《连线》（WIERD）杂志曾经将爱沙尼亚评为"世界上最先进的数字社会"，称它建立了一个高效、安全且透明的数字生态系统。爱沙尼亚政府充分发挥数字化战略、数字化技术、公民数字素养等多要素的作用，推动"数字国家"进化史。

1994年，政府就提出了建立数字化国家的相关构想，并于四年后起草并批准了《信息技术发展战略纲要》，指定GDP的1%为国家信息技术资金，致力于通过信息技术解决方案应对政治不确定性带来的社会挑战。1996年，爱沙尼亚启动全国范围内的信息技术基础设施发展计划"虎跃"（Tiger Leap）计划，在学校和教育机构中推广信息技术，以提升教育质量和效率，培养学生数字化技能。2001年，爱沙尼亚开发了分布式公共数据库系统X-Road，旨在实现关键数据在整个国家公共基础设施内部的互联互通。

目前，爱沙尼亚公共和私营部门信息系统已实现全面无缝的对接与协同，99%的公共服务实现了7×24小时的全天候访问。2002年，爱沙尼亚开始实行新的国内电子身份证卡（e-ID），适用于各种服务场景，电子签名具有法律效力。2008年，政府开发了可扩展的区块链技术KSI，旨在缓解国家内部数据被操纵的威胁，目前已成为全球区块链技术的先驱。2014年，爱沙尼亚推出面向全球的第一个无边界"数字公民（e-Residency）"项目，允许全球公民远程注册公司，并通过数字身份ID访问爱沙尼亚的公共电子服务。2019年7月，爱沙尼亚制定《2019—2021年国家人工智能战略》，关注公共和私营部门的AI应用、AI研发与教育以及法律环境构建。2022年，爱沙尼亚上线电子婚姻服务，公众可通过电子人口登记册在线提交婚姻登记申请。截至2024年10月，公众人生阶段的各类重要事件，仅剩离婚一件事需要线下亲自办理。

第三章

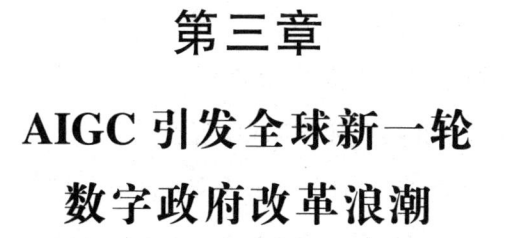

AIGC 引发全球新一轮数字政府改革浪潮

2023 年以来，人工智能生成内容（Artificial Intelligence Generated Content，AIGC）成为各行各业关注重点和热议话题。以 ChatGPT、Bard 为代表的生成式 AI（人工智能）大模型是 AI 技术的一次飞跃，代表着 AI 技术从感知世界、理解世界向创造世界的演进，在大规模产业升级、劳动力转移、收入分配机制等方面带来深刻变革，成为进一步推动产业发展和治理变革的关键力量。

在工业领域，大模型实现汽车、建模等设计的自动优化，支持物流、安防等实现智能化管理；在医疗领域，大模型实现蛋白分子的结构预测，辅助医生影像读片与分析病例报告，推出 AI 陪护与交互式心理咨询；在金融领域，大模型催生了数字员工，借助 AI 客服、AI 投资顾问、AI 财务实现服务的自动化，并进一步优化投资管理与风险管理。

政务领域涉及大量内容生产及人与人交互环节，与生成式 AI 强大的信息收集、文本总结、智能交互能力重叠较高，是未来大模型应用的肥沃土壤。

(1) 政府应用人工智能技术具备良好基础。IDC 数据显示，2022 年中国人工智能在政务领域的应用渗透度为 52%，仅次于互联网行业（83%）和金融行业（62%）。据国家发展和改革委员会官方披露，我国政府数据资源占全国数据资源的比重超过 3/4，将为大模型训练和持续更迭提供丰富的基础资源。

(2) 随着数字政府建设深入，政务服务的普惠化便利化水平不断提升，线上线下服务量随之激增，迫切需要运用新的技术手段解决政府响应能力不足的问题。以 12345 政务服务热线为例，根据北京市政务服务管理局《2022 年北京 12345 市民服务热线年度数据分析报告》，2020—2022 年北京市受理群众热线反映分别为 1104 万件、1485 万件、7592 万件，三年增长 588%，其中，简单的咨询答复类热线 2022 年占比达 88%。利用生成式 AI 智能交互、文档制作等核心能力，能大幅缓解超大城市热线咨询激增带来的服务压力。

AIGC 时代数字政府建设将面临新的变革机遇。

（1）改变现有人机互动模式，推动"互联网+政务服务"向"智能+政务服务"演进升级。在服务需求端，通过拟人化交流、类人化互动，大模型能够增强问询系统对用户自然语言和问询上下文的理解能力，自动精准抽取用户需求，提高回复准确性和办事成功率；在服务供给端，能够实现对服务引导、咨询等重复性工作的取代或智能辅助，大规模替代和优化政务服务前端人力劳动，减轻服务压力。

（2）革新内容生产方式，实现会议记录、文书撰写等部分行政活动的自动化替代，消解不必要的行政负担，让政府人员尤其是基层人员从"繁文缛节"中解放出来，投入到前瞻性、全局性、创新性的工作之中，更多地扮演回应复杂问题的综合协调者和最终决断者。

（3）形成"模型即服务（MaaS）"的新型服务形态，与传统的IaaS（基础设施即服务）、PaaS（平台即服务）、SaaS（应用即服务）一起成为政务云平台的构成要素，共同为"一网通办""一网统管""一网协同"等上层政务应用系统赋能，改变现有数字政府的建设格局。

第一节　全球掀起政务大模型应用浪潮

从应用广度看，生成式AI大模型在政务领域的应用探索已较为普遍。截至2024年2月，已有美国、葡萄牙、英国、德国、爱尔兰、丹麦、罗马尼亚、澳大利亚、加拿大、阿联酋、卡塔尔、以色列、新加坡、日本、韩国、印度、马来西亚、柬埔寨、阿尔巴尼亚、马里等20多个国家或地区将大模型应用在政府事务管理中。

一、大模型应用进展

如表3-1所示，在应用时间上，德国、英国、以色列等起步最早。德国于

2022 年末已启用基于大语言模型的 AI 聊天机器人，英国 2023 年 1 月已使用 ChatGPT 撰写演讲稿，印度、新加坡等于 2023 年 2 月开始部署在多个政府部门应用。在应用层级上，既包括当地中央政府部门，又包括地方机构，如美国总务管理局（GSA）、华盛顿州政府、波士顿市等同步推进大模型技术应用，日本中央政府部门农林水产省、一级行政区划东京都、地方政府横须贺市等也均在政府办公中使用 ChatGPT 等大模型工具。[一]

表 3-1 各国家/地区政府对大模型技术的应用进展

序号	起始时间	国家/地区	应用范围
1	2022 年 10 月	德国海德堡	基于大语言模型搭建公民服务聊天机器人 Lumi
2	2023 年 1 月	英国	财政大臣使用 ChatGPT 撰写演讲稿，就业和养老金部、政府数字服务局等
3	2023 年 2 月	以色列	总统使用 ChatGPT 撰写会议致辞
4	2023 年 2 月	印度	电子和信息技术部、教育部
5	2023 年 2 月	新加坡	科技研究局、劳动力局、卫生部等
6	2023 年 2 月	卡塔尔	国家政府门户网站
7	2023 年 3 月	葡萄牙	司法部、112 政府紧急热线
8	2023 年 3 月	中国台湾	中国台湾省教育事务主管部门、台北市教育局、台南市教育局、花莲县
9	2023 年 3 月	阿联酋	迪拜水电局、电信和数字政府监管局、国家政府门户网站
10	2023 年 3 月	柬埔寨	数字政府委员会
11	2023 年 3 月	罗马尼亚	总理使用类 ChatGPT 的 AI 助手
12	2023 年 4 月	日本	农林水产省、东京都、福岛县、栃木县、神奈川县横须贺市、北海道当别町等
13	2023 年 4 月	美国	众议院、国务院、国防部、航空航天局（NASA）、卫生与公众服务部、总务管理局等

[一] 中国信息通信研究院. 数字时代治理现代化研究报告——大模型在政务领域应用的实践及前景（2023 年）. [R/OL].（2024-1-04）[2025-01-10]. https://caict.ac.cn/kxyj/qw5b/ztbg/20202/t20240204-471695.htm.

(续)

序号	起始时间	国家/地区	应用范围
14		韩国	首尔 120 茶山呼叫中心
15		丹麦	首相使用 ChatGPT 撰写演讲稿
16	2023 年 5 月	爱尔兰	农业部、交通部
17		澳大利亚	内政部
18		加拿大	公务人员使用大模型产品进行办公
19	2023 年 8 月	马来西亚	科技与创新部
20	2023 年 12 月	阿尔巴尼亚	政策翻译整合、e-Albania 政府服务平台
21	2024 年 2 月	马里	教育语言本土化

资料来源：根据公开资料整理。

从应用深度看，大模型在政务领域的认知率、利用率达较高水平，应用前景广阔。人工智能研究公司 Goatman 发布的调研数据显示，50%以上的日本都道府县政府在使用 ChatGPT。日本野村综合研究所开展的网络问卷调查显示，政府部门对 ChatGPT 的利用率达 17.5%，仅次于信息通信业（32.8%）和制造业（19.2%）。针对加拿大公共服务部门 1320 名公务员的调查显示，11%的公务员在工作中使用过 ChatGPT、Bard 等 AI 大模型工具。著名管理咨询公司罗兰贝格（Roland Berger）预计，生成式 AI 大模型落地的第二波就是教育、通信、公共服务等行业，这些行业虽然信息化投入相对较少，但生成式 AI 技术带来的价值空间广阔。在充分应用的前提下，预计大模型将推动公共服务行业降低 1.8%的经营成本（见图 3-1）。

从部署推进看，新加坡、日本、美国等实践较为靠前，已推动各地分散探索向集成应用转变。部分国家深刻认识到，大模型技术对政府治理的变革性影响及其突出的安全风险隐患，开始尝试在部署方式、数据处理等方面做出统筹安排，以提升政府对新技术的集成应用能力。

日本数字厅与微软合作，在政府数据中心设置 AI 大模型产品使用的高处理能力设备，以处理政府机密信息；新加坡设置 AI 创新沙盒，为公共部门提供预训练的生成式人工智能模型和初级代码开发工具。部分大模型厂商适应政府集成应用需要，提供面向政府侧的定制化服务能力。微软先后和美国、日本政府达成合作，向其提供通过微软 Azure 智能云平台调用 ChatGPT 的服务；埃森哲发布专供美国联邦政府机构使用的 FedGPT；韩国互联网巨头 NAVER 为阿拉伯国家提供符合其文化背景的 AI 大模型。

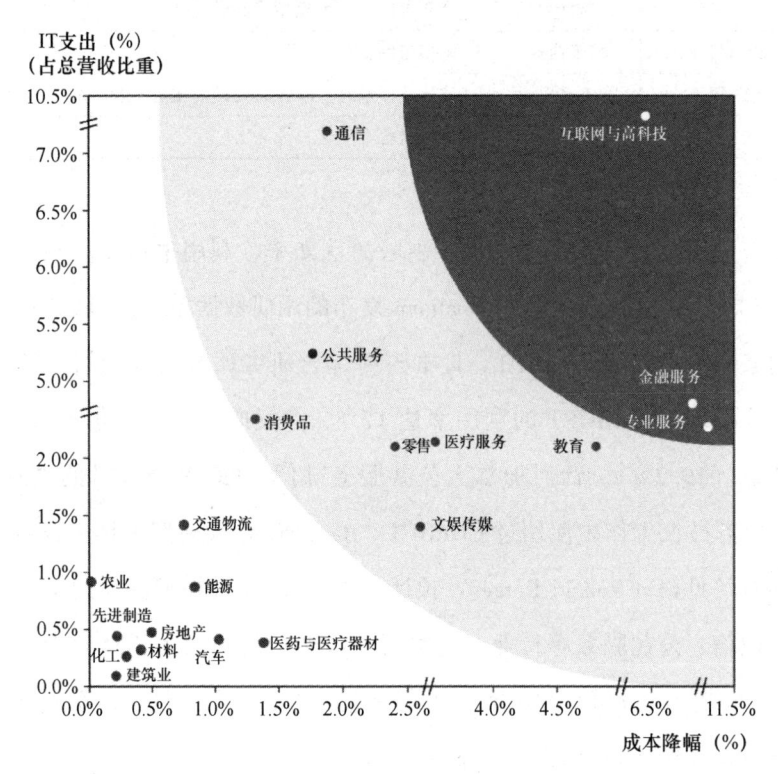

图 3-1 生成式人工智能的产业影响波次顺序

资料来源：罗兰贝格。

二、覆盖场景丰富，技术潜能初现

从各国（地区）实践看，大模型技术已在政府内部办公、政务信息公开、政务服务提供、民生服务优化和国防航天 5 个领域 13 个细分场景落地（见

表3-2）。应用场景从政府内部扩展至对外服务及治理，从简单办公延伸至智慧民生建设，且部分场景取得了良好的应用成效。

表3-2 大模型在政府治理中的应用场景分布

应用领域	范围界定	细分场景	代表性案例
政府内部办公	内部事务的操作与处理，使用主体以公务人员为主	知识检索与收集	日本横须贺市
		内部文书写作	新加坡Pair公务员文书写作系统
政务信息公开	面向外部用户提供文本、视频、音频等信息，目的是以对外宣传为主	公开新闻或稿件写作	日本横须贺市
		简化或改写官方文件	日本农林水产省
		制作政府宣传类物料	美国波士顿市
政务服务提供	面向群众、企业，以帮助其办理政府相关业务为主要目的	政务热线	葡萄牙112政府紧急热线
		业务办理智能助手	阿联酋迪拜水电局
		专业领域问询服务	印度电子和信息技术部
民生服务优化	改善如医疗、交通、教育、就业等社会民生有关的服务	教育	中国台湾省
		医疗	新加坡卫生部
		就业指导	新加坡劳动力局
国防航天	涉及国家安全、国家科技创新实力等方面的应用	国防安全	美国国防部
		航空航天	美国航空航天局

资料来源：根据公开资料整理。

1. 辅助政府内部办公

辅助政府内部办公主要聚焦以下两大应用场景。

（1）**辅助知识检索与收集**。基于庞大的训练数据，大模型可根据提示瞬间收集大量信息，深度学习算法还可使大模型对信息进行分类和聚类，实现对分散信息的组织和总结，为公务人员提供匹配度高、整合度高的信息，成为公务人员的"智能问询助手"。具体来看，公务人员可使用大语言模型等工具开展资讯收集、政策研究、招投标标准了解、代码编程等方面的知识检索。

例如，美国佛蒙特州公务人员使用ChatGPT学习最新编程语言并编写内部使用的代码。爱尔兰农业部利用 ChatGPT 检索处理技术和软件有关问题。英国、韩国和澳大利亚推荐其政府工作人员在政策调研、信息收集中使用 ChatGPT 等工具。日本横须贺市公务人员使用 ChatGPT 检索信息,以获得业务灵感和政策建议。横须贺市经营企划部《ChatGPT 应用实证结果报告》显示,横须贺市政府中 30.4% 的公务人员将 ChatGPT 应用于知识检索,是使用占比最高的场景;54.3% 的公务人员认为,知识检索功能为其提供了传统方法无法提供的信息和创意。横须贺市还利用 ChatGPT 开发并上线了面向其他政府部门的问答系统,以供其他城市查询和了解本市政府 ChatGPT 的使用情况。日本千叶县开展的《有关生成式人工智能的利用状况全厅问卷调查结果》显示,约 70% 的公务人员认为使用 ChatGPT 等大模型工具能提高其业务效率,其中,九成的公务人员认为,效率提高最明显的场景是创建 VBA(Visual Basic 宏语言)和编程代码知识。

(2)助力内部文书写作自动化。政府公文写作是内部事务中任务量大、机械性高、有"模板"可循的事项之一。大模型及其衍生产品在经过高质量语料库训练后,能胜任内容校对、资料整合、摘要总结等任务,还能按照指定框架、指定模板输出文本信息。将大模型工具应用于政府公文写作中,能将公务员从繁复的文案工作中解放出来,使其更加投入创造性的工作中。目前,大模型已被用于政府简报、报告、会议纪要、邮件等各类应用型文书写作中。

例如,新加坡开源科技部开发 Pair 公务员文书写作系统,通过它可在几秒内整理大量资讯,撰写电子邮件及政府报告初稿,再辅以工作人员修改(见图 3-2)。数据显示,在试运行阶段,Pair 系统服务了 100 余个政府机构的超 11 000 名用户,周活跃用户超 4500 名。美国众议院将 ChatGPT 主要应用于内部办公中创建和总结文本内容,包括总结演讲信息、撰写政策文件及法案草稿等;亚利桑那州马里科帕县高等法院使用生成式人工智能编写文档模板。

日本政府与微软达成协议，微软将为日本数字厅等部门提供大模型工具，主要用于统计分析政府数据、提供政府官员对议会质询的答复草稿等场景。此外，日本横须贺市和东京都、中国台湾花莲县、柬埔寨数字政府委员会等多个地区和部门均已将 ChatGPT 应用至政府内部文书准备中。

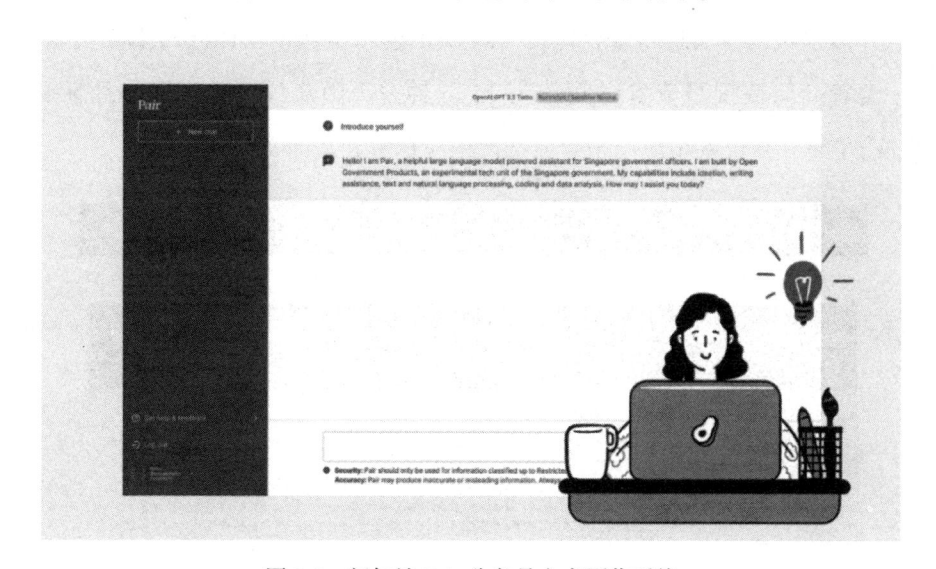

图 3-2　新加坡 Pair 公务员文书写作系统

资料来源：新加坡开源科技部官网。

2. 助力政务信息公开

区别于面向政府内部公务人员的场景应用，大模型应用于政务信息公开是指借助大模型类工具，面向群众输出政府意图或信息。此领域的应用不仅依托于大模型的自然语言处理能力，大模型所具备的多语言、多模态能力也有助于政府扩大信息受众范围、丰富信息公开形态。

此外，大模型类工具能根据指定语气和风格输出内容，可帮助政府转化为公众站位，输出符合公众需求且简明易懂的信息，提高政务信息的公众接受度和理解度。目前，大模型在撰写公开新闻或稿件、简化或改写政策文件、制作政府宣传类物料三类细分场景中得到有效应用。

(1)撰写公开新闻或稿件。例如，2023年4月18日，日本横须贺市政府官网发布题为"地方政府尚属首次！横须贺市政府开始在全市范围内演示ChatGPT的使用"的公开新闻，且在新闻内容中明确表示"该新闻由ChatGPT撰写，工作人员仅进行部分校对与润色"（见图3-3）。中国台湾花莲县使用政府机构专属封闭资料库对ChatGPT进行微调，用以产出活动类新闻稿，每篇新闻稿撰写节省时间约为15分钟。美国众议院数字服务团队称，ChatGPT将在众议院中应用于生成选民回应草案和新闻文件。

图3-3 日本横须贺市发布由ChatGPT撰写的新闻

资料来源：日本横须贺市政府官网。

(2)简化或改写官方文件。例如，日本农林水产省使用ChatGPT更新监管文件，该机构每年需修订上千页监管文件，ChatGPT的引入大幅降低了文件修订的负担。该机构还使用ChatGPT简化补贴申请等在线操作指南，以帮助群众顺利完成业务申请。福岛县政府将ChatGPT运用于创建县计划的摘要和儿童版本。美国波士顿政府将简化文本写作、多语种文本写作作为大模型技术的推荐使用场景，以促进政府信息面向不同年龄、不同受教育水平、不同语言的人群公开。宾夕法尼亚州政府购买了 50 个 ChatGPT 许可证，主要用于更新政策、起草招聘信息等用途。

(3) 制作政府宣传类物料。例如，日本北海道当别町、神奈川县横须贺市等地使用 ChatGPT 制作政府宣传文案。茨城县将 ChatGPT 融入县政府认证的虚拟旅游网络达人（VTuber）"茨日和"中，增强公众与虚拟人互动的乐趣，提升该县旅游吸引力。美国众议院使用 ChatGPT 为政府品牌宣传生成标识图案。波士顿还将政府宣传海报、视频、歌曲等的制作作为推荐使用案例。

3. 优化政务服务交互

大模型类人化的对话交互能力可重塑政府为用户提供服务咨询和业务办理的模式，已有实践主要体现为政务服务问询系统的优化升级上。问询系统是政府为个人和企业提供服务最前端、最重要的环节，传统政务问询系统仅支持"一问一答"，需要用户使用特定词汇或专业性语言触发回复，且回复宽泛、办事指引不够直接精准。大模型技术与政务问询系统结合，能够提高问询系统对用户自然语言和问询上下文的理解能力，自动精准抽取用户需求，提高回复准确性和办事成功率。多轮对话交互还能助力政务问询系统实现业务办理全程引导和协助，打造"对话即服务""平台即助理"等政务服务提供模式。

目前，大模型技术已在问询系统中的政务热线电话、政府门户网站问答机器人以及专业领域政务知识问答系统等三类细分场景落地。

(1) 助力政务热线智能化。例如，韩国首尔市 120 茶山呼叫中心计划将 ChatGPT 应用于其城市咨询热线中，推动违规信息举报、信访处理和咨询等事务处理的全自动化。葡萄牙政府正在测试基于 ChatGPT 的新人工智能系统，用于 112 政府紧急热线的接听答复、问题评估、工单派发等环节，以期缩短电话响应时间，提高接通率。

（2）打造政府服务业务办理智能助手。例如，阿联酋迪拜水电局将 ChatGPT 嵌入聊天机器人中，为公众提供 7×24 小时的服务支持，可提供账单查询、停机更新和服务请求等业务咨询。迪拜政府官网已上线由生成式人工智能驱动的"数字城市礼宾平台"，为公众提供各类服务信息查询。阿联酋国家政府门户网站也将 ChatGPT 嵌入其问询系统 U-ASK 中。卡塔尔通信和信息技术部将 GPT 嵌入国家政府门户网站 Hukoomi 中，以改善用户体验，提高服务效率。阿联酋电信和数字政府监管局在政府网站中使用 ChatGPT 为中小企业提供网站域名推荐服务，企业可通过对经营业务的描述获取以".ae"为后缀的阿拉伯文或英文域名。

德国海德堡市政府网站开发了基于大语言模型的数字公民助理 Lumi，通过自然语言问答为公民提供申请身份证和驾驶执照、登记居住地等服务。新加坡政府科技研究局基于政府文档资料形成知识库，并连接至谷歌和微软提供的大语言模型上，已将 21 个政务服务聊天机器人转化至大语言模型驱动的引擎上。此前工作人员必须手动开发多达 10~15 种不同的提问方式来触发同一问题的关键词，而借助大模型的自然语言处理和人类反馈强化学习能力，此过程得以简化，节省了训练、维护和更新聊天机器人所需的人力和时间。[1]

马来西亚科技与创新部称，正在将 ChatGPT 嵌入政府服务中，以处理公众咨询。美国纽约市政府通过 MyCity 门户网站，将 AI 技术应用于帮助家庭获取儿童看护服务，并推出首个 AI 聊天机器人试点项目，帮助企业主和创业者更便捷地获取政府信息。葡萄牙行政现代化署基于 GPT 3.5 turbo 模型打造了具有虚拟形象的聊天机器人，用以回答公众有关激活、解锁、更改、取消或使用数字签名的相关问题，未来该项目将覆盖所有公共服务。

---

[1] HIRDARAMANI Y. Is it time to say goodbye to 'Ask Jamie'? Inside GovTech's refresh of government chatbots［EB/OL］.（2023-09-14）［2024-10-25］. https://govinsider.asia/intl-en/article/is-it-time-to-say-goodbye-to-ask-jamie-inside-govtechs-refresh-of-government-chatbots.

实践案例 3-1：迪拜水电局借助 ChatGPT 提升虚拟人工智能员工 Rammas 的技能

2023 年 2 月，迪拜水电局子公司 Moro Hub 与微软合作，宣布将使用 ChatGPT 技术增强服务，对原有虚拟人工智能员工 Rammas 进行升级改造。与 ChatGPT 集成后，一方面，Rammas 数据学习、理解分析客户询问的能力得到提升，能更为及时准确地响应用户需求；另一方面，在大模型加持下，Rammas 还能根据用户的使用行为习惯和偏好，为其提供定制化的答案。此外，它还能分析数据，如传感器、电表和天气预报等，为水电局的运营提供基于数据驱动的建议。数据显示，自 2023 年 4 月底到 2023 年 6 月末，ChatGPT 支撑下的 Rammas 回复了 32084 个查询，用户满意度达 90%。随着 ChatGPT 在政务咨询系统的应用成功，迪拜水电局将在更多的服务提供中利用大模型技术，助力其数字化转型。

（资料来源：根据公开新闻整理。）

（3）支撑专业领域问询服务。例如，印度电子和信息技术部基于印度政府文件和当地常用的 12 种语言对 ChatGPT 进行训练，同时接入语音识别软件，将 ChatGPT 嵌入聊天软件 WhatsAPP 中，为不同语言背景、文化水平较低的农民、低收入者等弱势群体提供政府补贴支持相关政策和项目查询。葡萄牙政府利用大模型技术辅以法律专业知识训练，开发司法领域知识问答指南项目，向公民提供关于司法诉讼程序、证件办理程序等相关咨询服务（见图 3-4）。新加坡政府科技研究局将大模型技术引入 SupportGoWhere 政府援助申请网站中，居民可直接通过情况描述获得可申请的援助项目信息。

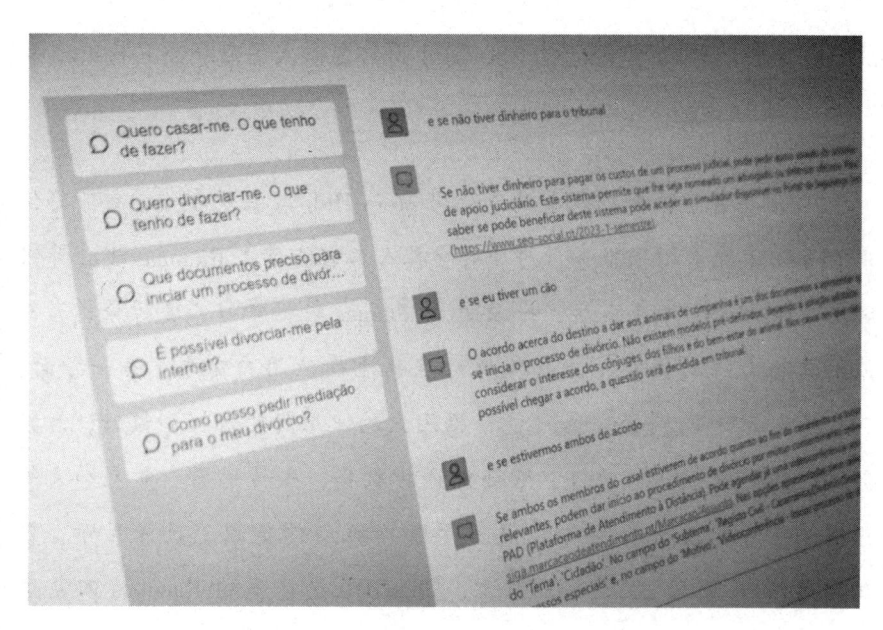

图 3-4 葡萄牙司法领域知识问答指南项目

资料来源：公开新闻网站。

4. 打造智慧民生项目

大模型在教育、医疗等民生领域中有着优异表现。OpenAI 官方称，ChatGPT-4 在 SAT（美国高中毕业生学术能力水平考试）中数学成绩超越了 89% 的人类考生。ChatGPT-4 和 Med-PaLM 2（谷歌开发的医疗大语言模型）均通过了美国执业医师资格考试。目前，多地政府将大模型技术用于优化教育、医疗、就业等方面的民生服务。

（1）助力打造智慧教育。例如，中国台湾教育事务主管部门借助大模型技术和语音识别合成技术，开发 CoolE Bot 主题情景式英语聊天机器人，用于中小学生英语口语教学。台北市在其线上教育平台"酷客云"中利用 ChatGPT 开发了自动出题系统和 AI 助教老师，以降低教师负担、跟踪学生线上学习状态。台南市利用 ChatGPT 研发出生成式 AI 辅助学习中介平台，具备提问引导教学、过滤不当信息、分析记录学习历程、即时诊断学习效果等功

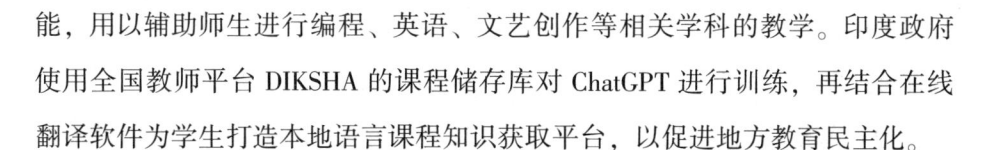

能，用以辅助师生进行编程、英语、文艺创作等相关学科的教学。印度政府使用全国教师平台 DIKSHA 的课程储存库对 ChatGPT 进行训练，再结合在线翻译软件为学生打造本地语言课程知识获取平台，以促进地方教育民主化。

（2）提升医疗卫生服务智能化水平。例如，美国卫生与公众服务部艾滋病防控网站（HIV.gov）利用大语言模型处理分析来自疾病控制与预防中心的数据信息以辅助决策。新加坡卫生部直属卫生信息系统公司新联科技 Synapxe 借助微软 Azure 云中的 GPT 工具，开发面向医疗保健人员的专业 GPT 平台，为患者提供疾病护理方案，帮助医生跟踪患者的用药情况和健康状态变化。印度国家卫生局计划创建类似于 ChatGPT 的临床决策支持工具，采用人工智能和机器学习开发"临床智能引擎"，可自行收集和学习海量数据，为医生提供电子处方、诊疗方法建议等功能。

（3）提供就业指导服务。大模型具备强大的数据分析能力，能够将求职者的个体特征与用人方职位要求进行精准匹配，还可进一步分析就业市场数据，为政府就业政策制定提供可靠的数据支撑。例如，新加坡劳动力局利用 ChatGPT 和开源框架，打造了职业助手，不仅能实现求职者和岗位的双向精准推荐，还能针对岗位为求职者生成个性化简历摘要。

5. 强化国防科技实力

美国已探索大模型技术在国防安全、航空航天两类重大国家科技创新项目中的应用。

（1）国防安全。美国国防部持续推进对大模型在国防安全领域应用的监测和探索。2023 年 1 月，国防部信息系统局将生成式人工智能技术列入 2023 年度技术观察名单中，以提高国防部对新技术在改善情报、作战规划以及行政业务流程等方面潜力的认知。同年 6 月，五角大楼称正在联合学术界和企业界，共同训练开发为国防部专门定制的多模态大模型系统。国防部在其"全球信息主导地位"实践中对多种生成式人工智能模型开展测试，旨在借助新技术提升美军联合全域指挥与控制作战的能力。同年 8 月，美国海军陆战队推进开发专用大模型聊天机器人，以提升其决策支撑系统的能力。

（2）航空航天。 NASA 正在开发类 ChatGPT 的航天 AI 助手，不仅可为宇航员提供对话式操作指引，还可提高航天器的故障检测和修复效率。此外，NASA 的员工也正在测试和评估 ChatGPT 在代码编写和研究总结等方面的可行性、准确性和成本等。

三、部署方式多元，尚无统一路径

由于风险接受程度、政府创新传统、国情政策等因素不同，各国政府在大模型部署方式上存在差异，尚未形成统一模式。基于数据安全性、算力稳定性、部署成本等因素考量，大致可将目前主要国家的部署方式分为三类：订阅付费、定制化部署和打造政务专属模型。①

1. 订阅付费

订阅付费指政务机构或公务人员直接访问公开的第三方 AIGC 平台，或通过企业服务调用市场成熟大模型产品。以日本为代表的七个地区采取订阅付费模式。日本农林水产省、美国众议院、柬埔寨数字政府委员会、英国、丹麦、以色列、加拿大等允许其公务人员直接将 ChatGPT 应用于日常办公事务处理。2023 年 6 月至 7 月，美国、日本政府先后和微软达成合作，通过微软 Azure 智能云平台调用 ChatGPT 的服务。

采用订阅付费模式可以降低政府财政投入，加快新技术赋能政府治理变革的速度，但同时弊端突出。一是安全风险较高，市场既有大模型平台或工具本身尚存技术漏洞，数据安全事故时有发生，政府信息机密性极强，不当使用行为更易引发数据泄露、隐私个人侵犯等重大风险。二是个性化服务程度较低，已有大模型训练语料库主要来源于维基百科、社交媒体平台等公开

---

① 参照罗兰贝格对大模型部署方式的划分，《生成式人工智能的企业应用之路》，2023 年 10 月。

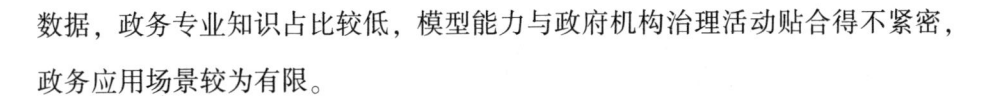

数据，政务专业知识占比较低，模型能力与政府机构治理活动贴合得不紧密，政务应用场景较为有限。

2. 定制化部署

定制化部署指在通用大模型底座基础上，结合政务领域数据和知识库进行训练与微调⊖，并部署在政府专有服务器上，以提升回答专业性及数据安全性。以新加坡为代表的 9 个国家或地区采取定制化部署模式。马来西亚、阿联酋、卡塔尔、韩国、美国等地将 ChatGPT 嵌入已有政务服务系统或政府门户网站中，利用大模型技术提升政务系统的个性化服务能力。新加坡、中国台湾、印度、葡萄牙等地则利用大模型技术能力，开发政府办公、民生服务等场景专用软件，提升政府的服务效能、优化群众的服务体验。

定制化部署较订阅付费模式的安全性和个性化程度均有提升。一方面，应用场景更加贴合政务领域，由通用知识问答、公开文本生成延伸到政府文书写作、政务服务问答、法律政策咨询等场景，场景个性化程度提升。应用场景的深化意味着政府需针对相应场景，利用政务数据对模型进行微调。例如，印度电子和信息技术部开发的弱势群体政策咨询系统、葡萄牙司法部开发的"司法实用指南"、新加坡政府科技研究局的大模型聊天机器人项目等均使用了政府数据进行模型调整。

另一方面，大模型对政府信息的获取程度加深，促使政府采取措施降低安全风险。政府通常采取三种方式保障数据安全。

(1) 设置专属设备。如日本数字厅与微软合作，在政府数据中心设置 AI 大模型产品使用的高处理能力设备，以处理政府机密信息。

(2) 数据独立存储。如新加坡、美国等在使用大模型工具时，将数据存

⊖ 麦肯锡：微调（Fine-tuning）指调试预训练模型以使其更好地处理特定任务的过程。需要在相对较短的时间内，通过标记的数据集进行训练，这个数据集比最初训练模型的数据集要小得多。这一额外训练使模型能够学习并适应较小数据集中的细微差异、术语和特定规律。

储于政府云端并设置保密协议，确保数据不被企业获取。

（3）**设置安全测试环境**。如新加坡设置 AI 创新沙盒，为公共部门提供预训练的生成式人工智能模型和初级代码开发工具，机构可以在专属的云环境中构建和测试自己的 AI 解决方案，实现风险可控。

3. 打造政务专属模型

政务专属模型指基于政务领域专有大数据集，从零开始构建内部生成式人工智能系统，打造适用于政务领域的专属大模型，一般需要强大的资金实力和研发人才支撑。目前仅有美国国防部、NASA 宣称采用这种模式，但尚未实现落地。美国国防部称，五角大楼不会购买现成产品或依赖工业界提供解决方案，而是使用国防部数据，训练定制系统。NASA 也声称在自主研发航天器使用的专属人工智能模型。专属大模型由政府主导进行训练开发，所有环节均由政府进行把控，符合安全合规要求。但同时，可能带来较高的开发成本，专属数据的训练也可能使大模型涌现能力和泛化能力不足，智能化程度有一定折扣。

总体来看，采用哪种部署方式与国情政策、文化背景、技术实力、部署成本等密切相关。

以日本为例，两方面因素推动其采取订阅付费模式。一是新冠疫情暴露出日本数字社会建设水平低的严峻问题，倒逼政府加快对新技术的接受和使用节奏。二是高龄少子化国情致使日本面临劳动力不足的困境，亟待在各个领域借助大模型等自动化工具，降低劳动力成本。

采用定制化模式的政府前期一般已经形成了良好的部署条件或发展基础。如印度政府正在推进"数字印度"项目，着力为边缘化群体提供服务，ChatGPT 的嵌入有助于推进该项目落地。根据联合国经济与社会事务部《2022 联合国电子政务调查报告》数据，美国、新加坡、韩国、阿联酋、葡萄牙、马来西亚的电子政务发展指数均处于非常高水平，具备定制化部署的制度环境和基础能力。

四、配套措施全面，强化支持保障

为适应新一轮技术变革需求、有效赋能政府治理提升，主要国家均大力推动政府组织、人才、资金等方面的改革，完善配套措施。

1. 明确应用探索的专责团队

各国在团队设置上大致有两种情形。

（1）**明确主管部门，一般由国家政府数字化转型及技术创新的主管部门负责推进大模型应用**。例如，英国明确由中央数字和数据办公室（CDDO）及科学、创新和技术部（DSIT），负责探索大模型技术的用例、风险和机遇；澳大利亚明确由数字化转型局及工业、科学和资源部（DISR）负责探索使用人工智能新技术相关的政府政策和标准。

（2）**组建专门团队，加速技术推广使用**。例如，日本东京都成立项目组，负责测试 ChatGPT 的使用效率，探讨并制定政府大模型技术使用指南。美国众议院成立人工智能工作专组，以在国会办公环境中测试和共享诸如 ChatGPT 等新的人工智能工具。美国国防部成立 AIGC 工作组——Lima（利马）特别工作组，负责在整个国防部范围内"评估、协调和使用"生成式人工智能技术。美国白宫总统科技顾问委员会（PCAST）成立了一个生成式人工智能工作组，以帮助评估联邦机构使用生成式 AI 的关键机遇和风险，并就如何更好确保技术开发和部署提供意见。

实践案例 3-2：美国国防部成立 AIGC 工作组——Lima 特别工作组

2023 年 8 月 10 日，美国国防部宣布成立了一个专门研究生成式人工智能工具的新工作组——利马特别工作组（Task Force Lima）。该工作组隶属于美国国防部的首席数字与人工智能办公室（CDAO），负责在整个国防部范围内"评估、协调和使用"生成式 AI 技术，以最大限度降低这种技术构成的潜在风险。

同年 9 月 27 日，Lima 工作组表示，将在未来 18 个月内充分了解军方和国防部对于生成式 AI 技术的需求，以加快对该技术的理解、评估、部署及监测，大规模整合具备任务适应性的相关技术。Lima 工作组的工作包括以下四点。

（1）全面了解人工智能的工作原理和外部数据应用过程，并聚焦军事用例与作战过程的联系，与其他部门合作，训练多个种类的大语言模型。

（2）为国防部制定基于生成式 AI 技术的临时指南、框架和工作流程，参与国防部对大语言模型的实际研究和部署。

（3）建立周例会、月度会议和季度会议机制，让内部各级人员及时了解 Lima 工作组正在制订的计划和方法。

（4）向业界发布信息征询书，了解和探索创新型人工智能的开发与集成风险和收益。

（资料来源：根据公开新闻整理。）

2. 提高公职人员的人工智能素养

主要国家普遍采取两种方式提高公职人员的数字化素养。

（1）在政府部门引入第三方技术力量。例如，英国内阁办公室计划从私营部门借调数据和人工智能专家，同时组建一支负责政府自动化技术创新的公务员团队，解决政府技术技能短缺问题。

（2）加强公务人员新技术认识和使用能力培训。例如，美国新泽西州、加利福尼亚州等四州联合成立 InnovateUS 组织，旨在通过培训提升公务员生成式 AI 的使用技能。新加坡为公务员提供 ePrimer 培训课程，通过视频和实际案例资料，提升公务员对 AI 新技术的认知。此外，迪拜、中国台湾等地也开展了面向公务员的 ChatGPT 技能培训。

3. 增强技术创新和应用能力

主要国家普遍采取两种方式增强技术创新和应用能力。

（1）加强大模型技术投资和研发支撑力度。例如，日本数字厅计划每年花费 3.3 亿日元（约合 214 万美元）在政府部门中使用并推广 ChatGPT。日本经济产业省引进尖端超级计算机，促进 AI 大模型赋能各个领域。韩国政府已经开放 15 亿条数据，涵盖制造、教育、金融、自动化、体育等 14 个领域供 AI 训练使用。

（2）打造技术应用的社会氛围。例如，日本户田市举办创新大赛，促进公职人员、公民和企业共同参与探讨 ChatGPT 在市政运营中的安全使用。澳大利亚举办政府生成式 AI 峰会，邀请各界专家参与，探讨政府机构如何使用新技术的紧迫问题。

第二节　各国探索政务大模型治理与规范

一、发布临时指南，使用趋向合规

大模型的应用是一把"双刃剑"，在推动政府治理变革的同时，也带来多方面安全风险。为应对这一变革冲击，各国（地区）政府在推进应用的同时，同步出台政府机构使用生成式 AI 的相关规范，着力实现新技术应用的安全、向善、可信、可控。截至 2024 年 6 月，已有韩国、新加坡、美国、英国、澳大利亚、新西兰、日本、加拿大、丹麦九个国家出台了政府机构使用生成式 AI 的专项治理规范。美国、日本、澳大利亚等国家的部分地区还出台细化规范或要求，指导当地公务员合理使用生成式 AI 技术（见表 3-3）。政府对人工智能工具的使用趋向合规。

表 3-3　主要国家（地区）发布的政府机构应用生成式 AI 技术指南

序号	国家/地区	部　门	文 件 名 称	出台时间	有效期限
1	韩国	行政安全部	政府使用 ChatGPT 的指引及注意事项	2023 年 5 月	—
2	新加坡	通信和信息部	公务人员使用人工智能指南	2023 年 5 月	—
3	美国	总务管理局	生成式 AI 大语言模型的安全策略	2023 年 6 月	至 2024 年 6 月 30 日
		国防部	生成式 AI 的临时指南	2023 年 11 月	—
		西雅图市	关于生成式 AI 使用的临时政策	2023 年 4 月	至 2023 年 10 月 31 日
		波士顿市	关于使用生成式 AI 的临时指南	2023 年 5 月	—
		圣何塞市	生成式 AI 使用协议	2023 年 7 月	持续更新
		华盛顿州	关于有目的地、负责任地使用生成式 AI 的临时指南	2023 年 8 月	定期审查更新
		纽约市	人工智能行动计划	2023 年 10 月	根据需要更新
4	英国	中央数字和数据办公室、科学创新和技术部	公务人员使用生成式 AI 指南	2023 年 6 月	6 个月后接受审查
		中央数字和数据办公室	英国政府生成式 AI 框架	2024 年 1 月	—
5	澳大利亚	数字化转型局，工业、科学和资源部	政府机构使用生成式 AI 的临时指南	2023 年 6 月	持续更新
		新南威尔士州	生成式 AI：基本指南	2023 年 12 月	—
6	新西兰	内政部	关于在公共服务中使用生成 AI 的初步建议	2023 年 7 月	可能更新并接受审查
7	日本	东京都	文本生成 AI 使用指南	2023 年 8 月	可能修订
		神奈川县	神奈川生成式 AI 的使用指南	2023 年 8 月	
8	加拿大	财政部委员会秘书处	联邦机构使用生成式 AI 的指南	2023 年 9 月	持续更新
9	丹麦	数据保护局	公共机构开发和使用人工智能的指南	2023 年 10 月	—

资料来源：根据公开资料整理。

从出台背景看，各个国家或地区普遍认同生成式 AI 技术将为政府机构提供诸多潜在好处，出台政策旨在最大限度释放新技术的应用潜力，鼓励地方机构探索更多用途。但同时，生成式 AI 技术的迅速发展及在公务员群体的广泛流行，也带来了诸多不确定性风险，迫使政府不得不在短时间内制定临时性政策。美国西雅图市政府指出："AIGC 在短时间内变得非常流行和普遍，公务人员可能很有兴趣使用此类系统开展城市治理，其潜在政策影响和风险尚未充分了解，本临时政策旨在最大限度减少技术使用可能出现的问题。"加拿大政府也指出："AIGC 作为一类新的技术尚处于不断发展阶段，潜在政策应用和风险不够明朗，不应在所有情况或场景中使用该技术，应将其使用限制在可以有效管理风险的活动中。"

从发布时间线看，各个国家或地区的政策内容相互借鉴，呈现逐步完善的过程。2023 年 4 月 18 日，美国西雅图市率先发布全球首份适用于公共部门的生成式 AI 使用的临时政策，对政府机构获得、使用生成式 AI 技术及责任归属做了初步要求。同年 5 月 18 日，美国波士顿市发布了首份临时指南，详细阐述了公共部门应用 AIGC 的目的、原则、示例及每个场景的详细操作规范。同年 6 月，英国、澳大利亚发布相关政策规范，适用层级由地方上升至中央部门，内容上进一步明确了软件采购、安全测试、禁止使用场景等要求，同时细化了各部门的监管职责。同年 7 月，美国圣何塞市发布生成式 AI 使用协议，首次系统提出应用场景的分类分级方法。同年 9 月，加拿大发布联邦机构使用生成式 AI 的指南，除一般性风险外，还明确了过度依赖人工智能可能会干扰行政判断、扼杀创造力、影响程序公平性等风险。同年 10 月 30 日，拜登签署《关于安全、可靠和可信地开发和使用 AI 行政命令》，提出采取三项行动"确保政府负责任且有效地使用人工智能"。

（1）为各机构使用人工智能发布指南，制定保护权利和安全的明确标准，改进人工智能采购，加强人工智能部署。

（2）通过更快速、更高效地签订合同，帮助机构更快、更便宜、更有效地获取指定的人工智能产品和服务。

（3）加快招聘 AI 专业人才，作为由人事管理办公室、美国数字服务部、"美国数字军团（The U.S. Digital Corps）"和总统创新奖学金领导的全政府 AI 人才增长计划的一部分，各机构将为相关领域的各级员工提供 AI 培训。

从适用范围看，文件主要规范了政府机关的内部使用行为。美国总务管理局将指南适用范围扩展至政府信息系统的承包商，波士顿市将适用范围扩展为公立学校外的所有城市机构和部门，圣何塞市要求所有政府相关人员（城市公务人员、相关供应商、志愿者等）在工作中都需要遵循指南的要求。

从有效期限看，各国或地区普遍将出台的指南作为临时性过渡政策，有效期多为一年或半年，或根据技术发展和应用情况持续更迭，体现了政策的灵活性和治理的敏捷性。政策发布后进行过更新迭代的国家或地区包括英国、美国圣何塞市。2023 年 6 月英国发布《公务人员使用生成式 AI 指南》，2024 年 1 月则在此基础上发布了《英国政府生成式 AI 框架》，以指导政府部门安全、负责任、有效地使用生成式 AI。美国圣何塞市于 2023 年 9 月对指南进行了更新，增加了对 AI 输出内容的责任明确、知识版权保护等方面的规范。

二、聚焦四类风险提出管控原则

作为一项新的技术工具，将 AIGC 引入政府治理面临多重风险，各国重点聚焦讨论和解决以下四类问题。

1. 隐私和数据安全

政务数据具有高敏感性，极易因误用或滥用导致信息泄露。当前，隐私和数据安全问题已经成为各国政府推进大模型应用的首要关注风险。日本鸟取县于 2023 年 4 月 20 日宣布，禁止在答询资料、预算编列以及制定政策上使用 ChatGPT，不允许公务人员的计算机连接 ChatGPT。美国众议院于 2023 年 6

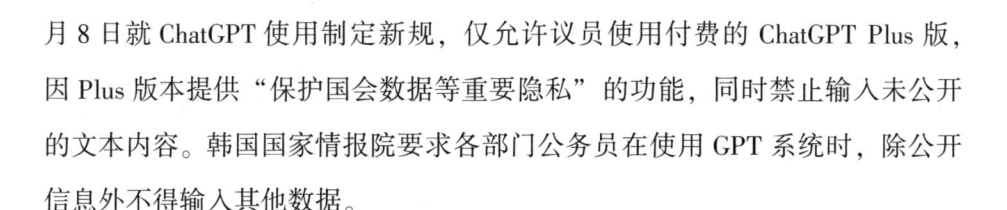

月8日就ChatGPT使用制定新规,仅允许议员使用付费的ChatGPT Plus版,因Plus版本提供"保护国会数据等重要隐私"的功能,同时禁止输入未公开的文本内容。韩国国家情报院要求各部门公务员在使用GPT系统时,除公开信息外不得输入其他数据。

2. 无意识的偏见和歧视

AIGC工具可能生成歧视性或不具有代表性的内容,或者包含刻板印象(如与性别、种族和民族等多重交叉身份因素相关的偏见)。较多生成式大模型都是根据互联网数据进行训练的,这通常是生成偏差的根源。加拿大国际治理创新中心研究指出,ChatGPT具有政治倾向,使用ChatGPT类工具进行政府治理容易导致政治价值观受到侵害。2023年3月,美科技伦理组织人工智能和数字政策中心(CAIDP)向联邦贸易委员会(FTC)投诉称,GPT-4具有偏见性、欺骗性,易导致对边缘化群体的负面联想和有害的定型观念。2023年6月9日,美国两党参议员提出一项新法案,要求披露政府在教育、就业等领域关键政策制定中人工智能的使用情况,以避免政策歧视和偏见。

3. 技术可信度和透明度

研究(Thompson,2022)指出,已有大模型训练语料库主要来源于维基百科、社交媒体平台等公开数据,专业知识占比较低,应用在政府治理活动很可能产生不准确、不连贯、不完整的内容。日本横须贺市对政府机关工作人员使用ChatGPT情况的调查显示,近一半使用者认为ChatGPT会出现不恰当答案,希望提高回复的准确性(见图3-5)。

4. 技术依赖和影响程序公平

过度依赖生成式AI工具可能会干扰公务员个人的自主权和判断力,强化自动化偏见,还可能导致公务员批判性思维能力下降,从而抑制创新和创造力,导致对政策分析不全面或不完整。此外,生成式AI模型的不透明性使得追踪和理解其输出结果变得困难,在政府机构有义务向公众提供行政决策理由的情况下，可能破坏程序的公平性。当公众使用政府提供的生成式 AI 工具（如聊天机器人）查找信息或与政府通信时，可能接收到不适当内容或错误信息，从而导致政府承担不必要的责任。

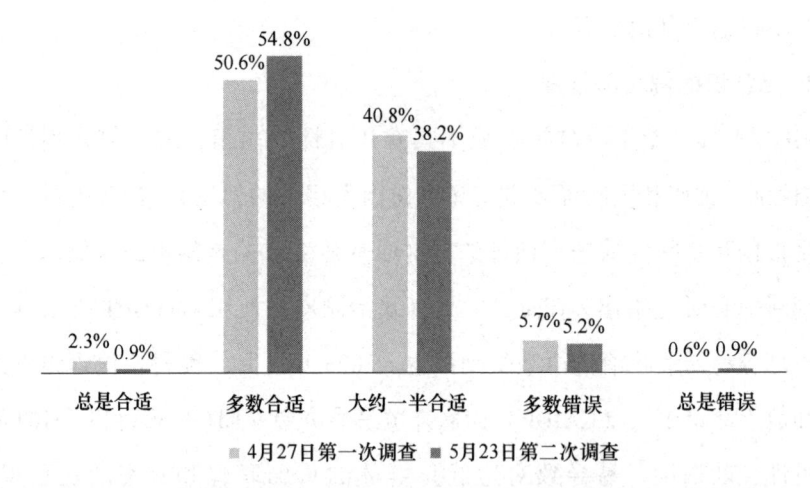

```
                    54.8%
              50.6%
         
                      40.8%
                         38.2%

  2.3% 0.9%                        5.7% 5.2%    0.6% 0.9%
  总是合适  多数合适   大约一半合适   多数错误   总是错误
      ■ 4月27日第一次调查  ■ 5月23日第二次调查
```

图 3-5　日本横须贺市机关人员关于 ChatGPT 回复准确性的调查结果

资料来源：日本横须贺市企业企划部数字政府推进室。

各国/地区出台的临时指南，也着重聚焦上述四方面风险，提出相应的管控原则（见表 3-4）。

表 3-4　主要国家（地区）关于政务领域 AIGC 应用原则

国家/地区	原 则 要 求
加拿大	1）公平；2）负责任；3）安全；4）透明；5）经过培训；6）有效
澳大利亚	1）负责任地部署；2）透明度和可解释性；3）隐私保护和安全；4）问责制和以人为本的决策
新西兰	1）强有力地管理生成式 AI 的使用；2）评估和管理隐私风险；3）评估和控制安全风险；4）考虑与毛利人合作（毛利人在生成式 AI 应用方面可能面临更高的偏见和歧视风险）；5）以合乎道德的方式使用并确保准确性；6）负责任；7）透明；8）谨慎使用开源人工智能；9）符合政府采购原则；10）开展安全测试
美国圣何塞市	1）隐私第一；2）准确；3）透明；4）公平；5）负责；6）有效
美国波士顿市	1）经过授权；2）包容和尊重；3）透明和问责；4）创新和风险管理；5）隐私和安全；6）以公共服务为核心目的

（续）

国家/地区	原 则 要 求
美国华盛顿州	1）安全、可靠且有弹性；2）准确和有效；3）公平、包容和非歧视；4）隐私和数据保护；5）负责任；6）透明和可审计；7）可解释；8）公共目的和社会公益
美国西雅图市	1）保护知识产权；2）透明和负责；3）减少偏见和伤害；4）保护数据隐私；5）进行公共记录
日本东京都	1）勿输入个人信息等高度机密信息；2）注意版权保护；3）检查生成的答案；4）进行标注

资料来源：根据公开资料整理。

（1）确保数据和隐私安全。 普遍要求禁止输入非公开、涉密及公民个人隐私信息。美国总务管理局禁止工作人员私自访问公开的第三方 AIGC 平台。澳大利亚和新西兰要求，禁用工具中保存聊天记录的权限，以避免大模型从聊天记录中推断出政府信息或将记录用于二次训练。

（2）避免偏见和歧视。 强调公共部门使用 AIGC 应有助于所有种族、年龄、性取向以及残障人士等人群的社会福祉，尽量减少技术弱势群体面临的风险，在部署系统之前持续测试数据、模型以减少输出中的偏差。

（3）保障技术可信度和透明度。 普遍要求公务人员对通过 AIGC 得到的建议或决策进行验证及人工审查，不得将 AIGC 提供的回复作为信息的唯一来源。政府应用新技术若对公众产生影响，应当公开其使用过程，明确告知如何、何时、为何使用 AIGC 工具，以及如何解决潜在风险。

（4）降低技术依赖。 强调公务人员应当受过 AIGC 应用培训，了解工具的优点、局限，学习如何创建有效的提示并识别输出结果的潜在问题。对 AIGC 的使用应当有效支持组织业务需求，并非在所有情况下 AIGC 技术都是最佳选择。

三、通过分类分级框定场景范围

AIGC 赋能政府治理活动广泛，从政策咨询、方案设计到服务提供，受众和业务流程不同，可能产生的效益及风险也不同。从各国经验看，大致都明确了场景分级分类的总体治理思路，但在一些复杂场景的应用规范上仍存在分歧。

各国普遍依据风险高低对应用场景进行分类。一般采取三分法或两分法对场景分类。美国圣何塞市根据"信息泄露风险"和"不利影响风险"两大维度将应用场景分为中风险、高风险、不可接受的风险三类（见图3-6）。

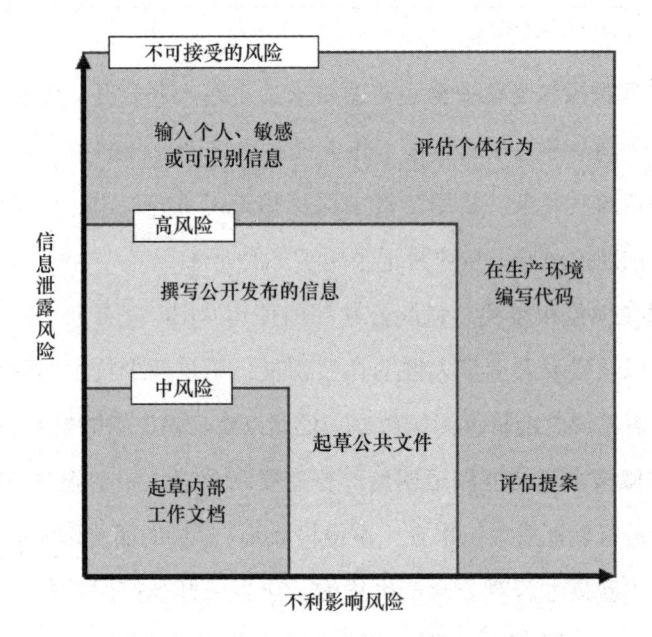

图 3-6　AIGC 在公共部门应用的风险矩阵

资料来源：美国圣何塞市。

加拿大将场景归纳为谨慎使用、可以使用、不适用 AIGC 技术三类。英国内阁将场景分为一般示例、专业示例、不当示例三类，一般示例包括使用生成式 AI 进行研究、总结信息等，专业示例包括开发代码、文本数据分析等复杂场景。澳大利亚简单分为低风险情形、不可接受风险情形两类，后者主要包括：需输入大量政府数据或机密、敏感信息，提供服务或做出决策，输出用于政府系统的代码等。

从划分结果看，不管是三分法还是两分法，主要考虑的都是信息泄露风险和不利后果风险两大维度，不利后果包括歧视、决策偏差、输出信息不准确等。此外，韩国、美国波士顿市、美国华盛顿州等地仅列示推荐使用的场景清单，未对场景做出限制。

各国普遍强调不允许直接利用 AIGC 工具开展公共决策。加拿大政府认为，现阶段生成式 AI 可能不适合用于行政决策，因为联邦政府无法确保 AIGC 决策的透明度、问责制和公平性。澳大利亚、美国圣何塞市强调，运用 AIGC 直接提供服务或做出决策，可能会改变个人或社区的权利、自由及获得服务的机会，构成不可接受的风险。

2023 年以来，美国多个州表达对政府机构使用生成式 AI 进行自动化决策偏见的担忧，并提出法案，要求政府工作者遵循负责任的人工智能采购和实施实践。同样，OpenAI 的使用条款提示用户，不要在有关信贷、就业、教育机构或公共援助服务的决策中使用 ChatGPT。谷歌禁止其生成式 AI 产品的用户"在影响物质或个人权利或福祉的领域做出自动决策"。

在翻译、编程、语音生成等场景应用上，各国态度存在分歧。

（1）翻译场景。美国圣何塞市认为，现阶段 ChatGPT 等大语言模型并不比 Google Translate 等专业的翻译软件更适合翻译，其性能还有待专业人员进行评估，因此其禁止直接使用 ChatGPT 进行工作文档的翻译。其他国家或地区对该场景的限制较少。

（2）编程场景。英国、加拿大、美国总务管理局认为，可以用 ChatGPT 等工具开发代码以创建网站前端界面等，并要求人工审查其准确性、功能有效性、安全性。日本东京都政府接受宏、VBA 等低代码生成。澳大利亚、新西兰、美国圣何塞市则认为，使用大模型开发用于政府系统的代码是不可接受的风险，因为生成的代码可能是过时的、受版权保护的或存在漏洞的，但允许使用大模型检查代码漏洞。

(3) 语音生成场景。美国圣何塞市禁止政府在公务活动中通过 AI 生成音频，因为在任何城市文件或录音中使用人工智能复制一个人的声音，可能会损害工作人员和居民对政府的信任，同时存在潜在的法律问题。其他国家和地区对该方面的限制较少。

四、从三方面建立技术使用规范

各国/地区从制度机制、部署环境、使用行为等方面明确 AIGC 的应用规范，力求形成覆盖各环节各主体的监管闭环。

1. 制度机制方面

(1) 实行事前审批或报备。英国、澳大利亚要求公务人员使用政府工作邮箱在 AIGC 平台注册账号，账号使用需由首席信息安全官或数据官审批。美国圣何塞市要求市政员工每次使用 ChatGPT、Bard 或 Midjourney 等工具时，都要填一份登记表进行报备。日本东京都政府要求职员在使用前必须填写使用申请表，经过批准后才能使用，在使用前还应进行在线学习，掌握正确的使用方法。

(2) 使用前开展安全风险评估。日本东京都政府在推广使用 ChatGPT 前开展了有效性验证，澳大利亚、新西兰要求将技术应用到具体场景前开展安全风险评估。

(3) 建立风险追踪和问题反馈机制。美国、英国、澳大利亚等地要求，使用者需定期向主管机构报告使用过程的例外情况。美国总务管理局通过互联网通信流量监控，掌握政府部门对 AIGC 平台的访问情况，并建立适当的网络安全防护能力，实现受控访问。

2. 部署环境方面

除少数国家或地区外，大部分不禁止政府机构直接使用公开的 AIGC 工具开展工作，只要满足相关使用规范即可。新加坡要求在专属云环境中构建和测试公共部门的 AI 解决方案，实现风险可控。美国总务管理局要求采取本地化部署方式，并进行专门的评估和授权才可以使用 AIGC 工具。美国西雅图市要求，所有软件服务必须经过政府采购流程，以确保软件服务经过必要的审查，员工使用生成式 AI 服务前，必须提交软件服务中心购买需求，获得部门批准。日本东京都政府要求职员通过微软的 Azure OpenAI 服务来使用 ChatGPT，并要求服务器停止处理个人数据，以此来降低系统导致的数据泄露的风险。

3. 使用行为方面

大部分国家和地区都详细列示了公务人员使用 AIGC 工具的"可以"和"不可以"行为列表，大致包括四方面要求。

（1）明确和细化指令，正确掌握 AIGC 工具的使用技巧。 如利用 AIGC 简化官方文件时，在提示中给出明确的文件受众，让答案输出更符合要求（见图 3-7）。

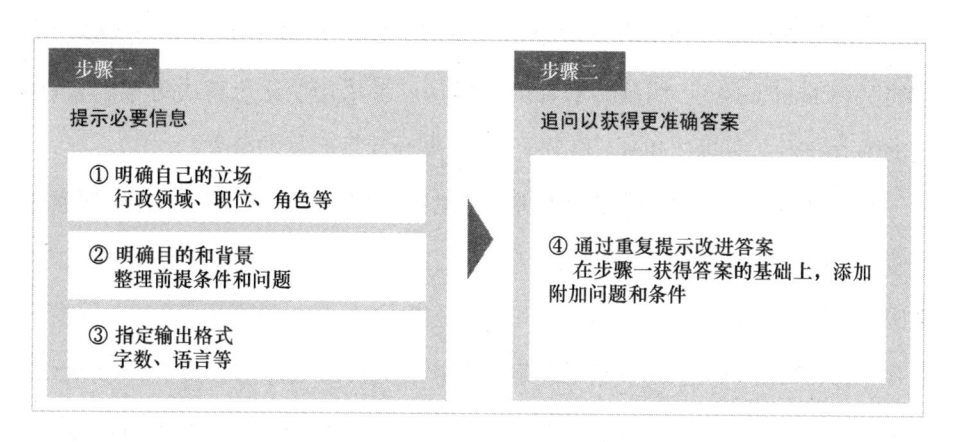

图 3-7 公务人员使用文本生成 AI 的提示技巧

资料来源：日本东京都政府。

（2）对输出结果进行人工核查。 如转化文本时，可通过其他工具进行可读性验证，在文本摘要生成时，需要人工核对整篇文章，确保没有遗漏重点信息。

（3）做好交互过程记录。以便公开使用行为，并支撑后续内部研究和使用情况统计。

（4）对所有生成内容进行标注。包括使用的生成式人工智能系统的名称，以及该内容是否经过事实核查，若在视频中使用 AIGC，需要将使用情况标注到每一帧。

第三节　发达国家推进 AIGC 应用的思路与做法

一、美国：以政府先用带动市场新技术使用

美国长期以来十分重视政府对新兴技术的采用，期望通过政府先用带动市场使用，提升私营部门部署和消费者使用新技术的信心。例如，2010 年前后，美国联邦政府主动上云，在云技术发展初期就出台了第一个云战略"云优先"（Cloud First），明确了联邦政府机构广泛采用基于云解决方案的权利，带动了亚马逊、谷歌、IBM、微软等 IT 巨头云计算产品的开发。

美国政府对 AIGC 的应用较大程度上延续了以往的积极态度，应用探索进展较快，起到了率先示范的作用。自 2022 年底 AIGC 技术取得突破以来，美国国务院、众议院、总务管理局、卫生与公众服务部、国防部、NASA 等多个联邦机构，以及马萨诸塞州、亚利桑那州、加利福尼亚州、宾夕法尼亚州、佛蒙特州等多个地方政府纷纷推进 AI 大模型在政府治理中的应用实践，将新兴技术应用在内部办公、文书写作、公共服务、智慧交通、国防航空等诸多领域。仅个别地区或部门出于数据安全风险等原因，有期限地禁止公务人员使用大模型工具，如环保局、缅因州政府等。

为更好地把握新技术机遇，美国政府加紧出台多项规范文件，推动政府

走在 AIGC 应用前沿，体现出其应用树立全球 AI 应用典范的意图。从 2022 年底 AIGC 技术爆发到 2023 年 11 月，美国政府共出台近 10 份政策文件，对人工智能在公共部门的应用做出引导和规范。

其中，2023 年 10 月 30 日，拜登签署《关于安全、可靠和可信地开发和使用 AI 行政命令》（以下简称"行政令"），加速了美国政府 AI 应用和治理的进程，对新技术推广起到了关键引领作用。行政令提出，不鼓励各机构对使用生成式 AI 实施广泛的一般性禁令或封锁，并针对推动联邦机构应用 AI 部署多项举措，取得了阶段性进展。"加速联邦政府应用 AI"是行政令部署的八项行动之一，包括 32 项措施，措施数量仅次于"促进创新和竞争"（36 项），重点从政策规范、机制完善、制度建设、资金投入、人才供给五个方面发力推进 AI 应用。

1. 加速新技术应用政策规范制定进程，推动出台首个联邦政府使用 AI 新规

行政令要求，加强联邦机构对 AI 的有效和适当使用，推动 AI 创新并管理其风险。此前，美国政府就已出台多个政府 AI 应用政策，例如，2020 年 3 月，国会发布《国家人工智能倡议法案》，呼吁联邦政府采取协调一致的计划，加速人工智能的研究和应用。2022 年 6 月，总务管理局发布《政府人工智能指南》，以指导联邦机构构建、投资和发展人工智能能力。行政令推动下，各机构密集出台相关框架或指南，以落实在 AI 应用指导上的要求。2024 年 1 月 26 日，总务管理局发布《新兴技术优先级框架》草案，旨在落实行政令中，关于联邦政府如何优先考虑生成式 AI 服务及产品使用的要求。2024 年 3 月 28 日，行政管理和预算办公室（OMB）宣布首个针对联邦政府的 AI 新规《推进联邦机构使用 AI 的管理、创新和风险治理》，除强调加快应用外，重点对联邦机构识别和管理 AI 风险提出多项强制性要求，如对影响安全或公民权利、特定类别的 AI 使用行为规定了最低风险要求，明确各机构在 2024 年 12 月 1 日前完成一次 AI 风险评估，并采取措施满足新规要求，否则将被叫停使用 AI。2023 年 11 月至 2024 年 4 月，美国国防部、国务院、国土安全部、能源部、商务部陆续发布 7 份 AI 战略或指南，对 AI 赋能外交、开展创新试点、生成式 AI 应用等方面做出部署。

2. 创新治理机制，增设首席人工智能官和 AI 治理委员会

行政令提出，由 OMB 组织各联邦机构增选设立首席人工智能官（Chief AI Officer，CAIO）。截至 2024 年 2 月，已有 17 个联邦机构任命首席人工智能官。CAIO 主要有由技术顾问或原首席数据官兼任、由 AI 相关机构领导代理和独立任命三种任命形式，负责 AI 事项内外部协调沟通、创新应用与宣传、风险评估与监管等事宜。此外，行政令还要求各联邦机构设立"人工智能治理委员会或其他适当机制"，由各机构的副部长或同等级别人员担任主席，协调和管理整个机构人工智能的使用。2023 年 11 月，拜登政府成立人工智能安全研究所，随后联合 200 余家企业、民间组织及行业研究机构，组建美国首个致力于人工智能安全的联盟，以落实行政令中关于 AI 安全评估的要求。截至 2024 年 4 月，美国国防部、退伍军人事务部、住房和城市发展部、国土安全部及国务院都已建立 AI 治理委员会。

3. 明确定期报告和用例清单公开制度，提升 AI 应用透明度

行政令要求，OMB 应跟踪和评估各机构采用人工智能、管理风险的能力，每年报告和公布人工智能使用情况。据此，联邦各机构持续开展 AI 风险评估报告。2023 年 11 月国土安全部发布了《条件性批准使用的商业化生成式 AI 工具隐私影响评估》报告，2024 年 3 月财政部发布了《管理金融服务领域人工智能特定网络安全风险》报告，2024 年 4 月交通部发布了《交通人工智能保障白皮书》等，概述了各部门业务领域内 AI 应用、风险识别、挑战应对等方面内容。此外，建立了联邦机构人工智能用例清单制度并持续更新清单。

2024 年 3 月，OMB 发布《2024 年联邦机构人工智能报告指南（草案）》，对 AI 用例的范围、披露流程、披露具体内容、跨部门协调等做出了明确。美国官方信息渠道"AI.Gov"网站定期更新各机构的 AI 用例清单，截至 2024 年 10 月已更新至 709 个。分领域看，AI 主要被用来开展机构执法、收集或分析信息辅助政策制定、公共服务提供、内部管理等。分部门看，能源部公布的 AI 应用案例最多（178 个），其次是卫生与公众服务部（157 个），商务部、国土安全部、退伍军人事务部、农业部等也公布了较多案例。

4. 强化政府技术应用投资趋势，加大联邦机构 AI 领域投资

近年来，美国联邦政府 AI 投资额呈快速增长趋势。布鲁金斯学会对联邦政府采购合同的追踪显示，2022 年 8 月至 2023 年 8 月，联邦政府 AI 采购合同的已承付资金和潜在授标价值（代表未来投资）分别增长了 150% 和 1200%。其中以国防部的投资增长最为迅速，合同数量从 254 份增加到 657 份，潜在授标价值增长了 1500%，占联邦资金总额的 95%。行政令发布后，多部门为 AI 应用制定了专门预算，进一步增加在 AI 方面的投资。2024 年 3 月 12 日，拜登政府公布 2025 财年预算，提出将拨款 30 亿美元"用于联邦政府负责任地开发、测试、采购和集成变革性的 AI 应用程序"。2023 年 11 月，农业部发布 2024 财年 AI 创新专项基金预算，将支持 4~6 项农业 AI 应用提案，每项资助资金达 10 万美元。2024 年 2 月，交通部宣布投资 1500 万美元支持企业利用 AI 为交通部门开发决策支持工具，协助街道建设选址、设计和部署。国土安全部在 2025 财年预算中为首席人工智能官专门提供 500 万美元，用于决策、指导以及监督 AI 的负责任使用。开展多样化融资，拓宽资金来源渠道。此外，按照行政令要求，美技术现代化基金（TMF）已面向联邦机构启动人工智能提案征集，为各机构试点人工智能技术应用提供融资支持。美国国家科学基金会（NSF）宣布投资 5 亿美元，推进联邦应用领域的人工智能研究。

5. 提升招聘灵活性和吸引力，建设人工智能人才团队

行政令指出，要"成立人工智能和技术人才特别工作组"，以加速和跟踪联邦政府对 AI 人才的聘用。自行政令发布以来，联邦机构已聘用 150 多名 AI 人才，拜登政府提出将在 2024 年夏季之前雇用 100 名 AI 专家进入"政府人工智能人才计划"，以促进联邦机构安全负责地使用人工智能技术。总务管理局于 2024 年 3 月 25 日宣布第 12 届总统创新研究员名单，从私营部门引入 21 名顶级 AI 技术人才进入 14 个联邦机构工作一年，通过与机构高层管理人员配对，帮助落实行政令的 AI 部署要求。2023 年 11 月，人事管理局（OPM）宣布，授权联邦机构 IT 专家、AI 计算机工程师等岗位的直接聘用权，增加招聘灵活性。2024 年 2 月，OPM 发布备忘录，在薪酬、激励工资等方面增强对 AI 人才的吸引力，如明确紧缺岗位薪酬可提高 25%。此外，联邦政府 2025 财年预算额外编制了 500 万美元，用以扩大政府 AI 培训计划，以提升人才的 AI 认知、使用和风险识别能力。

二、英国：探索创新应用与风险监管的平衡

在人工智能技术应用进程中，英国政府坚持在强监管和少干涉之间寻求平衡点，积极探索既能促进创新又能强化治理的路径。例如，在监管政策制定中贯穿促进创新的理念。

2023 年 3 月，英国科学、创新和技术部（DSIT）发布《支持创新的人工智能监管方法》白皮书，强调利用现有法律框架实施监管，避免严格繁重的新立法阻碍创新，优先考虑采取如指南、行业标准等缓和的干预措施。再如，推进安全可靠的人工智能研发。2023 年 4 月，英国政府建立基础模型工作组，旨在通过强化人工智能基础模型的发展和应用，提升英国战略技术上的全球竞争力。工作组汇集政府和行业专家，每月直接向英国首相和技术部长报告，并在成立后的六个月内启动第一批针对公共服务的试点项目，力求将英国打造为基础模型及其经济应用的全球领导者和人工智能安全的"全球旗手"。

AI 大模型热潮出现以来，英国政府的应用实践走得较为靠前，但也存在

一些争议讨论。

（1）英国是全球最早开始在政府事务中应用 AIGC 的国家之一，且多个部门或地区积极持续推进应用探索。早在 2023 年 1 月，英国财政大臣就将 ChatGPT 用于演讲开场白撰写。同年 2 月，科学、创新和技术部建议公务员考虑使用 ChatGPT 开展自动化任务。同年 10 月，政府数字服务局基于 ChatGPT 开发聊天系统"GOV.UK Chat"，用于政府官网信息查询。同年 12 月，就业和养老金部试验基于 Microsoft Copilot（基于 ChatGPT 开发的 AI 文书写作应用）的内部文书自动化写作工具。英格兰和威尔士地区的法官允许使用 ChatGPT 撰写法律裁决书。2024 年 3 月，英国白厅开始在起草议员问题答复稿、回应信息请求、总结回复工作咨询等场景试用大模型。

（2）政府使用生成式 AI 应用的风险和问题引发大量讨论。2023 年 2 月，多个部门要求科学、创新和技术部明确大模型聊天机器人是否可以运用于政府邮件撰写及政策制定中的重复性工作等任务。2024 年 1 月，英国政府数字服务局承认，政府官网聊天系统"GOV.UK Chat"提供的答案不准确，有 35%的测试者对使用体验不满意。

在政府应用 AIGC 进程中，英国政府延续了创新应用与风险监管平衡的思路，不断出台并更新政府 AIGC 应用指南，鼓励和指导公务人员及公共部门安全可靠地使用新技术。

2023 年 6 月，英国政府发布《公务人员使用生成式 AI 指南》，提醒公务员熟悉新技术的同时保持风险意识。2024 年 1 月，更新发布了《英国政府生成式 AI 框架》，取代之前的文件，为公务人员和受雇于政府组织的个人如何安全可靠地使用生成式 AI 提供解决方案。《英国政府生成式 AI 框架》文件（以下简称"文件"）主要给出了政府使用生成式 AI 的原则和具体操作要求，意在指导而非监管规范，这是英国政府新技术应用中平衡创新和治理路径的典型体现。

一方面，文件提出了政府部署生成式 AI 项目应注意的十大原则，明确了政府新技术使用中从认知到操作再到政策规范的基本要求，体现了系统、全面的风险管控思维。

(1) 加强对生成式 AI 及其局限性的认识。生成式 AI 能够创造多模态高质量输出，有助于提高组织的运行效率，但存在经验情感缺乏、结果不准确等问题，需要辅助以其他技术、建立测试流程，来增加其输出内容的准确性。

(2) 坚持合法、合乎道德且负责任地使用生成式 AI。生成式 AI 带来了伦理问题、法律问题、环境问题等，公共部门仅应在适当的情况下应用，且要选择最合适和最可持续的工具，不能损害个人和组织的合法权利。

(3) 确保生成式 AI 工具安全。生成式 AI 只能访问任务所需数据，要确保组织数据安全保存，建立保障措施。

(4) 在适当阶段进行有意义的人工控制。需在部署生成式 AI 前进行全面测试，实时进行可靠性检查和验证，并在结果中纳入最终人工反馈。

(5) 了解如何管理生成式 AI 的全生命周期。了解生成式 AI 的选择、设置、日常维护、结果监测验证等环节，建立监控流程。

(6) 正确选择合适工具。需综合考虑技术能力、局限性、成本、效率等因素，选择最合适的部署模式，并为使用案例选择最合适的模型。

(7) 开放合作。加强与非政府组织间的合作沟通，向公众公开算法，标识生成式 AI 的使用方式和情况。

(8) 从初始阶段加强政企合作。通过初期合作，确保政府内部开发的系统及从第三方采购的系统符合基础的负责任和道德使用的期望。

(9) 学习生成式 AI 所需的技能和专业知识。理解使用生成式 AI 的技术需求，通过学习课程等加强工作人员的技术能力培训。

(10) 确保组织政策的一致性。在遵循生成式 AI 使用原则的同时，也应该遵循政府原有的治理结构和政策。

另一方面，为公共部门如何贯彻落实十大原则，开展生成式 AI 部署项目给出具体实施方案。主要包括了解认知生成式 AI 的应用场景和局限性，政府实施生成式 AI 项目的环节步骤及注意事项，以及如何应对风险推动生成式 AI 安全且负责地使用这三方面内容（见表 3-5）。

表 3-5 《英国政府生成式 AI 框架》主要内容

维度		具体内容
了解认识生成式 AI	应用价值	提高服务效率、减轻公务员负担、执行复杂任务、助力信息公开等
	局限性	准确性不足、推理不准确、偏见和歧视、专业性欠缺、技术黑箱等
政府采用生成式 AI 的步骤和方案	目标识别	根据业务需求和群众需求，识别具有潜力的用例
		清晰认知不当用例，包括完全自动化决策、有限数据场景等
	建设团队	开展多元主体的技能培训
	体制机制	AI 战略、原则、治理委员会、沟通策略和机制、采购等
	采购	符合政府技术系统采购已有规范、明确采购目标和要求、开展采购、了解新兴技术采购协议、确保符合道德原则
	构建方案	明确核心概念、部署模式、工具选择、测试、数据管理等环节
安全且负责任地使用生成式 AI	法律问题	数据保护、采购合同、知识产权和版权、公法原则、立法等
	伦理道德	透明度和可解释性、问责制和责任、公平、偏见和歧视、信息质量和错误信息等
	数据保护和隐私	问责制、合法性和使用目的限制、透明度和个人权利、公平、使用最小数据量、限制数据存储、人为监督、提升数据准确性
	安全	安全部署、安全风险
	治理	设立人工智能治理委员会、设立道德伦理委员会、创建人工智能和机器学习系统清单、开展团队项目治理

资料来源：根据公开资料整理。

实施方案也深入贯彻了英国政府应用创新和风险管控"两手抓"的思路，既为政府机构及其公务人员明确了生成式 AI 使用中从目标确立到方案落地全流程、全环节、全维度的具体操作方式，又重点强调了各类风险问题的表现和应对解决之策。

三、新加坡：以整体统筹构建新技术应用优势

基于国情和扁平化的政府组织架构，新加坡在数字政府建设中不仅能通过技术提升公共服务，更能以整体视角统筹多方资源，驱动智慧国家建设。2017年5月，新加坡启动国家级项目"新加坡人工智能"（AI Singapore），整合多个政府部门、研究机构、AI企业并投入1.5亿新加坡元，加强可信任AI研发，推动AI在交通、医疗、产业发展等诸多影响社会和经济发展的重要领域的应用。2019年11月，新加坡出台《国家人工智能战略》（National AI Strategy，NAIS），计划在2030年成为广泛应用AI技术的智慧国家，以及全球AI技术部署与解决方案创新的领跑者。该战略再次强调通过产学研融合创新，推动解决AI技术普及面临的问题，促进AI在交通和物流、智慧城市与地产、医疗、教育、安全保障五个国家重点项目中的应用。

AIGC引发全球技术变革以来，新加坡政府延续整体统筹推进思路，从战略规划、应用探索、要素投入、国际合作等多个维度，加速新技术融入"智慧国"建设，充分释放技术变革在政府治理和经济社会发展中的潜能。

1. 加强顶层设计，出台新技术应用及监管相关战略规划

2023年12月4日，新加坡政府更新发布了《国家人工智能战略2.0》（National AI Strategy 2.0，NAIS 2.0），阐述了新加坡在未来3~5年内如何统筹国内国际资源，利用人工智能造福公共利益的计划。该战略从三大方面着手，利用十大促成因素，展开15项行动，挖掘和释放AI技术潜能。其中，十大促成因素整合了产业界、政府、研究界三大主体，AI人才、AI能力和AI社区构建三项核心要素，算力、数据、可信任环境、意见及行动领袖四个主要基础设施与环境要素。15项行动则以加速推动AI技术的开发应用、建立AI技术开发的先行者优势为目标，主要包括探索设立AI卓越中心、强化AI创业生态系统、通过跨机构数据共享提升公职人员AI素养及能力、更新国家

人工智能研发计划、吸引全球顶尖 AI 人才加入或合作、增加可用的高性能计算资源、开放公共数据以支持公共利益的 AI 应用、提升 AI 安全及韧性、扩大新加坡国际合作网络等。

2024 年 5 月 30 日，新加坡政府发布了《生成式人工智能治理模型框架》，该框架要求所有关键利益相关者共同努力，建议从问责制、数据、可信任开发和部署、安全、人工智能造福公众等维度全面审视生成式 AI 的开发，并为生成式 AI 的数据治理难题提出了具体的解决措施。

2. 持续开展实践探索

新加坡政府不仅推动 AIGC 在政府治理中的应用，更致力于推进全国新技术的使用进程。在 AIGC 政府应用推进中，新加坡处于较为领先的地位，且部署推进的思路较为明确。一方面，新加坡于 2023 年 2 月已开始探索生成式大模型在政府办公中的应用，开发了供公务人员文书写作使用的 Pair 系统。随后，在政务服务、就业、医疗、教育等多个领域开展新技术应用的实践探索。另一方面，新加坡政府坚持整体布局思路，推进安全可靠的 AIGC 应用。

区别于日本、美国等国家的公共部门直接使用市场大模型产品的做法，新加坡政府在应用起始就坚持定制化部署，基于大模型底层技术，结合不同政府治理领域的要求，在确保数据安全的情况下，开发不同的 AIGC 应用项目，大幅提升了新技术应用的安全性和个性化程度。此外，新加坡政府还为新技术的应用推进部署安全环境。

2023 年 7 月 24 日，新加坡政府与谷歌云联合发布"人工智能开拓者"（AI Trailblazers）计划，由谷歌云开发预训练生成式 AI 模型和初级代码开发工具，开放给新加坡参与计划的 100 个政府部门和企业使用三个月。通过这些模型和工具，机构可以在专属的云环境中构建和测试自己的生成式 AI 解决方案。此外，结合已有实践来看，AI 技术不仅在新加坡的政府机构得到普遍应用，还在科研教学、金融保险、医疗卫生、工艺设计、旅游创新、食品生产、体育电竞、海关检测等各行各业得到越来越广泛的应用。互联网企业Salesforce发布的《2023亚太地区人工智能就绪指数》报告显示，在企业和政府对AI应用的准备方面，新加坡是亚太地区的领头羊。与其他发达经济体相比，新加坡民众对人工智能的态度更为积极。

3. 不断强化AI应用关键要素投入，增强技术应用能力

（1）大力投入资金。AI解决方案供应商AIPRM的统计数据显示，2019—2023年，新加坡在AI领域投资约70亿美元，排名全球第十。若以国内生产总值（GDP）来衡量对人工智能的投资力度，新加坡过去五年在AI领域的投资总额相当于该国2022年GDP的1.5%，位列全球第一。为推动生成式AI应用，新加坡资讯通信媒体发展管理局（IMDA）、全国人工智能核心（AI Singapore）和新加坡科技研究局积极开展合作，斥资7000万新加坡元推出"国家多模态大型语言模型计划"，旨在创建和推广符合东南亚国家语言特点环境的模型。2024年2月16日，时任新加坡副总理黄循财在有关人工智能的预算声明中宣布，将在未来五年内投资超过10亿美元用于AI计算、人才培养以及行业发展。

（2）加大人才吸引和培训力度，培育国民AI素养。NAIS 2.0的一项重点任务是通过吸引顶尖AI技术创造者同新加坡政府合作，以及培养数据科学家、机器学习科学家和工程师等AI技术从业人员，扩大AI技术人才队伍。此外，新加坡政府不仅与微软合作，为2000家中小企业提供AI工具使用培训，还宣布向40岁及以上的国民提供补贴，用以鼓励他们与年轻人一同学习代表未来的人工智能技术，如ChatGPT等。新加坡政府的这一举措显示了一个国家如何通过教育和技术政策支持其国民整体能力提升，为持续夯实新加坡在AI应用中的领先地位做足了准备。

第四章

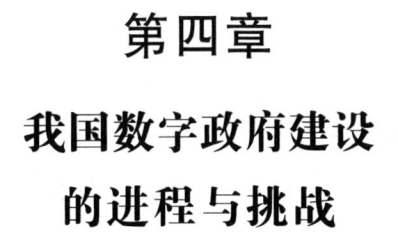

我国数字政府建设的进程与挑战

第一节 政府信息化发展历程

我国一直高度重视政府的信息化建设工作。新中国成立以来，党和政府立足经济社会发展需求，坚持自力更生，不断探索信息产业化、规模化发展路径。20世纪90年代接入国际互联网后，我国政府开始有组织、有计划地系统部署政府信息化建设工作。具体看，大致可将我国政府信息化发展分为"奠基—起步—深化拓展—全面发展"四个阶段。

一、信息化发展奠基

20世纪40年代至20世纪50年代，以电子计算机技术的利用和发展突破为标志，第三次科技革命在全球范围内轰轰烈烈展开。彼时，新中国各领域基础设施建设"一穷二白"，具体到信息通信领域，网络规模小、设备陈旧、技术落后，电话普及率仅为0.05部/百人，技术装备比发达国家落后二三十年。党和政府迅速恢复与发展维系国计民生的通信服务，在网络建设、设备研制等方面做出了可喜的成绩。在1949—1952年经济恢复时期，连通了北京至各大行政区的电信干线，国内长途通信网初具规模；"一五"计划时期（1953—1957年），初步建成了以北京为中心、辐射全国大城市的通信网。"二五"计划时期（1958—1962年），大量较为先进的电信设备建设投产，通信服务能力大幅提升。

改革开放后，我国商品经济日趋活跃，社会对信息通信服务提出了巨大需求。党和政府出台一系列优惠政策，推动信息通信发展取得长足进步。

（1）建成了"八纵八横"通信干线光缆网，解决了干线"长梗阻"。1994年《全国邮电"九五"计划纲要》首次系统地提出：到20世纪末，我国将全面建成"八纵八横"、覆盖全国省会城市和重点地区、连通世界的光缆

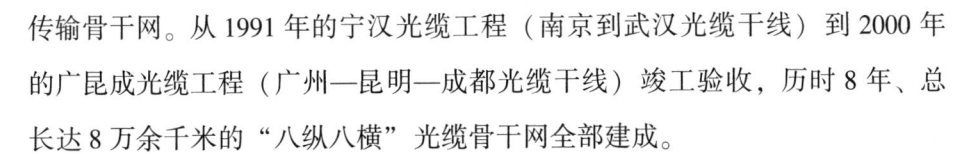

传输骨干网。从 1991 年的宁汉光缆工程（南京到武汉光缆干线）到 2000 年的广昆成光缆工程（广州—昆明—成都光缆干线）竣工验收，历时 8 年、总长达 8 万余千米的"八纵八横"光缆骨干网全部建成。

（2）移动通信技术实现了从"1G 空白、2G 跟随到 3G 突破"。

（3）电子信息产业飞速发展。从 1984 年开始，通信发展速度开始超过国民经济增长速度；20 世纪 80 年代后期，通信年均发展速度达到 20%；到 1989 年，我国电子企业发展到 3254 家，实现总产值为 634 亿元，比 1980 年增长 5.73 倍，其中增长速度较快的是电子计算机总产值和通信广播电视总产值，与 1980 年相比分别增长 9.4 倍、8.38 倍。电子工业在规模化、集约化发展方面取得丰硕成果，到 1990 年共组建了包括 57 家上市公司在内的一批企业集团，还创立了华为、长虹、联想等一批本土电子企业。[⊖]

经过若干年的不懈努力，这一时期我国基本实现了通信基础设施全国普及，初步建成覆盖宽广的全球性通信网，逐步形成了以电子计算机为基础的电子信息产业，为下一阶段各领域的信息化发展奠定了重要基础。

二、电子政务建设起步

1993 年，美国政府制订并实施"信息高速公路"计划，旨在以因特网（当时对互联网的称谓）为依托，兴建信息时代的"高速公路"，让人们共享海量信息资源。日本、加拿大和欧洲的发达国家快速跟进，掀起了全球信息化建设的浪潮。同年，我国召开"信息化与经济发展国际研讨会"，成立由时任国务院副总理邹家华任主席的国家经济信息化联席会议，正式部署以"金卡、金桥、金关"（"三金"）为代表的重大信息化系统工程。

"三金"工程为我国电子政务发展打下了良好的基础。1994 年，我国成

⊖ 林爱珺，莫继严. 中国信息化发展的历史路径与时代贡献 [J]. 暨南学报（哲学社会科学版），2023，45（05）：25-34.

为全功能接入国际互联网的第 77 个成员，开启了互联网时代，并开始有组织、有计划地推进国家信息化建设。1996 年，党中央决定在原国家经济信息化联席会议的基础上，成立国务院信息化工作领导小组，统领全国信息化工作。1997 年，全国信息化工作会议在深圳召开。1999 年 12 月，国家信息化工作领导小组成立，负责统一协调、领导和推进全国的信息化建设工作。2000 年 10 月，党的十五届五中全会把信息化提到了国家战略的高度；2002 年 11 月，党的十六大进一步做出了以信息化带动工业化、以工业化促进信息化、走新型工业化道路的战略部署。

大力发展电子政务是这一时期国家信息化建设的重要内容。1999 年，由 40 多家部委（办、局）信息主管部门联合策划发起"政府上网工程"，要求各级政府各部门在 163/169 网上建立正式站点，提供信息共享和便民服务的应用项目。

2002 年，中共中央办公厅、国务院办公厅印发《国家信息化领导小组关于我国电子政务建设指导意见》（简称《意见》）。该《意见》提出把电子政务建设作为今后一个时期我国信息化工作的重点，政府先行，带动国民经济和社会发展信息化，同时确定了"一站两网四库十二金"的电子政务基本框架。2006 年，国家信息化领导小组发布《国家电子政务总体框架》，基本奠定了我国电子政务建设的总体范畴，提出到 2010 年，覆盖全国的统一的电子政务网络基本建成，目录体系与交换体系、信息安全基础设施初步建立，重点应用系统实现互联互通，政务信息资源公开和共享机制初步建立，50%以上的行政许可项目能够实现在线处理，电子政务公众认知度和公众满意度进一步提高，有效降低行政成本，提高监管能力和公共服务水平。

在党中央的领导和部署推动下，这一时期我国电子政务建设快速推进，信息化水平不断提高。围绕各级党委、人大及其常委会有关政务机构、政府部门以及政协、法院、检察院有关政务机构的办公自动化、重要领域和重点业务信息化、网络与信息安全基础设施保障开展的一系列信息化工程建设取得了实质性进展，金盾、金关、金财、金税、金审、金农等近百个重大信息化工程项目陆续建成，相关业务信息系统顺利投入运行，各级政务网站成为信息公开、网上办事、便民服务的重要渠道。

但同时，一些矛盾和问题也日益凸显，成为后期推动数字政府建设的重要制约因素。

(1) 面向公共服务和改善民生的重要信息化系统尚未建成，群众的感知度不高、获得感不强。在联合国经济和社会事务部发布的"电子政务发展指数"排名中，我国最好的成绩是2005年，达到第57名，到2008年下降到65名，2012年再下降到78名。

(2) 部门各自为政、重复建设严重。由于我国电子政务建设的规划、预算、审批、评估等各个环节分别由不同部门管理，特别是项目建设存在多头立项、多头审批的问题，尚未形成一个完整的机制，没有一个牵头部门对电子政务建设进行全方位的统筹，容易造成重复投入和浪费。

(3) 条块矛盾突出，综合效能低下。国家各部门自上而下的"条"与地方的"块"之间缺乏有效结合机制，形成电子政务建设纵强横弱、条块分割的局面。从条条看，不仅国家垂直管理部门，而且越来越多的非垂直管理部门开始把系统和网络直接延伸到基层甚至社区，形成了电子政务"上面千条线、下面万根针"的局面，使潜在的"信息孤岛"风险进一步加剧，安全风险进一步加大。从块块看，各部门网络和系统自成体系，地方电子政务建设统筹困难，统一应用和管理难以实现，财力也不堪重负。

三、"互联网+"深化拓展

党的十八大以来，党中央全面统筹推进网络安全和信息化工作。2014年2月27日，中央网络安全和信息化领导小组成立。习近平总书记在中央网络安全和信息化领导小组第一次会议上指出,"没有网络安全,就没有国家安全;没有信息化,就没有现代化",要从国际国内大势出发,总体布局,统筹各方,创新发展,努力把我国建设成为网络强国。

党的十八届五中全会、"十三五"规划纲要对实施网络强国战略、"互联网+"行动计划、大数据战略等做出部署,要求着力推动互联网和实体经济深度融合发展,以信息流带动技术流、资金流、人才流、物资流,促进资源配置优化,促进全要素生产率提升,为推动创新发展、转变经济发展方式、调整经济结构发挥积极作用。

这一系列部署对新时期电子政务建设产生深远影响。在中央网络安全和信息化领导小组的统筹协调下,电子政务建设明显站位更高,统筹力度更强。2013年11月,党的十八届三中全会通过《中共中央关于全面深化改革若干重大问题的决定》,提出"国家治理体系和治理能力现代化"的重大命题。国家发展和改革委员会印发《"十三五"国家政务信息化工程建设规划》提出,要"基本形成满足国家治理体系与治理能力现代化要求的政务信息系统,构建大平台共享、大数据慧治、大系统共治的顶层架构"。2016年,习近平总书记在网络安全和信息化工作座谈会上的讲话指出,"信息是国家治理的重要依据""要以信息化推进国家治理体系和治理能力现代化,统筹发展电子政务,构建一体化在线服务平台,分级分类推进新型智慧城市建设,打通信息壁垒,构建全国信息资源共享体系,更好用信息化手段感知社会态势、畅通沟通渠道、辅助科学决策。"在管理机制层面,2016年,中央网信办牵头建立了国家电子政务统筹协调机制,制定了国家电子政务总体方案,负责统筹推进电子政务基础设施、标准规范、安全保障、政策法规等方面的发展。

与此同时,以互联网、大数据、人工智能、区块链等为代表的新技术快速发展,引发政治、经济、社会等领域深刻变革,成为推动这一阶段政府信息化建设的重要力量。2015年,国务院印发《国务院关于积极推进"互联网+"

行动的指导意见》指出，在全球新一轮科技革命和产业变革中，互联网与各领域的融合发展具有广阔前景和无限潜力，已成为不可阻挡的时代潮流，正对各国经济社会发展产生着战略性和全局性的影响，要积极发挥我国互联网已经形成的比较优势，加快推进"互联网+"发展。

具体到政府治理领域，我国结合"放管服"改革工作，提出大力推进"互联网+政务服务"和"互联网+监管"，以互联网撬动各项管理机制改革，加快政府职能转变，打造法治政府、廉洁政府和服务型政府。2016年国务院印发《国务院关于加快推进"互联网+政务服务"工作的指导意见》，2017年国务院办公厅印发《国务院办公厅关于印发"互联网+政务服务"技术体系建设指南的通知》，对推进"互联网+政务服务"工作做出了系统部署。各部门在医疗健康、民政服务、不动产登记等行政领域相继出台"互联网+"细化规定，深化利用互联网、大数据等技术推动政务数据融合共享，优化网上办事流程，实现"全程网办""一网通办""掌上可办"。互联网技术不再仅仅被作为提高信息共享效率的工具，而是深度嵌入政府治理和服务流程，重塑相关治理理念、思维和手段。

2009年，以3G牌照发放为标志，我国正式进入移动互联网时代。2013年4G网络商用服务正式启用。在3G、4G通信技术的普及应用下，智能化设备快速推广，接入互联网的门槛大幅降低，推动"互联网+政务服务"向移动端延伸。政府网上服务从固定网络拓展至移动网络、从PC（个人计算机）端走向手机端，政务微博、政务微信、政务抖音等新的互联网应用形式层出不穷，以更加多样化的内容和更为便捷快速的沟通方式，推动政民互动走向新高度。根据腾讯研究院《2023行业突围与复苏潜力报告》显示，至2023年初，全国已有30个省市区开通政务平台小程序，各类政务小程序数量总计达到9.5万个，超85%的用户在日常生活中选择通过微信小程序办理各类政务服务。

四、数字政府全面发展

近年来，全球科技创新进入空前密集的活跃期，新一轮科技革命和产业变革蓄势待发，成为重构全球创新版图、重塑全球经济结构的关键力量。如何抓住信息化发展的重要历史机遇，以信息化培育新动能，用新动能推动新发展，成为当代中国面临的重要考题。党的十九大报告首次指出要建设数字中国，"十四五"规划纲要提出，加快数字化发展、建设数字中国，激活数据要素潜能，加快建设数字经济、数字社会、数字政府，以数字化转型整体驱动生产方式、生活方式和治理方式变革。

数字政府作为数字中国的重要组成部分，在数字化发展浪潮的推动下启动探索改革。2017年12月，广东省佛山市成立全国首个地市级数字政府建设管理局，2018年广东、广西等地发布省级数字政府建设计划，随后数字政府建设迅速向国内其他省份扩散。至2020年8月，全国省级行政区域中已有七个印发专门的数字政府建设方案，五个对数字政府建设提出明确要求。

2019年10月，党的十九届四中全会首次提出推进数字政府建设，要求建立健全运用互联网、大数据、人工智能等技术手段进行行政管理的制度规则，加强数据有序共享，依法保护个人信息。数字政府建设正式从地方探索走向国家顶层设计。2020年10月，在党的十九届五中全会通过的《中共中央关于制定国民经济和社会发展第十四个五年规划和二〇三五年远景目标的建议》中再次提出，要加强数字政府建设，"加强数字社会、数字政府建设，提升公共服务、社会治理等数字化智能化水平。"在这份规划建议中，国家对数字政府的定位和考虑明显更加成熟，即在"加快数字化发展"专条中，明确点出了数字经济、数字社会和数字政府三个概念。

2021年3月，"十四五"规划纲要首次对数字政府做出系统部署，并将数字政府上升为数字中国建设的"三大支柱"之一。纲要对数字政府建设重点部署了三方面工作。

（1）加强公共数据开放共享，扩大基础公共信息数据安全有序开放，开展政府数据授权运营试点等。

（2）推动政务信息化共建共用，布局建设经济治理、市场监管等重大信息系统，完善国家电子政务网络，集约建设政务云平台和数据中心体系等。

（3）提高数字化政务服务效能，全面推进政府运行方式、业务流程和服务模式数字化智能化，加快构建数字技术辅助政府决策机制，强化数字技术在突发公共事件应对中的运用。

2022年4月，中央全面深化改革委员会第二十五次会议审议通过了《国务院关于加强数字政府建设的指导意见》（以下简称《指导意见》），成为我国首个国家层面系统部署数字政府建设工作的指导性文件。根据文件，数字政府是将数字技术广泛应用于政府管理服务，推进政府治理流程优化、模式创新和履职能力提升的数字化、智能化的政府运行新形态。数字政府建设"全面引领驱动数字化发展"，"是建设网络强国、数字中国的基础性和先导性工程"。

在建设框架上，数字政府包括五大体系，即政府数字化履职能力体系、安全保障体系、制度规则体系、数据资源体系、平台支撑体系。

其中，数字化履职能力体系指政府数字化转型的领域和场景，包括经济调节、市场监管、社会管理、公共服务、生态环境保护以及政务运行、政务公开；安全保障体系是数字政府建设的底线和生命线，包括安全责任、安全制度、安全能力和自主可控四方面要求；制度规则体系是数字政府建设"技术创新+制度创新"双轮驱动的重要一环，包括管理职能、管理机制、法规制度、标准规范；数据资源体系是数字政府建设的核心要素，重点是创新数据管理机制、深化数据高效共享、促进数据有序开发利用；平台支撑体系是数字政府建设的基础设施，包括云平台、网络平台、共性应用支撑三部分（见图 4-1）。

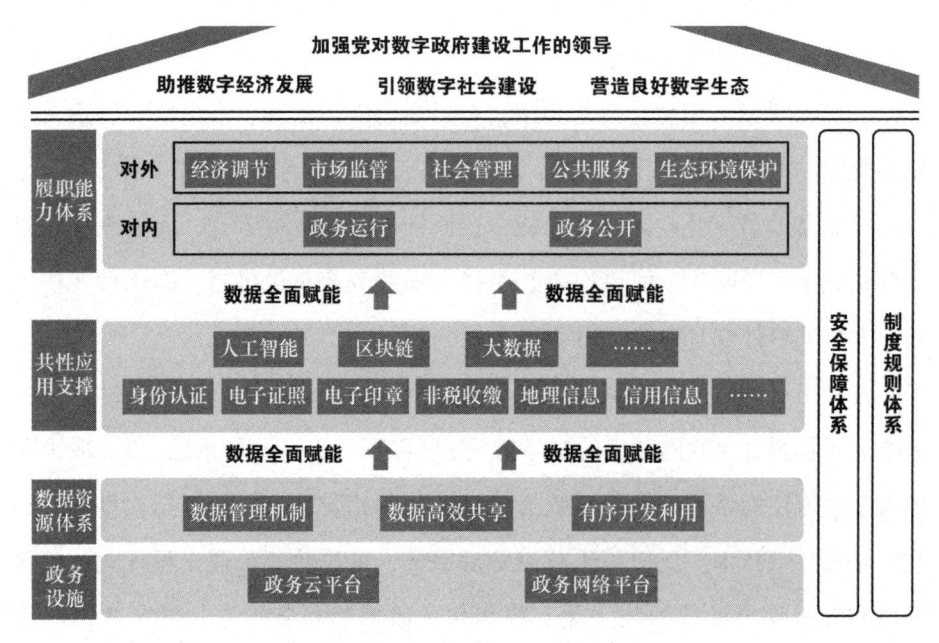

图 4-1　数字政府建设总体框架图

资料来源：中国信息通信研究院。

相较于电子政务时期，《指导意见》对数字政府建设的部署已经呈现一些变化。

（1）在治理目标上，从推动政府职能转变走向服务国家治理现代化，战略定位更加明确。党的十九届四中全会则把"推进数字政府建设"作为落实"坚持和完善中国特色社会主义行政体制"的重要任务进行部署。

（2）在治理理念上，强调"技术创新+制度创新"双轮驱动，既要以数字技术创新应用驱动政府职能转变、流程优化创新，又要及时革新制度，将创新成果固化成为标准化、可复制的制度经验。

（3）在治理要素上，更加强调数据的重要作用，将更多目光投向基础数据治理、数据共享、数据开放和数据创新应用。

（4）在治理工具上，适应技术变革趋势，强调政府治理和服务中对人工智能技术的创新应用，实现主动感知、主动服务、主动对话，将公务人员从更多基础性事务性工作中解放出来，实现技术对人的替代。

第二节 数字政府建设取得的成效

从2017年起步探索至今，我国数字政府建设逐步完成了顶层设计，在设施、平台、数据等方面不断夯实完善，赋能治理成效凸显，与数字经济、数字社会发展协同联动，已经成为数字中国的重要支柱。

一、发展水平全球领先

《联合国电子政务调查报告》显示，我国电子政务发展势头良好，保持在全球第一梯队（见图4-2）。2022年，我国电子政务发展指数得分为0.81，全球排名第43位，较2020年提升两名。其中，在线服务指数作为电子政务发展指数的核心指标，由联合国针对各国门户网站的问卷调查得出，2022年得分为0.89，继续保持在全球高水平。政府数据开放得分为0.89，保持在第一梯队"非常高"水平。城市层面，上海市作为被评估的代表城市，2022年的在线服务指数得分0.88，全球排名第十，其中，"服务提供"和"技术"两项指标并列全球第四。

我国基于实践形成数字政府建设特色经验，为全球公共部门数字化转型贡献了中国智慧和中国方案。上海政府数据门户网站、杭州实时交通管理、残障人士在线服务、微信和支付宝线上公共服务等被写入联合国数字政府建设典型案例。经济合作与发展组织（OECD）的全球公共部门创新案例库中，收录了我国上海数据交易所、高速公路路面检测与养护管理系统等创新应用案例。世界银行官网刊发《政务服务数字化 中国营造更好商业环境：浙江省改革经验案例研究》，将浙江省政务服务数字化的做法经验作为中国优化营商环境的典型案例，向全球经济体宣传推广。该研究分析了浙江多个全国领先的典型案例应用，例如浙江政务服务网、营商环境"无感监测"系统、"浙里办"营商专区、一体化投资项目审批监管平台、一站式商事登记系统、数字资源系统（IRS）、杭州市"亲清在线"平台和"多报合一"应用等，并提出浙江经验对全球其他经济体的五方面启示。

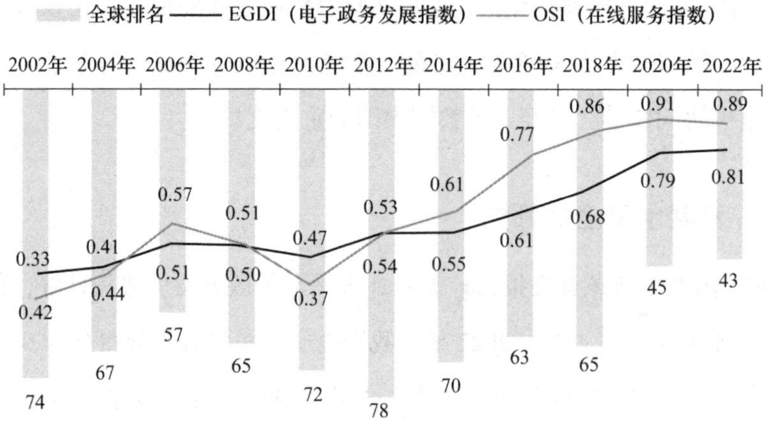

图 4-2　我国在联合国电子政务调查中的排名及指数

资料来源：联合国电子政务调查报告。

二、制度机制不断健全

（1）全国基本形成数字政府"一盘棋"管理机制。国家层面成立了数字政府建设工作领导小组，由国务院领导同志任组长，办公室设在国务院办公厅，具体负责组织推进落实。各地区、各部门建立健全数字政府建设领导协调机制，截至 2022 年 9 月底，超过 20 个省级地区已经设立数字政府建设工作领导小组，普遍确立了"一盘棋"统筹推进工作机制。国务院各部委的数字政府建设大多以办公厅等综合部门统筹建设，由部委信息中心等信息化单位建设运维。

（2）"一局一中心一公司"的数字政府"品"字形管理运行架构成主流模式。 一般由省级大数据局负责统筹全省数字政府建设，省级大数据中心为数字政府建设提供决策支持和智力支持，数字政府平台公司承担省直部门政务信息化建设、运行和维护工作。为确保系统和数据安全，国资控股的平台公司在数字政府建设运营中承担越来越重要的角色。云上贵州、数字浙江、山西云时代、数字湖南等大多数省级平台公司都由国资控股，2021年底数字广东公司发生增资和股权调整，中国电子持股62.84%成为控股股东，腾讯的股权被稀释至16.72%。

实践案例4-1：各省"政企合作、管运分离"探索

1. 广东："政企合作+管运分离"

广东省提出"制度创新+技术创新"。政府侧，撤并、调整了省委和省直各部门44个内设信息化机构，组建广东省政务服务数据管理局（以下简称"省政数局"），作为数字政府改革建设工作的行政主管机构。企业侧，中国电子、粤科金融、腾讯、中国联通、中国电信和中国移动于2017年10月共同投资成立数字广东网络建设有限公司，发挥互联网企业与运营商的专业技术优势，在省政数局指导下，承担广东数字政府建设运营统一服务功能。2022年3月30日，广东省数字政府建设运营中心挂牌，和数字广东网络建设有限公司是"两块牌子一套班子"。

数字广东公司为广东省数字政府改革建设提供政务云平台、政务大数据中心、公共支撑平台三大基础资源平台，并根据涉及民生、营商、政务等相关业务场景，创新研发建设运营"粤省事""粤商通""粤政易"三大应用，助力广东省在全国省级政府一体化政务服务能力评估中连续三年夺得全国第一。自新冠疫情发生以来，数字广东公司作为全省数字化防疫抗疫主力军，多措并举、综合施策，通过自主研发粤康码、健康防疫核验平台、一码通系统等，为全省疫情防控工作提供了强有力支撑。

2. 浙江：“政府牵引+社会参与”

浙江数字政府采用"政府牵引+社会参与"的建设运营模式，充分发挥政府的引导与管理作用以及企业的技术积累与沉淀优势。2018年，通过组建省大数据发展管理局，进一步加强互联网与政务服务的深度融合，统筹管理公共数据资源和电子政务，进一步助推"最多跑一次"改革和政府数字化转型。2019年，阿里巴巴集团、浙江省金融控股有限公司、浙江日报报业集团、浙江广播电视集团共同出资成立数字浙江技术运营有限公司，叠加"数字技术+国有资本"的优势，助力数字浙江建设和区域数字产业发展。

3. 贵州：“国企操盘+数据融合”

贵州打造了贵州省大数据局、贵州省大数据产业发展中心、云上贵州大数据集团"三位一体"的发展格局。其中，省大数据产业发展中心承担全省数据资源管理和技术支撑工作。考虑到贵州省数字产业基础薄弱，缺乏行业领域龙头企业，2018年，贵州省国资委、贵州茅台、贵州金控、贵阳工投、双龙航空港五家单位共同出资，以云上贵州大数据产业发展有限公司为主体，组建省属国有大型企业云上贵州大数据（集团）有限公司，承担全省政府大数据信息化项目及政府数据资源开发经营。

（资料来源：根据公开新闻整理。）

（3）**首席数据官制度成为重大管理创新**。2021年4月，广东省发布《广东省首席数据官制度试点工作方案》，在全国率先推行首席数据官（Chief

Data Officer，CDO）制度，并遴选 6 个省级政府部门、10 个地市级政府等同步开展试点工作。首席数据官制度是广东省深化数据要素市场化配置改革的一项制度性安排，对统筹公共数据管理和数据共享开放、推动公共数据与社会数据深度融合和应用场景创新具有重要意义，明确将"首席数据官"列为数字政府建设的第一负责人，构建贯穿省、市、县三级的数字政府专人专岗梯度管理体系。

2021 年 6 月，浙江省杭州市滨江区和绍兴市等地相继建立首席数据官制度，浙江省杭州市高新区（滨江）确定了 58 个部门的首席数据官及联络人名单，正式开放高新区数字资源商店的注册申请。2022 年 6 月，辽宁省沈阳市率先在全省试点推行首席数据官制度，遴选 28 家单位开展试点，推动跨部门、跨层级、跨领域的融合型应用场景规划和实施，强化政府和社会数据资源汇聚共享和安全防护。

（4）政务体验官制度成为公众参与的重要渠道。2021 年，《杭州市数字政府建设"十四五"规划》提出了构建全民参与机制和创新绩效评价方式，将公民评价纳入政府运营付费依据，招募公民体验官。海南省以政务服务体验官制度为抓手，强化观察监督制度化、常态化，以市场主体评价倒逼政务服务能力和服务效能提升。北京、上海、广东、山东、安徽、云南和黑龙江等地也相继开展"政务服务体验官""政务服务社会监督员"等相关尝试，对政务服务工作进行全流程、沉浸式体验和监督，实地体验和发现办事流程、服务过程的痛点、堵点和难点。

三、基础设施持续夯实

（1）政务外网覆盖范围更广，服务范围更大。截至 2021 年底，国家电子政务外网已实现区县级以上行政区域全覆盖，乡镇政务外网覆盖率达 96.1%，国家级、省级、市级、县级多级网络平台基本建成。随着电子政务外网、骨干网支撑能力逐渐提高，网络带宽和承载能力进一步提升，各级政务外网互联网出口带宽逐步扩大。5G、IPv6、物联网等技术与电子政务网络进一步融合，逐步形成"一网多平面"的业务承载能力，支持语音、视频等多种业务的同步传输。

（2）政务云平台建设加快走向智能集约。 随着数字化转型深入，政务系统上云成为各地数字政府建设的必选项，各级政务系统加速向云迁移，政务云进入全面应用的普及阶段。全国31个省（自治区、直辖市）和新疆生产建设兵团的云基础设施基本建成，超过70%的地级市建设了政务云平台。我国政务云市场保持高速增长。

根据IDC统计，2019年以来，我国政务云市场年均增速保持在20%左右，2023年市场规模接近600亿元，并将在未来两年内保持稳健增长态势。政务云集约化建设格局初步形成。大部分地区已经出台政务云一体化建设政策部署。在统筹方式上，普遍通过省级统筹、省市两级分建，形成物理分散、互联互通、分级管理的政务一朵云。在管理机制上，普遍按照"一局一中心一公司"的模式建立协同工作机制，实现管理、维护与调度、运营三方责任分离。在建设模式上，多云、异构、多层成为常态。例如，四川政务云包括三大运营商和浪潮四家云服务商，北京信息系统分散在太极、金山、浪潮等七家云服务平台。

（3）共性能力建设更加趋向敏捷赋能。 在统一身份认证方面，国家政务服务平台、各部门及各省（自治区、直辖市）政务服务平台基本实现统一身份认证，提高了群众跨地区、跨部门、跨层级办事效率。截至2021年12月，全国一体化政务服务平台实名身份认证用户超过10亿人。在电子证照方面，全国一体化政务服务平台汇聚有关地方和部门900余种电子证照目录信息42亿余条，累计为各地区各有关部门提供电子证照跨地区跨部门共享22.35亿次，逐步实现全国互认。在电子印章方面，国家有序推进企事业单位、社会

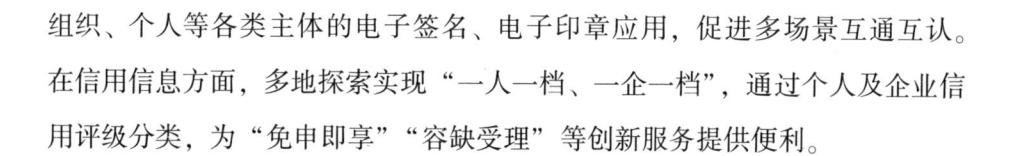

组织、个人等各类主体的电子签名、电子印章应用，促进多场景互通互认。在信用信息方面，多地探索实现"一人一档、一企一档"，通过个人及企业信用评级分类，为"免申即享""容缺受理"等创新服务提供便利。

四、数据价值加快释放

1. 数据资源一体化框架基本形成

2022年，中央全面深化改革委员会第二十五次会议明确加快推进全国一体化政务大数据体系建设。同年9月，国务院办公厅发布《全国一体化政务大数据体系建设指南》，基本明确我国一体化政务大数据体系建设的内涵、构成、工程图纸、任务清单，提出从"1+32+N"的技术架构、"8个一体化"的管理体系着手，在2023年底前初步形成一体化政务大数据体系，到2025年全国一体化政务大数据体系更加完备。

在国家政策指导下，各地政府开展数据资源调查摸底，加强数据目录清单管理，做好多源数据汇聚整合，推进政务数据"一本账"管理。例如，浙江提出统筹建设全省一体化数字资源系统，实现省、市、县三级的政务云基础设施、应用组件、数据资源的统一调度、统筹利用。广东省深入开展数据普查，构建全省各单位数据资源汇聚体系，推动共治共享，促进省市一体的全省数据资源"一网共享"。

2. 数据资源共享向纵深推进

自电子政务工作全面实施以来，我国加强顶层设计和地方谋划，制度、规划、政策、法规齐头并进，积极推进跨领域、跨层级、跨部门的数据共享。陆续有多个地方政府启动省市平台互通和省直部门接入工作，并与国家数据共享交换平台实现对接。各地在"聚数"的同时，提出了"还数""返数"等理念，逐步完善省市数据向地市、区县返还机制，按需将数据回流地方，减轻窗口工作人员多次录入信息的负担。以浙江省数字化改革为例，《浙江省数字化改革总体方案》中明确提出"确保数据充分回流,有效支撑基层决策管理",在开展市县一体化智能化公共数据平台综合评价工作中,将"建立数据回流安全保障机制"作为考核评分内容。

3. 数据开放迈入市场化运营阶段

各级政府对数据开放工作的重视程度和推进力度不断提升,各地政府数据开放平台数量逐年增加。根据 2023 年 1 月复旦大学数字与移动治理实验室《2022 中国地方政府数据开放报告——省域指数》发布的数据,截至 2022 年 10 月,已有 74% 的省级政府(不含直辖市)、55% 的城市上线政府数据开放平台,总数达 208 个。国家"十四五"规划和 2035 年远景目标纲要提出"开展政府数据授权运营试点,鼓励第三方深化对公共数据的挖掘利用",预示着公共数据开放模式已由普遍开放向市场化运营转变。在国家号召下,各地竞相探索政府数据授权运营的有效模式和可行路径,涌现出数据资产凭证、数据专区、公共数据授权运营、数据交易、数据银行等制度创新成果。

各地区数据授权运营已经形成三种主要模式。

(1)行业主导模式,如山东省以国家健康医疗大数据中心(北方)授权北方健康医疗大数据科技有限公司开展医疗健康公共数据运营。

(2)区域一体化模式,如成都市将政府数据授权成都市大数据集团股份有限公司运营。

(3)场景牵引模式,如北京市授权北京金控集团建设公共数据金融专区,开展市场化运营。

4. 数据流通技术从效率优先向安全流通转变

"十三五"以来,我国数据采集、存储、计算等软硬件短板加速补齐,分布式数据库、数据湖等新兴技术产品优势逐渐形成,海量数据存储管理效率大幅提升,数据处理成本不断降低。近几年,在我国加快培育发展数据要素市场、数据安全流通需求快速迸发的推动下，隐私计算成熟度迅速提升。

据不完全统计，目前我国以隐私计算为代表的数据流通类产品达120多款，相关的企业超过100家，比2021年翻一番，发展势头迅猛。区块链具有去中心化、难以篡改、可溯源等特点，也使得其作为数据交易流通技术手段被逐渐普及。以可信数据空间为代表的新一代数据可信流通基础设施正成为国内外探索的重要方向，以从技术上来确保数据流通协议的确认、履行和维护，消除数据要素提供方、使用方、服务方、监管方等流通主体间的安全互信的顾虑。区块链确保计算过程和数据可信，隐私计算实现数据可用而不可见，两者相结合，实现数据使用"可控可计量"和数据流动"可信、可追溯"。

五、赋能应用成效凸显

全国各地大力推动数字化技术赋能政府职责履行，初步形成了经济调节、市场监管、社会管理、公共服务、生态环境保护、政务运行6类典型应用场景、22类二级业务场景、89类三级细分业务场景（见图4-3）。

1. 经济运行监测体系更趋科学有效

相较于传统宏观经济统计数据，大数据的时效性强、样本量大、颗粒度细，通过对海量数据的分析能更精准地挖掘经济运行规律，辅助经济决策。经济运行大数据整合汇聚成为重要趋势，农业农村部、交通运输部等部门加快主管行业大数据中心建设，强化产业链大数据统一汇聚。

大数据分析逐步成为辅助宏观经济决策的重要手段，国家发展和改革委员会持续加强经济监测预警，扎实开展多维度、长跨度、高频度的国际国内经济运行监测，大数据辅助宏观经济决策在GDP、失业率、通货膨胀率等主要指标预测上已被成功应用。

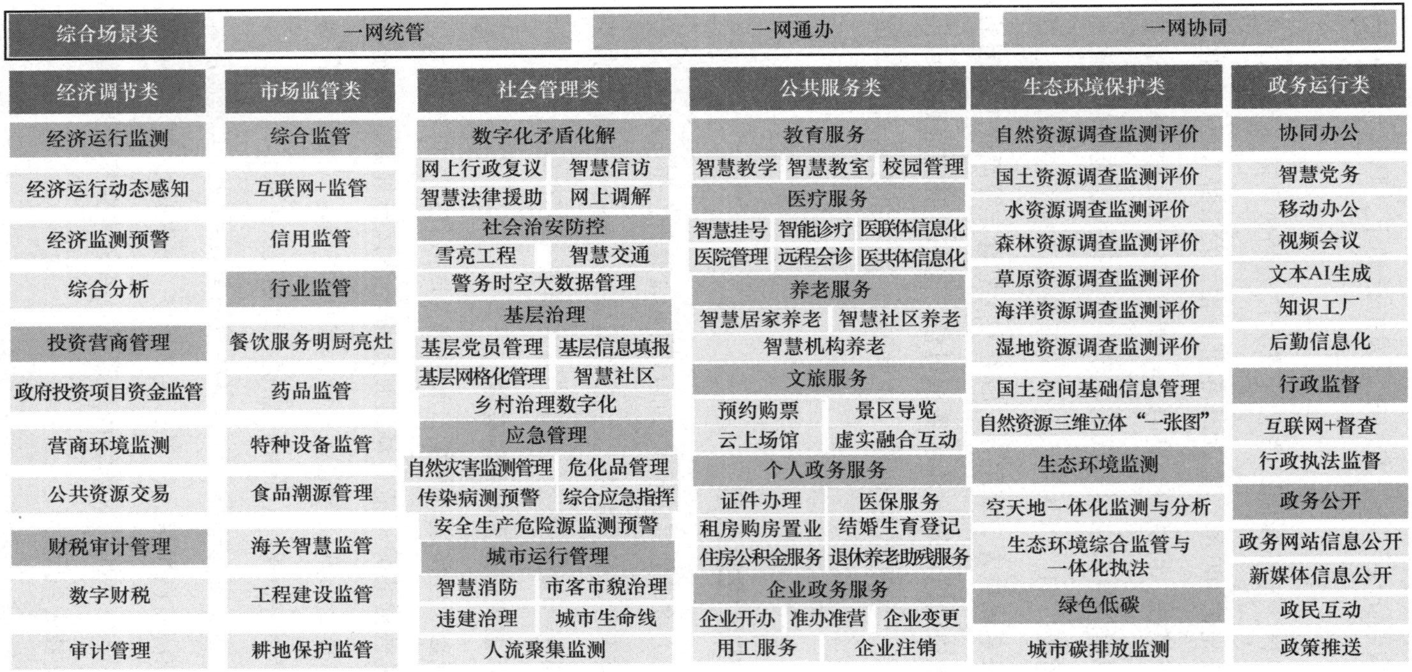

— 数字政府：全球建设趋势与中国实践

综合场景类	一网统管		一网通办		一网协同	
	市场监管类	社会管理类	公共服务类		生态环境保护类	政务运行类
经济调节类						
经济运行监测	综合监管	数字化矛盾化解	教育服务	智慧教学 校园管理	自然资源调查监测评价	协同办公
经济运行动态感知	互联网+监管	网上行政复议 智慧信访		智慧教室	国土资源调查监测评价	智慧党务
经济监测预警	信用监管	智慧法律援助 网上调解	医疗服务	智能诊疗 医院协同信息化	水资源调查监测评价	移动办公
综合分析	行业监管	社会治安防控		智慧挂号 医院协同信息化	森林资源调查监测评价	视频会议
	餐饮服务明厨亮灶	雪亮工程		医院管理 远程诊疗	草原资源调查监测评价	文本AI生成
投资营商管理		警务时空大数据管理	养老服务	智慧居家养老 智慧社区养老	海洋资源调查监测评价	知识工厂
政府投资项目资金监管	药品监管	基层治理		智慧机构养老	湿地资源调查监测评价	后勤信息化
	特种设备监管	基层党员管理 基层信息填报	文旅服务	景区导览 景区融合互动	国土空间基础信息管理	行政监督
营商环境监测		基层网格化管理 智慧社区		预约购票 虚实融合互动	自然资源三维立体"一张图"	互联网+督查
	食品智慧监管	乡村治理数字化		云上场馆	生态环境一体化监测与分析	行政执法监督
公共资源交易	海关智慧监管	应急管理	个人政务服务	证件办理 医保服务	空天地一体化监测	政务公开
财税审计管理		危化品管理		租房购房置业 结婚生育登记	生态环境综合监管与一体化执法	政务网站信息公开
数字财税	工程建设监管	自然灾害监测预警 综合应急指挥		住房公积金服务 退休养老助的服务		新媒体信息公开
审计管理		传染病监测预警	企业政务服务	企业开办 准办准销	绿色低碳	政民互动
	耕地保护监管	安全生产危险源监测预警		企业变更	城市碳排放监测	政策推送
		城市消防 智慧治超		企业注销		
		城市运行管理 违建治理 市客市粮治理		用工服务		
		城市生命线 人流聚集监测				

图4-3 数字政府业务场景全景视图

资料来源：中国信息通信研究院。

实践案例 4-2：产业大数据成为辅助经济决策的重要依据

> **1. 农业农村部大数据发展中心**
>
> 2021年，农业农村部大数据发展中心成立，农业农村大数据公共平台基座已研发成型，涵盖了一套农业农村大数据平台的标准规范体系，数据采集、数据治理、数据管理、计算分析、技术支撑、共享交换服务、大数据"一张图"、服务门户等八个功能模块集，以及各类基础应用和扩展应用。平台建成后将解决长期困扰农业农村大数据行业的开发建设时间长、投入成本高、数据标准不统一、数据纵横贯通难、通用产品重复建设、可持续运营能力差等问题，助推全国智慧农业发展。
>
> **2. 无锡市工业大数据云平台**
>
> 江苏省无锡市汇集全市工业企业用地、生产、效益、税收、能耗、科技、安全、环保等核心数据，建成工业大数据云平台，实现了企业资源利用绩效科学分类、产业动态全面监测、产业图谱动态更新、工业能耗全局监控。截至2021年7月底，平台已接入全市8万多家企业、约3.2亿个信息项，为政府部门及时掌握工业运行情况，强化精准服务和科学决策提供了重要支撑。
>
> （资料来源：根据公开新闻整理。）

2. 立体化的新型市场监管体系加速构建

"互联网+"有效提升事前事中事后监管的规范化、一体化和智能化水平，将行政监督与执法系统有机结合，实现全过程数字化记录与追溯。全国一体化在线监管平台建设加快推进。国家"互联网+监管"系统上线运行，基本完成与国务院各部门及各省市监管系统的数据对接。

国家发展和改革委员会向国家平台陆续推送现有监管对象和监管行为数

据，监管行为数据涉及的监管事项覆盖率达到100%。重点领域数字化精细化监管能力显著增强。运用数字化技术，有效促进食品安全、交通运输、医疗健康等传统行业领域及电子商务、互联网金融、共享经济、数字贸易等新兴行业领域监管更加精细化、精准化。新兴技术在市场监管中的作用更加突出。大数据、人工智能、区块链等新兴技术逐步走向规模化应用，支持无感监管、非接触式监管等模式创新。

实践案例4-3：数字化技术赋能市场监管模式创新

1. 浙江创新"执法不扰民，综合查一次"

浙江"互联网+监管"平台打通了行政执法监管系统和省统一投诉举报平台、公共信用信息平台、基层治理四平台、全程电子化登记平台等，打破了区域和部门壁垒，并率先完成与国家系统的对接。依托该平台，浙江省创新"综合查一次"执法检查模式，并在2022年发布《浙江省人民政府办公厅关于全面推行"综合查一次"制度的指导意见》。2020年全省共开展跨部门联合监管超过2万户次，减少对企业干扰3.5万余户次。

2. 大数据赋能合肥海关"智慧监管，无感通关"

合肥海关持续推动智能审图系统在查验工作中的深度应用，依托人工智能技术和大数据、云平台，结合机检图像和申报信息等进行综合研判，破解伪报、夹藏等隐匿手法，持续提升智能审图系统的快速精准识别能力。2022年，合肥海关上线智能审图系统，实现了海关人工敏锐判图和系统算法稳定高效的优势叠加，在精准打击违法行为的同时，为进出口企业提供了"零接触""零等待"的无感通关体验。

（资料来源：根据公开新闻整理。）

3. 社会管理转向横纵协同线上线下融合

社会管理领域数字化技术应用促进治理模式由分散转向协同，由线下转向线上，由事后治理转为事前预警。社会治安防控网络深度覆盖并走向互联互通。全国公安警务保障大数据智能化应用平台基本建设完成，"雪亮工程"覆盖深度广度进一步提升，公共视频监控系统联网率与智能化水平大幅提升。应急管理一体化协同与灾害预警能力增强。

"天空地"一体化的灾害监测预警系统加快建设，应急指挥"一张图"投入使用，国家应急指挥综合业务系统畅通国家、省、市、县四级应急指挥大厅，实现灾害事故信息报送"一张网"、指挥调度"一键通"。城市综合管理"一网统管"在社会综合运行管理中的作用凸显。"一网统管"已形成以上海为代表的事件驱动型、以广东为代表的数据驱动型以及以杭州为代表的业务驱动型三种典型模式。数字战"疫"取得关键成效。大数据、人工智能等技术助力疫情趋势研判、人流实时分析、风险人员识别、抗疫物资调配。

实践案例 4-4：城市综合治理一体化协同化转型加速

1. 上海黄浦区"一网统管"城市运行管理中心

黄浦区"一网统管"建设，基本实现绝大多数城区管理事项"网格化、网络化"管理。黄浦区结合老西门街道实际，开发网络平台应用场景，以"整合联动，全域管理"为指导，重点关联辖区公共管理要素中顽症监管，使应用场景具备快速查询、分析、预判、处置、跟踪、评价等多项功能，确保问题早发现、派得出、解决好，使网格管理更智能、更精准、更及时，实现"一屏观天下、一网管全城"。例如，居民楼外墙发生大量漏水事件，街面监管力量利用手机小程序，发现后第一时间通过手机端把采集到的工程信息、现场图片等上传到城运中心"一网统管"大屏，自发现时的现场混乱到处置后恢复正常秩序，整个过程用时不到30分钟，相比较以往发生类似事件，大幅缩短了处置时间。

> **2. 广州"穗智管"城市运行管理中枢**
>
> 广州市"穗智管"城市运行管理中枢以城市管理和城市发展需求为导向，按照数字孪生、万物互联、实时感知、运筹帷幄的建设原则，搭建灵活开放的一体化底座，构建与物理城市映射融合的数字孪生城市。依托"穗智管"，广州市首创城市治理要素数据"人、企、地、物、政"五张图，对接业务系统115个、汇聚数据超30亿条、高清视频30多万路、感知设备11多万个，形成城市体征数据项2641个，构建自然资源、交通运行等8类211项指标的城市运行评价体系，建立起城市"秒级监测、智能预警、每月体检"的城市运行效能评估机制。以"高效处置一件事"为目标，"穗智管"打造了"羊城先锋""疫情防控"等一体化应用专题，建成三防综合指挥调度、重大节日专题等跨部门跨层级跨领域的综合应用场景，实现对城市交通、基础设施、公共安全、生态环境、社会经济等重点领域运行状态的实时监测、快速预警、主动预防。
>
> （资料来源：中国信息通信研究院。）

4. 公共服务日益泛在便捷且智能普惠

全国政务服务"一张网"覆盖程度及服务水平显著提升，构建了"更有广度、更有速度、更有温度"的政务服务体系。服务范围更加开放无界。"最多跑一次""不见面审批""一件事一次办""跨省通办"等创新实践不断涌现。截至2021年底，超过1/4的国家部委实现政务服务100%全程网办，超90%的省级行政许可事项实现网上受理和"最多跑一次"。我国服务模式智能化趋势初显。

主动响应式服务、个性化推送式服务、自助式服务等应用在各地区探索落地。住房公积金异地转移接续、失业登记、电子社会保障卡申领、残疾人证新办等高频事项办理，通过"同事同标"无差别受理、电子证照互认等手段，基本在全国范围内实现"无感漫游"。服务的适老化和无障碍水平显著提升。全国一体化在线政务服务平台支持无障碍浏览模式，且经过工业和信息化部"互联网应用适老化及无障碍改造专项行动"，325家网站完成适老化和信息无障碍改造，其中大部分为部委及地方政府门户网站。

5. 生态环境动态感知与立体防控能力升级

数字化技术的应用有效提升生态环境保护、污染防治水平，助力碳达峰、碳中和目标实现，助推美丽中国建设。感知体系建设方面，自然资源调查监测与国土空间底数进一步完善。

自然资源三维立体"一张图"初步实现对自然资源的三维可视化展示和精细化综合管理。国土空间基础信息平台和规划"一张图"建设有序推进，已形成覆盖国家、省、市、县四级的国土调查数据库。生态环境、自然资源、住建、交通、水利、农业农村、林草、气象等部门多维度感知监测数据加速融合。治理体系建设方面，生态监测与监督执法协同一体化水平不断提高。各地区依托生态环境监督执法正面清单制度，建立环境信用评价体系，实施非现场检查、非现场执法、非现场管理等创新举措，实现差异化、精准化监管。

实践案例4-5：信息技术助推生态环境保护与治理智能化

1. 碳排放智能监测体系

2021年，生态环境部印发《碳监测评估试点工作方案》，组织339个地级及以上城市开展细微颗粒物和臭氧协同监测，基于现有国家环境空气质量监测网背景站及地基遥感站，结合卫星遥感技术，开展区域大气温室气体浓度天地一体监测、典型区域土地利用年度变化监测和生态系统固碳监测。碳排放监测体系智能化建设起步，部分地区正开展探索实践。福建省碳排放在线监测与应用公共平台于2022年1月正式投入运行，并与福建省能源计量数据公共平台的224家重点排放单位数据进行联网对接，实现发电、水泥、陶瓷、造纸等行业碳排放量在线监测。

2. 河北省生态环境执法指挥调度系统

河北省生态环境执法指挥调度系统整合优化移动执法APP、污染源动态数据库、在线监测等信息资源，实时对接省、市、县三级执法机构和执法人员，实现了河北省生态环境系统的"一键式"管理和执法工作的"透明化"运行。截至2020年12月底，全省生态环境系统通过在线监控、视频监控、远程执法等方式代替现场检查企业10818家次，已推送核实各类"非现场"环境问题1.78万条。

（资料来源：根据公开新闻整理。）

6. 政府运行与政务公开更加协同智能

在数字机关方面，各地纷纷开展集中协同高效、指尖可及、终端互通的"一网协同"协同门户建设。政务服务呈现全程在线办理、移动可办、"一件事"集成服务办理的发展趋势，并以此倒逼党政机关业务流程优化与再造，逐步发展出机关办事"零跑动"的全程网上办理机制，助推政府机关内部数字化改革进程。87%的省级政府和81%的地市级政府通过政府网站发布政府决策草案，公开征求意见，广泛听取社会声音。

截至2021年4月，国务院"互联网+督查"平台"曝光台""督查回声"栏目公开发布督查结果150余篇，通报曝光典型问题300余个。在政务公开方面，政策发布逐步由"人找政策"向"政策找人"转变。工业和信息化部牵头建成国家中小企业政策信息互联网发布平台，推动政策发布渠道的集中统一。政策智能推送模式在北京、安徽、河北、四川、山东、新疆等全国多个省市落地应用，面向中小微企业的政策匹配服务成为各地关注重点。政务新媒体成为畅通民意与接受群众监督的重要渠道。截至2020年底，全国新浪政务微博超17万个，今日头条政务头条号超8万个，政务抖音号超2.6万个。

实践案例4-6："一网协同"平台有效促进地方部门业务协同

> **1. 广东省"粤政易"**
>
> 广东省以满足政府部门内部办文、办事、办会需求为基础，推出"粤政易"移动办公平台，打通政府各部门业务流程，实现部门纵横联动和协同办公。截至2021年7月，"粤政易"已面向全省21个地级以上市、11万个组织机构，总计超过166万名公职人员开通账户，接入政务应用600多项，公文处理效率提升超过40%。
>
> **2. 江西省"赣政通"**
>
> 江西省构建了"1+1+1+X"的"赣政通"协同办公平台，整合各类政务移动互联网应用向"赣政通"迁移，有效提升办公效率，降低行政成本。截至2022年5月，"赣政通"平台已接入政务应用超900个，注册用户数突破51.5万，日活跃用户突破17.8万。
>
> （资料来源：根据公开新闻整理。）

六、安全保障有力有效

（1）安全政策法规标准日趋完善。以《中华人民共和国网络安全法》为基础构建的网络安全法规体系逐步健全，与《中华人民共和国数据安全法》《中华人民共和国个人信息保护法》《关键信息基础设施安全保护条例》《网络安全审查办法》等多部法律共同构建起兼顾安全与发展的法律法规体系；《信息安全技术　信息系统密码应用基本要求》（GB/T 39786—2021）、《信息安全技术　网络安全等级保护基本要求》（GB/T 22239—2019）、《政务云安全要求》（GW 0013—2017）等系列标准规范为数字政府建设提供基本指引。

整体上，数字政府基础更牢固，数据更安全，各项业务安全运行更有保障。

（2）自主可控数字底座走向成熟。作为我国未来数字化发展的基础，以国产 CPU（中央处理器）、操作系统、数据库、整机为代表的信息技术产业，自主研发能力不断提升，生态愈发繁荣，呈现出创新融合、生态重构和不断成熟的态势。目前，各级政府积极响应国家号召，在政务云搭建、数字政府建设过程中，越来越多地以安全可靠、自主可控为核心的信创技术来构建数字政府安全之基。针对安全体系，国内厂商也提出了自己的解决方案。例如，中国电子提出的 PKS（飞腾 CPU+麒麟操作系统+安全）体系通过 CPU 内置可信技术和内存内置物理防护技术，实现底层构架的本质安全；华为提出的 3CS（云服务网络安全与合规标准）体系基于云服务各业务模块的流程，划分相对应的安全控制领域，使安全控制要求得以嵌入云服务管理流程中，确保安全管理责任清晰明确、可度量、可追溯。国产化技术的进步加速筑牢信息化安全基础，为数字政府保驾护航。

（3）安全合规体系建设有序推进。各级政府始终强调守牢数字政府建设的安全底线，并制定了相应的规划、规范和体系标准。广东省提出构建"安全可信、合规可控"的安全立体纵深防御体系，并发布了数字政府网络安全指数指标体系；浙江省提出"建立覆盖全体系、全维度，融合动态监控、主动防御、协同响应的网络安全综合防控体系，形成跨领域、跨部门、跨地区的有效联动机制"。在具体实践中，"运管分离""政府主导+社会参与"等新型运营机制改革，专业化运营团队的引入也促进了数字政府安全运营能力提升。

实践案例 4-7：数据安全从立法走向落地实施

无锡市通过 DSMM（数据安全能力成熟度）三级认证

2019 年 8 月，《信息安全技术 数据安全能力成熟度模型》（GB/T 37988—2019）国家标准发布。DSMM（数据安全能力成熟度）围绕数据的采集、传输存储、处理、交换、销毁全生命周期，从组织建设、制度流程、技术工具、人员能力四个能力维度，按照1~5级成熟度，评判组织的数据安全能力。2021年6月，无锡市发布《无锡市公共数据分类分级实施指南（试行）》，同年8月通过 DSMM 三级认证，成为全国首家政务场景下通过 DSMM 数据安全成熟度三级认证的案例。

（资料来源：根据公开新闻整理。）

七、带动经济转型发展

除自身能力和治理水平提升外，数字政府建设还带动了经济社会的转型发展。从直接贡献看，数字政府相关产业快速增长，为数字经济发展做出重要贡献。"十四五"期间，在利好政策引导下，数字政府市场迎来了重要发展窗口期。

根据 IDC 测算，2022 年我国数字政府整体市场规模达 1372 亿元，整体市场到 2025 年都将保持相对高速的增长，预计到 2026 年将达到 2173 亿元的市场规模，复合增长率达 12%。具体看，基础设施建设和完善仍是数字政府投资的重点领域，2022 年政务云市场规模达 427.16 亿元，同比增长 21.47%，政务大数据平台和政务数据治理的市场规模分别达 49.6 亿元和 23.9 亿元。受益于云安全、数据安全及终端安全市场的大量需求，政务安全市场增长快速，2022 年同比增长 31.5%。行业应用整体处于发展阶段。

根据中国信通院数字中国发展与决策支撑监测平台数据，截至 2023 年 5 月，我国数字政府应用场景建设项目累计已超过 4.5 万个，"十四五"时期建设项目达 2.8 万个，其中 2020—2022 年，建设项目的数量逐年增加，分别为

6400个、9860个和10800个，市场需求巨大。涉及数字政府建设企业超过24万个，其中超过15个细分场景企业聚集企业规模超过5000个，特别是在智慧社区、智慧挂号、智慧教学等场景的企业竞争最为激烈。

从间接贡献看，数字政府建设推动营商环境优化，为数字经济持续健康发展保驾护航。

（1）数字政府打造了主动式、多层次的创新服务场景，精准匹配公共服务资源，推动企业更快、更便捷地获取各类政府信息和服务，实现"高效办成一件事"，降低了企业对传统政商关系的依赖。

（2）智慧监管、远程监管、穿透式监管等创新治理模式的采用，适应了数字经济快速、灵活、跨域的发展特征，能够降低企业的合规成本，增强企业发展的确定性和可预期性。

（3）公共数据作为数据要素市场优化配置改革的突破口，数字政府建设推动公共数据加快汇聚、流通和交易，有助于进一步释放数据红利，培育数字生态，为数字经济发展、数字社会建设创造良好条件。

第三节 存在的不足与发展挑战

尽管取得上述成绩，我国数字政府建设仍然存在一些不容忽视的问题。从国际比较看，在技术发展、基础设施、人力资本支持等方面，我国与领先发达国家存在一定差距；从自身发展看，我国数字政府建设新阶段起步不久，各方面体制机制还没有完全理顺，随着数字化技术快速更迭、人民需求不断升级，未来仍有较大的改革和想象空间，需要不断探索完善。

一、体制机制不顺，协同推进较难

当前，我国数字政府建设基本形成了高位统筹的组织领导格局，但国家与地方存在牵头部门"对不齐"的现象。国家层面由国务院办公厅负责组织推进，省市层面牵头部门则主要有政府办公厅（含代管政务服务局）、大数据管理部门和政务管理部门等形式。

一方面，各级数字政府牵头部门不同，其履职职责也往往差异较大，上级部署的数字政府工作要求，直属下级部门由于缺少相应职权可能"接不住"，不利于形成省、地市、县区一体化统筹的局面；另一方面，部分地区牵头部门职责权限不高，在横向统筹推进本地区数字政府建设时，难以在项目审批、资金分配、流程监管等方面，有效协调管理各条线部门的建设需求，容易出现"小马拉大车"现象。

二、建设运营脱节，总体把控较难

（1）"投建一体"统筹衔接不足。有的部门和地方政府尚未建立信息化项目与资金的扎口管理机制，信息化项目审批流程、资金统筹和监督管理效率不高，往往缺乏建设资金统筹利用规划。

（2）技术、业务和运营协同不足。缺乏专业运营队伍，尚未形成从数据归集共享提升到数据分析、数据决策的匹配运营能力和运营经费，即使有的地方成立平台公司，与专业厂商相比，往往缺乏专业人才与技术能力，存在对政府业务流程缺乏理解的情况，与最了解流程的业务部门和基层部门协同不足，很难做到有效利用信息化数字化手段来优化政府服务流程和提升政府履职能力。

（3）缺乏有效的平台监管和考核评估机制。一方面数字政府建设具有公益属性，需要公众和社会资本积极参与，但目前缺乏对相关领域平台公司垄断性的监管和社会资本公平进入的机制建设；另一方面对数字政府建设效果、运营效果缺乏绩效评估标准，大多数只是项目单位的定性评价，缺乏来自用户、基层、第三方的客观数据和量化依据。

三、数据责权错配，提效增值较难

(1) 对政务数据治理的重视程度不一。不少地方在数据资源建设过程中，缺乏全生命周期的数据治理规划与推进举措，大量政务原始数据质量不高，可读性、可用性不强。

(2) 数据资源缺乏实操性标准规范。由于前期统筹不足、各行其政，各地开展政府数字化转型过程中，标准化规范化程度较低，"野蛮生长"环境下数据采、用、管标准不一，数据冲突、数据碎片化问题较为普遍。

(3) 数据跨层级流动共享不足。基层数字化赋能水平低成为突出问题，尤其是与本地区民生密切相关的、共享需求大的法人、人口、教育、生育、婚姻等数据，主要都在垂直管理业务信息系统之中。据统计，国垂系统和省垂系统的事项数目占基层窗口办事项目比重达到90%~95%，但地方服务窗口与垂管系统无法有效对接、数据无法真正共享，集约化平台对基层治理的赋能作用亟待提高。

四、历史系统散乱，整合集成较难

(1) 既有系统散乱，系统林立现象依然存在。部分政府部门经费紧张，老旧系统运维成本不断叠加，整体运维压力较大。

(2) "信息烟囱"现象突出。多级部署、多家设计、运维分散等导致信息系统功能重复、业务内容单调不互通、数据难以开放共享、数据资源利用水平低、存在安全隐患等问题，基层人员重复录入、重复填报、部门间办事反复跑动等问题还未得到彻底解决。

(3) 跨部门、跨区域的应用协同和大系统、大平台建设薄弱。部分政府只从解决本部门业务需求出发考虑新技术的应用，导致系统整合困难，集成工作量大、周期长，系统运行与业务流程没有紧密结合与无缝衔接，存在业务与系统"两张皮"问题，与线上和线下相结合的一体化政务服务要求存在一定差距。

五、新建应用较多，有效使用较难

政府部门新建应用多，许多应用的月活跃度不高，部分应用未能有效满足政府履职需要，反而造成资源浪费、重复填报、日常工作负担重等问题。根据全国各省 2022 年第二季度政府网站和政务新媒体通报，超过 24 个省政务新媒体、APP 或小程序存在更新不及时、出现空白栏目等问题。其中的主要问题在于以下四个方面。

(1) 应用缺乏对新业务需求的敏捷响应能力。客观上政府职能随着时代发展在不断变化，但部分应用缺乏对个性化场景、使用者用户体验的优化，功能更新跟不上业务需求。

(2) 新应用开发缺乏落地性、基层化需求分析。部分项目前期论证调研不充分不彻底，导致建成的应用体验差、数据更新慢、业务逻辑不合规等问题。

(3) 线上线下协同布局的广度和深度不够。"最多跑一次"向"一次都不跑"转变有时还存在"最后一百米"的问题，政务平台仍未覆盖"应上尽上、全程在线"的重点业务场景和业务流程。

(4) 盲目追求新技术、新概念的现象屡见不鲜。有些地方建设投资的过程中，存在一定"面子工程、盲目跟风"的心理，盲目采用市场上新技术，缺乏对先进技术适用性、实用性的有效评估衡量，"花拳绣腿"难以应对一线实际问题。

六、长效运维遇阻，持续发展较难

数字政府建设普遍重设计建设而轻运维，建设与运维缺乏统筹考虑。

(1) 在建设过程中，资源分配重头轻尾。更多资源投入在平台系统的设计、优化、整合上，运维资金往往不能及时到位。

(2) 运维人员缺乏体系化保障。运维机构与人员缺少前瞻性规划部署，建设阶段与运维阶段过渡不畅，运维知识与技能传递不足，构成运维阶段的重要阻碍。

(3) 运维技术体系不完善。运维中以被动发现问题和处理问题为主，在日常运维、网络安全、数据安全等方面缺乏长效机制。

第五章

驱动引擎：新兴技术助推政府转型发展

科学技术是人类文明进步的关键驱动力。从历史看，每一轮技术重大突破，都会带来产业升级换代，推动社会生产力的跨越式发展，进而引发社会治理关系的深刻变革。我国政府信息化的发展历程，就是不断适应技术变革趋势，将新技术嵌入政府治理，调整治理关系、创新治理模式、提升治理效能的过程。在这一过程中，哪些技术发挥了关键作用，各类技术如何与具体场景结合进而提升治理效能，可能带来哪些新的风险，治理规则和手段应当如何进行适应性调整，是本章关注的重点问题。

第一节 "ABCD"四类技术推动政府转型

数字化技术为国家治理提供了前所未有的便利度和想象空间，能够赋能治理主体高效互动、治理决策过程科学、治理任务完成智能和治理领域管理精细，从而加快实现国家治理体系和治理能力现代化，为构筑国家竞争新优势提供有力支撑。"ABCD"技术，即人工智能（Artificial Intelligence）、区块链（Blockchain）、云计算（Cloud Computing）和大数据（Big Data），构筑了数字时代的基石，代表了未来一段时间内信息技术发展的方向，是当前政府治理中应用较广泛、着力拓展深化的四类技术。

一、大数据技术：实现精细治理

大数据技术是新一代数据管理与分析技术。与传统的以结构化数据为管理对象、在小数据集上进行分析、以集中式架构为主的数据管理与分析技术相比，大数据技术具备面向多源异构数据、在超大规模数据集上进行分析、以分布式架构为主等特征。通过对指数级增长的数据进行收集、集成、挖掘、共享等，大数据技术能够辅助政府开展趋势研判、特征挖掘、监测分析、风险预警等，显著提升治理能力，降低治理成本。

第五章　驱动引擎：新兴技术助推政府转型发展

在推动精细化治理方面，利用大数据技术融合、分析海量多源数据，能够准确把握事物发展的特征规律，预判态势走向，针对不同情形生成科学决策建议，提升治理有效性和精准性。例如，上海市融合汇聚公安、民政、人社、残联、房管、卫健等部门数据资源，形成民生大数据池，对辖区居民和家庭进行精准画像，对于不愿意主动提出救助需求的市民，通过民生大数据分析进行精准识别，提供主动救助服务。浙江省针对平台经济监管上线"浙江公平在线""浙江外卖在线""浙江知识产权在线"等数字化监管应用系统，利用大数据技术监测、抓取、分析网络平台的舆情数据、违法行为，推动监管从被动走向主动，实现风险关口前移。天津市交通运输委利用大数据技术对法院认定的失信执行人进行联合惩戒，在失信执行人申请购置或更新非经营必需车辆时，系统会对失信被执行人信息自动对比、自动拦截，提示工作人员对其采取限制措施。

在应急管理等复杂场景治理方面，通过大数据技术融合分析社会、生产、交通等空间地理信息及人口分布信息，在自然灾害、事故灾难、社会安全事件等突发事件发生时，针对各类灾害处理全过程中涉及的人、地维度数据进行精细化分析，实现重点区域监测预警、公共预警短信发送、涉险人员实时定位、灾后损失评估等，构建事前、事中、事后全流程现代数字化应急管理体系。

例如，在城市跨年活动、重大节假日期间，多地利用通信数据、视频数据等动态分析特定区域实时人流量情况，建模预测峰值客流量数据，提前部署安防力量，防止踩踏等事故发生。在特大洪涝、特大暴雨等自然灾害救援中，救援部门利用大数据的实时监测追踪、融合分析能力，及时获取受灾信息，如受灾人员位置、受灾区域环境等，支撑合理分配救援力量，在灾后融合通信、经济、人口等多源数据，对受灾损失进行科学评估，合理安排灾后重建工作。

在趋势监测及分析方面，结合通信、园区、产业、物流、人口、投融资等大数据，能够在宏观或微观尺度上，刻画全国、各地、园区等不同层面的经济发展情况，辅助产业决策。例如，央视新闻频道基于中国联通"智慧足迹"就业大数据，对疫情之下2020年全国农民工就业数据进行报道，刻画河南省外出务工及本地就业人数变动情况，反映助企纾困等政策扶持下就业形势向好的基本趋势。

数据显示，2020年一季度末，劳务输出大省河南外出务工人数同比大幅下降，就业压力激增。面对人员流动不畅、用工需求减少，河南省出台一系列助企纾困帮扶政策，通过专车、专列、包机，将农民工"点对点"输送到务工岗位，同时全力拓宽省内家门口就业渠道，截至2020年4月，河南本地就业的人增多，同比增幅高达30%。

在城市规划和发展方面，利用规划、产业、交通等方面大数据，能够刻画城市等人流、建筑、交通、土地等要素，为城市基础设施建设、商业发展布局、职住平衡评估等提供统计学数据支撑，推动城市建设从传统模式走向准实时化和在线化。例如，北京市基于多源数据建成人口监测分析系统，动态分析各街道、乡镇居住用户、工作用户的变化情况，并进行人口增减排名，为北京市政府人口统计、调控、监测提供有效数据支持，提升区域人口管理及监测的工作效率，合理制定人口疏解政策。中国联通借助通信大数据对京津冀、长三角、珠三角三大都市圈的人口热度、联系强度、外来人口浓度等进行评估分析，识别不同都市圈的发展特质，为推动都市圈科学发展提供依据。

实践案例5-1：杭州市基于通信大数据，开展地铁规划研究

地铁作为一种快速、大容量的交通工具，成为众多市民依赖的通勤方式和缓解大城市交通压力的重要支撑。目前，杭州地铁总运营里程已达206千米，位于全国第11位，下一步将开展地铁四期规划，进一步拓展地铁覆盖范围。浙江清华长三角研究院新经济发展研究中心借助中国联通的手机信令数据，选取杭州市10个市辖区内规划较为成熟的107个街道作为主城区研究范围，分析杭州市民通勤行为，尤其是跨区长距离通勤与地铁覆盖的关系，进而探索识别对乘坐地铁需求较高但供给不足的板块，为最新的地铁线路规划提供参考。具体做法为：

（1）依托中国联通"智慧足迹"数据，以杭州市已批复的一、二、三期的地铁路网、261个轨道站点和行政边界数据为基础，通过筛选跨街道通勤数据并统计各街道通勤流入、通勤流出和总通勤流量，刻画各街道长距离通勤需求。分析发现：整体上，跨区通勤需求呈现出从中心城区到远郊区"中—高—中—低"的空间格局，然而作为跨区通勤最活跃的近郊区，地铁网络却不够密集。具体看，杭州市各区域之间通勤强度不一，形成了联系紧密的六个通勤圈层。

（2）在通勤行为刻画基础上，以街道为研究尺度，通过比较2022年地铁覆盖和市区人口通勤数据，结合杭州市地理格局和通勤圈层情况，利用矩阵分析，展示地铁供需关系，并将其分为成熟型、成长型、洼地型和贫瘠型四类。其中，成熟型指通勤人数和地铁覆盖比例均较高的地区；成长型指地铁站点覆盖较为密集的地区，但由于产业空心化等原因，工作机会减少，未来通勤需求可能减弱；洼地型指地区地铁资源较少，但市民长距离通勤流量大，需求较为旺盛，需要在地铁规划时着重关注；贫瘠型指地区多处于城市边缘位置，人口密度低，日常通勤也以内部联系为主，长距离通勤人数少，若规划地铁经济效益不高。

（资料来源：浙江清华长三角研究院新经济发展研究中心。）

从整体推进看，大数据技术在政府治理场景中应用进展较快、成效显著。根据赛迪CCID统计，2021年我国大数据分析市场下游行业中，金融、政府、电信和互联网位居应用领域前四名，市场占比分别为19.1%、16.5%、15.2%和13.9%，合计超过60%；其他重点应用领域主要包括健康医疗、交通运输、工业、电力等。从应用模式看，普遍通过建立大数据平台的方式提升业务部门对数据的开发利用能力，降低使用门槛。例如，在经济治理、市场监管、社会管理、公共服务、生态环境保护等主要职能领域，我国均已部署大数据监测分析平台，包括国家规划综合管理信息平台、在线监管平台、公安智慧警务平台等。

IDC 数据显示，全国范围内省、市、县三级大数据平台增长迅速，2023年增长率达 19.2%，整体市场空间为 59.1 亿元。从服务对象上看，正在从决策层向基层业务人员延伸。由于数据分析工作的专业性和复杂性，传统数据应用依托专业的数据分析工具及数据分析师等，主要以大屏、报表、领导驾驶舱等形式，用于辅助领导开展周期性的大决策。这种模式决策效率低、线条粗，无法精细指导基层人员的业务执行。

随着市场逐渐加速变化，在固定的分析逻辑和报表基础上，数据应用向个性化、多样化转变，伴随自助式分析工具的成熟，数据应用门槛不断降低，业务终端小决策中的数据应用渗透率也在不断提高。例如，华为提出"大数据+AI 平台"解决方案，可直接用于社区网格运营人员数据采集、填报、报表等环节，赋能基层治理减负增效。

二、人工智能技术：助力科学决策

人工智能可以理解为用机器不断感知、模拟人类的思维过程，使机器达到甚至超越人类的智能。通常认为，人工智能应用具有自学习、自组织、自适应、自行动的特点，有近似生物智能的效果。当今的人工智能技术以机器学习特别是深度学习为核心，在视觉、语音、自然语言等应用领域迅速发展，已经开始像水电煤一样赋能各行各业（见图5-1）。

政府治理是人工智能应用较为广泛和活跃的领域。利用人工智能技术可大幅提升政府科学决策、主动服务、精准治理的能力，通过构建"城市大脑"等智能中枢，还可整合智慧管理、智慧服务、智慧自治以及智慧共建等功能，最大限度

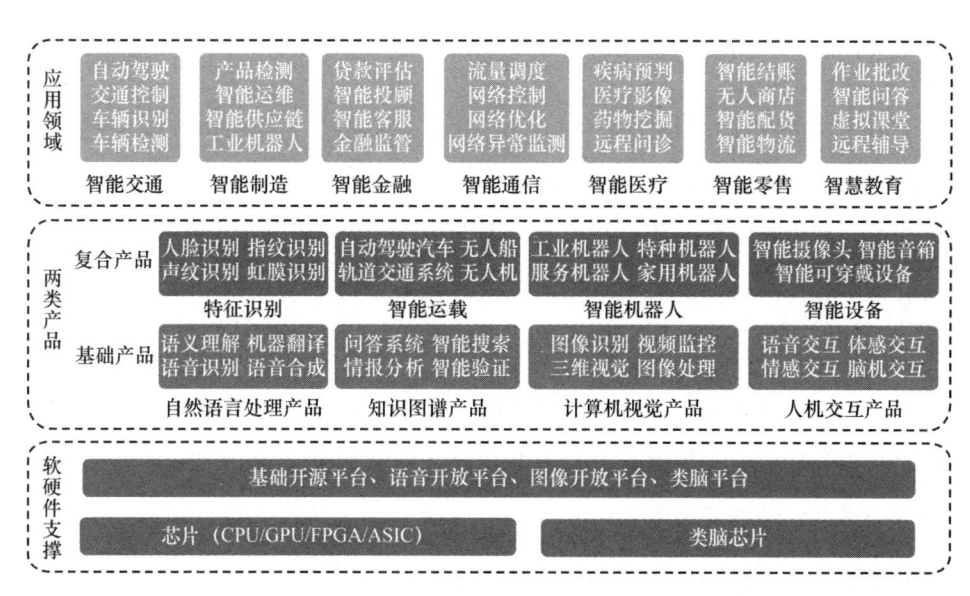

第五章　驱动引擎：新兴技术助推政府转型发展

应用领域	自动驾驶 交通控制 车辆识别 车辆检测	产品检测 智能运维 智能供应链 工业机器人	贷款评估 智能投顾 智能客服 金融监管	流量调度 网络控制 网络优化 网络异常监测	疾病预判 医疗影像 药物挖掘 远程问诊	智能结账 无人商店 智能配货 智能物流	作业批改 智能问答 虚拟课堂 远程辅导
	智能交通	智能制造	智能金融	智能通信	智能医疗	智能零售	智慧教育

两类产品	复合产品	人脸识别 指纹识别 声纹识别 虹膜识别	自动驾驶汽车 无人船 轨道交通系统 无人机	工业机器人 特种机器人 服务机器人 家用机器人	智能摄像头 智能音箱 智能可穿戴设备
		特征识别	智能运载	智能机器人	智能设备
	基础产品	语义理解 机器翻译 语音识别 语音合成	问答系统 智能搜索 情报分析 智能验证	图像识别 视频监控 三维视觉 图像处理	语音交互 体感交互 情感交互 脑机交互
		自然语言处理产品	知识图谱产品	计算机视觉产品	人机交互产品

软硬件支撑	基础开源平台、语音开放平台、图像开放平台、类脑平台
	芯片（CPU/GPU/FPGA/ASIC）　　　　类脑芯片

图 5-1　人工智能产业应用视图

资料来源：中国信息通信研究院。

优化政府、市场和社会的各项信息资源，提升政府治理的智能化和自动化水平。

自然语言处理技术赋能内部办公、办文、办会，将大量人员从繁复冗杂的事务性工作中解脱出来。在文书写作场景，多部门探索利用人工智能大模型文字生成能力，根据已有的文档格式、内容等直接输出文章或辅助搭建框架。

例如，在司法领域，利用大模型帮助群众撰写诉讼文书，提供法律援助；在日常办公中，利用公文写作助手快速输出写作思路或初稿。此外，人工智能还可成为文书写作的"监督者"，如果公务人员写作的内容存在错误，可以进行核对检查和修改。在会议场景，通过人工智能语音识别、语义理解等能力将会议语音转化为文字，在此基础上进行会议摘要提炼，并根据会议摘要撰写新闻稿、通知等，实现二次文字生成。如果将会议系统与会议室预订系统、邮件系统打通，还可利用一个指令实现全流程会议场景。

知识图谱技术赋能知识检索、智能问答、分析决策等场景，优化办事和服务流程，提升决策效率。在知识检索和智能问答方面，目前已有超过一半的省级政务服务网站部署了智能服务助手,实现与用户 24 小时在线即时互动。对于简单的政务服务事项如居住登记、个人落户、疫苗接种等,智能助手能够快速给出事项办理指南。部分省市还上线了"政策体检""免申即享"等服务,利用智能数据核验技术和机器深度学习技术,对政策申报条件进行核验规则建模,对企业历史申报数据进行深度学习训练,为企业用户提供关于符合扶持政策程度的智能测评、体检报告和申报引导服务。在分析与决策方面,多个行业部门利用知识图谱辅助开展领域的大数据分析和决策。例如,原国家安监总局构建了政府垂直行业知识库、科技部知识库,司法部门构建了事理图谱以辅助判案等。

实践案例 5-2:山东特巡警自动化调度决策

> 为提高全省特巡警队伍信息化、实战化、正规化建设,推动"省市县一体化"机制落地落实,山东省公安厅特警总队搭建全省特巡警自动化调度平台,通过获取、显示当前任务相关天气、时间、路况、增援到位率等数据信息,实现特警应急处突快速反应、快速决策、快速部署"零延迟"。特巡警自动化调度平台能够在已知事发地的情况下,根据层级增援机制,采用迪克斯特拉算法(Dijkstra)实现自动化路径决策,快速为每一处增援力量制定出最优增援路线,保证第一时间形成最优增援方案。
>
> 特巡警自动化调度平台上线后,只需在给定表单中选定突发事件的应急响应等级和事发地,平台会自动处理所有数据并生成增援调度方案。通过前期封闭测试数据,对全省一级事件(全省特巡警应急响应层级最高、人员调动最广的应急事件),平台仅需 0.00419 秒即可自动生成并显示完整增援调度方案,为全省应急处突的快速反应、科学决策和"零延迟"部署提供有力保障。
>
> (资料来源:山东省大数据局)

计算机视觉技术赋能公共安防、智能交通等场景，延伸社会治理感知"触角"，提升城市综合治理的效能和水平。在公共安防方面，人工智能已广泛应用在社会治安、犯罪侦查、防暴反恐、灾害预警、食品安全等领域，通过人工智能可准确感知和预测社会安全运行的重大态势，保障人民生命财产安全。艾瑞网数据显示，2022年中国计算机视觉应用下游领域中，泛安防是应用最广泛的领域，应用占比达56.5%。

在交通管理方面，多个城市建立了智能交通系统，利用雷达传感器和摄像头实时分析城市交通流量，利用人工智能算法决定交通灯色转换时间，优化城市道路网的交通流量。在城市巡查方面，人工智能帮助基层巡查工作人员延伸感知"触角"，实现足不出户即可监测处置城市治理的异常事件。例如，苏州市水务局与华为公司、苏州移动等合作建成河湖监管平台，利用"人工智能+5G"技术，实现平江河附近不文明行为的24小时抓拍，随后将抓拍情况通过高速光纤反馈至视频智能分析平台，进行智能精准识别和记录取证。后台在收到系统视频或图片推送后，将相关情况第一时间反馈给执法人员，由其进行上门执法或宣传。从上线开始，苏州河湖监管平台已经抓拍到大量不文明行为，包括倒水、洗拖把、洗衣服、抛物等，大幅减少了人工巡查和监管压力。

实践案例 5-3：杭州"城市大脑"助力交通治堵

随着全球经济高速发展，城市化进程不断加快，机动车保有数量增长，道路交通运输量不断增加，各种交通问题凸显。在高德地图发布的《2015年度中国主要城市交通分析报告》中，杭州市高居全国最堵城市榜单第四名，高峰拥堵延时指数达1.98，即高峰时段出行要比通畅情况下多花约一倍时间。该报告指出，2015年杭州市每天有六小时以上处于拥堵或严重拥堵状态，全年累计拥堵时长超越一线城市北京、上海、广州、深圳，成为年度全国堵车时间最长的城市。

> 为解决城市交通治理难题，2017年，杭州市上线城市大脑交通平台，以人工智能辅助交通治堵为突破口，开启"用数据研判、用数据决策、用数据治理"的城市治理新模式。
>
> （1）实现交通路况动态感知。借助电子地图、卫星定位、远程监控、人脸识别等数字化技术，实现车辆在途数、拥堵指数、延误指数等七项数据的实时感知，精准掌控城市交通的运行态势，再通过后台数据分析及时发现各类交通事故、违法停车情况，向平台发出报警，在节省警力的同时高效治理交通的堵点、乱点。
>
> （2）实现交通信号灯智能调控。建立"城市大脑"交通信号配时中心，依托机器深度智能学习，应用大数据算法，找到适合杭州市本土混合交通模式的最佳配时方案，实现对道路信号灯的统一独立调控。
>
> （3）借助大数据开展决策。利用大数据技术，统计分析得出影响路面交通管理的关键因素，建立数据分析模型，提前预判交通流、拥堵、安全风险等趋势，实现城市交通管理的预警、预判、预决。经过一年的大数据交通治堵，2017年杭州市高峰拥堵指数排名迅速从全国第八名降至第四十八名，路网高峰拥堵延时指数也实现逐年下降，治堵明显效果。
>
> （资料来源：根据公开新闻整理。）

人机交互技术赋能政务大厅、政务热线等多服务渠道建设，有助于改善政民互动体验，提升群众获得感。在线下政务大厅，多地引入便民政务机器人，为企业群众提供智能引导、语音、录音等在线交互咨询帮办服务，可以有效分流人群，减少排队时间，既提升群众体验，又减轻窗口的工作负担。在政务热线渠道，通过语音交互、语音识别等可实现来电热线的智能导航，提供知识和话术推荐、问答生成、辅助填单、事件智能分拨，满足热线从咨询问答到质检归档的全流程智能集成受理，缩短热线接通时间及话务座席填单时间，有效缓解热线数量逐年增加带来的人员服务压力。

从应用推进看，各地政府对人工智能技术应用保持较高热情，尤其是大模型技术的发展推动了地方新一波应用热潮。据公开资料整理，国内至少已有 56 家大模型厂商部署了政务领域应用产品，各地已初步在政府办公、公文写作、政务服务、智慧司法、智慧党建、城市管理、公共安全七大类场景开展大模型应用探索，广东、上海等地出台专项文件要求推动大模型技术在数字政府领域的应用。但是，目前人工智能技术应用仍局限在少数发达省份和大城市，地区间应用水平呈现较大差异。

根据中山大学数字治理研究中心和科大讯飞发布的《治理的数字化转型（2021）——政务服务智能化建设的现状与未来》调查显示，已部署人工智能应用的政务服务网站主要集中在少数省会城市及重点城市；东部和中部地区的政务服务智能化应用覆盖率较高，是西部地区覆盖率的两倍以上；网页端部署领先于移动端（见图 5-2）。城市大脑方面，据政府采购网刊发的全国信标委智慧城市标准工作组《城市大脑发展白皮书（2022 版）》不完全统计，2018—2021 年共有 41 项城市大脑招标项目，主要集中在北京、上海、广州、杭州、深圳等大城市及东部地区。

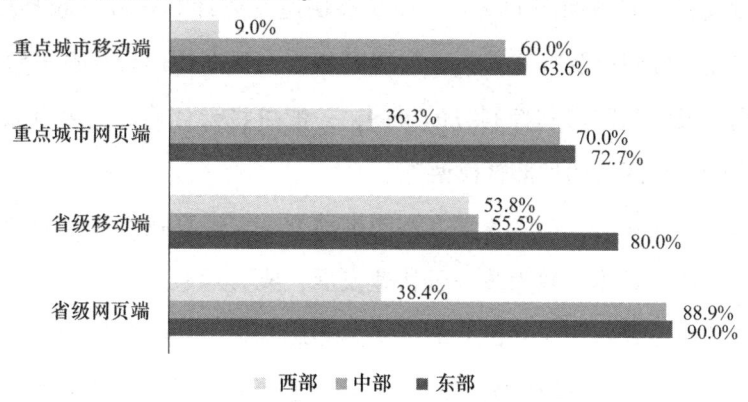

类别	西部	中部	东部
重点城市移动端	9.0%	60.0%	63.6%
重点城市网页端	36.3%	70.0%	72.7%
省级移动端	53.8%	55.5%	80.0%
省级网页端	38.4%	88.9%	90.0%

图 5-2 不同地区政务服务智能化建设的覆盖情况

资料来源：中山大学。

从应用基础看，我国政府对人工智能技术的应用和准备情况较发达国家还存在差距。英国牛津洞见（Oxford Insights）发布的《全球政府人工智能就绪指数》（Government AI Readiness Index）显示，2023年全球各国政府借助人工智能及其产品向其公民提供公共服务的准备程度存在不同，美国排名第一，新加坡第二，英国第三，我国排名第十六名。与美国（总分为84.80）相比，我国（总分为70.94）存在约14分的总分差异，我国在人工智能独角兽企业数量、计算机软件支出、人工智能风险投资等方面与美国存在较大差距，成为主要失分点，意味着我国政府开展技术应用的外部资源支持可能存在不足。此外，在数据治理、数据开放等维度，我国亦得分较低。

三、云计算技术：资源弹性部署

云计算是一种基于互联网完成服务增加、使用和交付的模式。ISO/IEC标准化组织在2014年发布的《信息技术　云计算　概述和词汇》（*Cloud computing-Overview and vocabulary*）中给出了云计算的定义：云计算是一种以网络方式接入一个可扩展、弹性的共享物理或虚拟资源池的服务模式，客户可以通过自服务和管理的方式来按需购买该服务，也即，云计算客户只需要很少的管理手段或者与服务商间的交互，便能够快速完成计算资源（包括服务器、网络、存储、应用以及服务等）的扩展和释放。根据使用云计算平台用户范围的不同、云资源归属和控制方的不同，一般可将云计算分为公有云、私有云、混合云、社区云四种部署模型。[1]

近年来，在政府、企业等多方共同推动下，云计算技术在政务领域落地速度不断加快，具体体现为政务云快速发展，成为承载数字政府各类重要系统和设施的算力底座，支撑各类业务应用灵活部署、快速实施。从需求侧看，政务上云全面普及，各地依据"应上尽上"的原则积极推进政府各部门及相

---

[1] 何宝宏，栗蔚，王国桢．党政机关如何采购和建设政务云［M］．北京：中共中央党校出版社，2020．

应业务系统上云，持续推动政务云下沉区县。

从供给侧看，近年来政务云市场规模实现了高速增长。其中，政务专属云基础设施建设趋于阶段性饱和，市场份额超过70%，建设进度放缓。政务公有云基础设施需求不断增多，随着大数据、人工智能、物联网等技术在政务领域不断渗透，政务信息系统承载的数据量随之激增，对云计算资源弹性扩展提出更高要求，如2020年新冠疫情期间，政务公有云基础设施市场规模较上年度激增62%。政务云安全建设需求不断升级，我国成为全球网络安全市场增速最快的国家，2021年数字政府安全市场规模近120亿元，同比增长31.5%。云安全是其中增速最快的领域，2021年政务云安全市场规模达40.6亿元。

随着政府业务加速向云上迁移，网络范围和安全边界扩大，业务需求不断升级，政务云建设迈入"深水区"，政务云发展从单独建设为主开始向集约高效、安全可信的一体化建设和运营演进，以破解互联互通难、异构管理难以及资源调度难等问题。从上云情况看，政务上云仍有较大空间。

IDC数据显示，2022年云架构部署的政府信息系统仅占约25%，传统IT架构占比在75%左右，预计到2024年云架构占比将超过30%。同时，地区之间政务云资源分布不均，整体呈现东强西弱、南强北弱的局面。从利用效能看，云资源利用效率普遍不高，部分地区已建政务云设施的使用率在50%以下，CPU、内存、存储等关键指标使用率较低。政务云对业务赋能还不够明显，缺少高阶共性支撑能力，在高并发场景支撑及支撑大系统、大平台建设能力等方面还比较薄弱。

从管理机制看，国家层面还缺少对一体化政务云建设的统筹规划，各个地方的实践路径分化严重，云资源底数不清。在运营管理上，大多数地区可以实现云资源"可视"，但距离可管可控还有较大差距，无法实现资源自动调整、弹性伸缩。从技术路线看，政务云市场的竞争格局分散，厂商数量较多，不同厂商的技术路线分化，给后期的统筹管理带来难题。

2022年,《国务院关于加强数字政府建设的指导意见》提出,要依托全国一体化政务大数据体系,统筹整合现有政务云资源,构建全国一体化政务云平台体系,实现政务云资源统筹建设、互联互通、集约共享。目前,各地区按照省级统筹原则开展政务云建设,集约提供政务云服务,大部分省份已经出台政务云一体化建设相关政策部署。在统筹方式上,普遍通过省级统筹、省市两级分建,形成物理分散、互联互通、分级管理的政务"一朵云"。在管理机制上,普遍按照"一局一中心一公司"的模式建立协同工作机制,实现管理、维护与调度、运营三方责任分离。可以预见,未来政务云的一体化统筹将进入加速阶段,更充分地实现资源的弹性部署和利用,以适应业务快速创新、规模持续扩大、复杂度和智能化升级等需求。

四、区块链技术:营造可信环境

区块链是分布式的网络数据管理技术,利用密码学技术和分布式共识协议保证网络传输与访问安全,实现数据多方维护、交叉验证、全网一致,具有高度防篡改、历史可追溯、数据安全可信、分布式异构多活、自主智能执行等优点,是全新的信息网络架构,是新型的价值交换技术、分布式协同生产机制,以及新型的算法经济的基础。近年来,随着 Web 3.0、数据要素等概念深化,区块链产业迎来新发展,区块链基础设施建设规模初显,应用体系逐步形成,为赋能实体经济和公共治理奠定了良好基础。

将区块链应用于政府治理,可实现穿透式监管和信任逐级传递,为促进数据共享、优化治理流程、降低运营成本、提升协同效率等提供可信新路径。从具体场景看,区块链在政务数据共享、公共数据流转、多方协作等方面应用潜力较大。

政务数据共享方面,通过区块链提供的身份认证、电子印章、溯源留痕、存证验真等能力,将政务数据或数据目录上链存储,实现数据来源、使用、流转、授权等信息完整记录,最终实现在政府部门不直接开放全部数据的情况下,满足部门间数据共享的隐私保护与交换需求。

例如,北京市已建成市级目录链系统,将全市 80 余个部门的市级数据目录、16 个行政区与经济技术开发区的区级数据目录,以及民生、金融等领域 10 余家社会机构的数据目录全部上链,实现了对数据调用、授权访问的全过程管理和留痕,从而支撑政务大数据的开放探索和产业应用。南京市税务部门在跨链对接的基础上,将不动产登记业务数据结果上链,累计上链业务数据 2.5 万笔、交易权利人数据 3.95 万条、房屋数据 2.5 万条,存证数据近 10 万条,全面实现链上数据"零丢失""零修改"和多方实时共享。

实践案例 5-4:北京构建"目录区块链",破解数据共享应用难题

针对大数据工作中长期存在的共享难、协同散、应用弱等问题,在北京市大数据行动计划的指引下,结合政务数据资源的共享应用实践,北京市经济和信息化局、市委编办和市财政局牵头政府各相关部门开展"职责—数据—库表"三级目录体系建设,打造了职责为根、目录为干、数据为叶的"目录区块链"系统,将全市 53 个部门的职责、目录以及数据高效协同地联结在一起,开展了一场前所未有的"数据革命"。

作为全市大数据行动计划的"定海神针","目录区块链"系统利用区块链理念,将全市政府部门和区的职责、目录、系统上链锁定,完成"上户口",实现数据和职责的强关联、数据变化的实时探知以及数据访问的全程留痕,保证各部门、各区目录可见、可用、可考核,为全市大数据的汇聚共享、数据资源的开发利用以及营商环境的改善提升等工作提供支撑。

北京市在构建"目录区块链"中采取了三大创新举措。

(1)推进大数据行动计划核心工作组成员单位(市委编办、市经信局、市财政局）协力攻关，严格依据部门职责确定部门数据责任，实现"职责—目录—数据"的强关联、严绑定，为数据、系统、应用上了"户口"，形成全市"数据目录"一本大台账，解决了数据缺位、越位的问题。

（2）建立健全全市三位一体的目录体系，利用区块链的分布式存储、不可篡改、合约机制等特点，依托"目录区块链"将部门间的共享关系和流程上链锁定，建构起数据共享的新规则、新秩序，共享单元下沉定位到"处室"，为共享、协同、整合立了"规矩"，解决了数据流转随意、业务协同无序等问题。

（3）所有的数据共享、业务协同行为在链上共建共管，无数据的职责会被调整，未上链的系统将被关停，建立起了部门业务、数据、履职的全新"闭环"，解决了应用与数据脱节、技术与管理失控等问题。

截至2020年8月，除涉密单位外，北京市53个市级部门基本完成上链，16个区开展三级目录体系建设，一批数据专区代表先行上链。市级目录区块链已正式"锁链"，线上数据共享流程同步开启，各部门数据共享的申请、授权、确认、共享、使用的全流程在目录区块链管控下自动执行，各环节操作实时记录上链，全程留痕可追溯。以不动产登记为例，上链前该业务涉及交易、缴税等四个环节，时间需要五天，还需要提供户口簿、结婚证等纸质材料。现在，只要登录"北京市不动产登记领域网上服务平台"或者到不动产登记大厅就可以体验方便快捷的新流程，通过"链"上实时调用公安、民政等多个部门的户籍人口、社会组织等标准数据接口，一个环节、一次性即可办结。

（资料来源：国家发展和改革委员会高技术司。）

公共数据流转方面，通过区块链将信用、交通、医疗、卫生、就业、社保、统计、教育、气象等与民生紧密相关、行业增值潜力显著的公共数据进行可信授权共享，并结合地方数据交易所、公共资源交易中心等机构，探索数据确权及流通机制，实现区域内数据要素的跨行业跨部门可信交互和价值传递，打通数据共享和流通障碍。例如，四川省成都市基于"蜀信链"建设成渝地区公共信息资源共享应用，在国内率先建立起公共信息资源标识和确权体系，针对民政、工信、公安、税务、财政等各政府部门用户，开展成渝地区政务数据资源的标识、整理和确权工作，实现数据要素流通中数据唯一确权、数据交易真实可信，提升资产交割效率。

多方协作方面，利用区块链打破各部门信息孤岛，建立政府部门间点对点的可信网络，实现公民/法人的可信电子证照的全面归集和共享，为各行各业提供可验证、可授权的数字身份基础设施服务，充分保护用户信息的隐私性和安全性。例如，重庆市基于"山城链"建设"公积金信息共享联盟链"场景，支撑公积金提取实现"零材料、零跑腿""指尖办、秒级到账"，大幅提升服务效能，为住房公积金协同创新发展提供有力的信息化支撑，助力成渝两地住房公积金机制探索创新。

从应用推进看，我国"政务+区块链"整体发展较快，是技术应用较为活跃和广泛的领域。根据《政府区块链项目招投标普查报告（2021）》，2020年政务区块链项目落地应用达 72 个，呈现快速增长趋势。北京、广东、上海、浙江等数字化发展较快的地区，已经形成一定的产业规模。例如，北京市大力推进区块链技术在政务服务领域的应用，2020 年落地 300 多个应用场景；江苏省鼓励具备基础的地区构建城市级政务区块链网络，打造城市区块链大数据共享、协同、管控平台，落地数据共享平台、资金监管等政务区块链项目；深圳市"i 深圳"区块链电子证照应用平台于 2019 年底已支持 24 种常用证照上链，电子证照线下办事授权用证支持 100 余项高频政务服务事项。[一]

从政策支持看，国家大力探索"政务+区块链"在公共服务场景的应用。

[一] 智慧城市产业生态圈．政务区块链建设指南白皮书（2022）[Z]．2022．

"十四五"规划纲要提出，要加强区块链技术创新，以联盟链为重点发展政务服务等领域应用方案。2022年1月30日，中央网信办等16部门联合公布国家区块链创新应用试点名单，包括15个综合性试点和164个特色领域试点，其中50%的项目由政府机关主导建设，涵盖"区块链+政务服务"和政务数据共享、税费服务、审判、检察、民政、人社、教育、卫生健康等场景。多地省、市两级政府面向数据共享、资源管理等公共服务共性需求，加快探索城市区块链基础设施建设，统一承载相关应用，提升区块链技术平台和应用的管理效能，促进区域内数据要素跨机构、跨平台、跨行业有序流动和高效共享。

据不完全统计，截至2023年底，全国范围内已有10余个城市的区块链基础设施建设完成并投入使用，如由四川省主导建设的"蜀信链"、河南省主导建设的"河南链"、重庆市主导建设的"山城链"、浙江省杭州市主导建设的"之江链"、贵州省贵阳市主导建设的"主权链"、江苏省无锡市主导建设的"太湖链"等，均已在一定程度上达成体系化、规模化建设成效，能够支撑未来公共服务领域区块链的规模化发展需求。

第二节　数字化技术应用引发治理风险

数字化技术赋能具有双面性，在进一步推动政府治理科学化、精细化、高效化的同时，也伴随着一系列新的问题和挑战，如数据孤岛的治理技术挑战、技术风险的治理能力挑战、发展和安全冲突挑战等。同时，由于不同数字化技术的特征、发展成熟度、适用场景以及嵌入方式不同，在具体场景应用时也可能带来不同的治理难题，需要逐一识别、分别规范。

一、数字化技术应用面临共性治理问题

1. 数字化技术的应用落后于政府治理需求，对部分现实问题解决不足

（1）部分技术发展和应用还不够成熟，在行政管理领域的应用以点状为

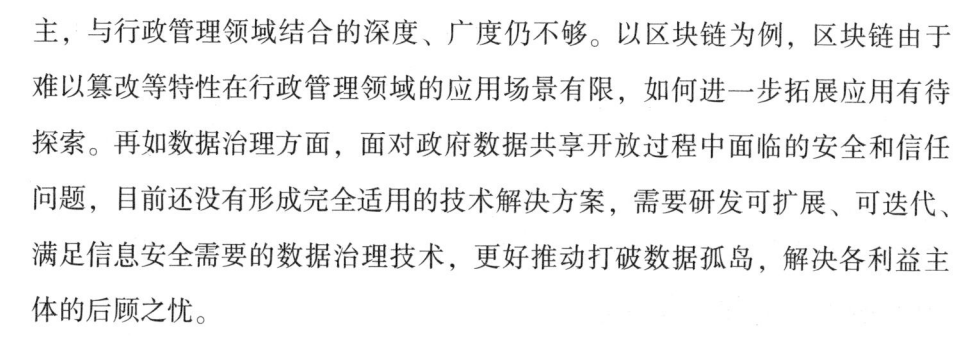

主，与行政管理领域结合的深度、广度仍不够。以区块链为例，区块链由于难以篡改等特性在行政管理领域的应用场景有限，如何进一步拓展应用有待探索。再如数据治理方面，面对政府数据共享开放过程中面临的安全和信任问题，目前还没有形成完全适用的技术解决方案，需要研发可扩展、可迭代、满足信息安全需要的数据治理技术，更好推动打破数据孤岛，解决各利益主体的后顾之忧。

（2）技术应用带来的一些问题还需要通过不断发展新技术来应对。例如，在人工智能应用方面，由于算法的不透明性以及科技产品的非主体性，当算法做出错误决策甚至侵犯到人们的权利时，责任主体模糊使得监管部门陷入审查难、问责难的困境，需要从技术侧研制算法公平和算法安全治理技术以保障公平公正。

2. 数字化技术所提供的新型治理工具、所催生的治理模式与现有治理体系不相适应

例如，一个典型问题是，政府信息化项目审批较难跟上数字化技术快速更新迭代的步伐。一般情况下，政务信息化项目立项审批流程与传统工程项目类似，由发改委立项、财政部门安排资金、政府采购部门招标，需花费一年甚至更长时间来完成相关手续，但数字化技术发展更迭飞速，因此可能出现建成即落后的尴尬局面。《国家政务信息化项目建设管理办法》提出，精简政务信息化项目审批手续，对于已纳入国家政务信息化建设规划的项目，可直接编制可行性研究报告，促进各部门聚焦紧迫需求开展建设，实现快速迭代。但从各地实践看，政务信息化项目仍存在审批周期较长，难以跟上技术迭代发展的问题。

另一个典型问题是，政企合作运营模式不完善，难以适应新技术的部署应用需求。随着数字政府建设进程加快，政企合作从浅层次的项目采购向委托运营模式转变，企业参与政府信息化项目运营的情况越来越普遍。但是，目前公开文件中对企业参与政府数字化项目运营的规范还比较少，现实中常常引发治理风险。

（1）政府引入新技术应用的需求不断提升，但对技术风险的监管能力不足，与需求不对称。对于企业是否落实安全运营要求、是否违规扩大数据使用范围，政府常常缺乏有效的监测手段，近年来曾多次出现企业运营的政务云数据泄露、应用崩溃等情况。

（2）政企合作过程常常存在信息不对称、供需对接难的问题，企业基于单一标准化的技术研发，可能无法满足政府复杂流程改造及定制化、个性化的需求。

（3）运营企业之间的技术路线往往存在差异，客观增加了政府间平台互联互通的难度。例如，在政务云公有云 IaaS 市场中，分布有阿里云、浪潮云、天翼云、华为云等数十家单位，受技术路线的差异性和数据迁移的复杂性等条件约束，各地政府的数字化改造往往对云运营企业存在一定依赖性，同一省内不同层级、不同地市可能采用不同的云服务提供商，对未来开展云的统一管理、互联互通、资源弹性部署等造成较大挑战。

3. 数字化技术应用带来的社会性问题治理不足，导致新的数字秩序治理困境

（1）数字化技术广泛应用带来数字安全动态性、复杂性大幅提升。随着各项业务向线上迁移，数字政府的网络安全暴露面逐步扩大，风险加剧。例如，新冠疫情期间大量办事服务转为线上，我国境内曾出现大量以"统一企业执照信息管理系统"为标题的仿冒页面，仅 2020 年 11~12 月就监测发现此类仿冒页面 5.3 万余个。[一]新技术大规模应用带来的新型安全问题不断涌现。例如，随着云计算的快速发展，越来越多的重要信息系统和业务场景向云平台迁移，云平台越来越成为网络攻击的重灾区。发生在我国云平台上的各类

[一] 国家计算机网络应急技术处理协调中心. 2020 年中国互联网网络安全报告［M］. 北京：人民邮电出版社，2021.

网络安全事件数量在同类网络安全事件中占比超70%。攻击者经常利用云平台发起网络攻击，云平台作为控制端发起的网络攻击事件在同类网络攻击事件中占比超80%。[一]

（2）政府作为社会公共服务的提供者，将数字化技术大规模应用在公共服务提供和社会活动治理上，存在扩大数字鸿沟的风险。例如，大规模优化互联网线上服务，可能客观上造成线下服务便捷度的不对等；采取大数据分析互联网社情民意，客观上容易忽视互联网应用障碍群体的利益诉求。同时，新技术应用带来的数字鸿沟问题不仅仅体现在不同人群之间，还带来了不同地区政府治理能力之间的鸿沟。根据清华大学社会科学学院数据治理研究中心出版的《中国数字政府发展研究报告（2021）》的评估结果，我国数字政府建设水平排名前10%的城市中，东部城市占80%。中西部省份开展数字化的历史欠账多、财政资金匮乏，数字治理能力相对滞后，目前区块链、人工智能等技术的探索应用也主要集中在东部地区，恐将进一步拉大地区间数字治理能力及公共服务效率的差距。

二、典型技术应用引发特殊治理问题

1. 大数据技术

大数据技术涉及多类型、精细化数据处理分析，数据安全、隐私泄露等问题突出。在当前大数据时代，数据愈发呈现海量、分散、多样的特征，个人留下的任何数据都可以被分析、被画像、被量化评价，用以开展精细化管理。为实现公共资源合理分配，维护社会秩序正常运转，尤其是涉及公共安全、突发情形应对等特定领域，这种基于数据分析的精细化管理无疑是有效

[一] 国家计算机网络应急技术处理协调中心，2021年上半年我国互联网网络安全监测数据分析报告［R/OL］．（2021-07-31）［2024-10-25］．https://www.cert.org.cn/publish/main/upload/File/first-half%20%20year%20cyberseurity%20report%202021.pdf

的。但如果大数据的应用超出特定领域或特定目的,拓展至个人相关评价及权利义务调整,则可能产生隐私安全和社会伦理问题。

同时,在这一过程,原有基于特定目的采集和使用的个人信息,是否会被用在其他治理场景、是否共享至第三者、如何确保全链条数据安全,目前还缺乏较为有效的监管手段。此外,运用大数据开展治理对数据本身的全面性、代表性具有较高要求,否则可能出现推理错误、结构性歧视等问题。但当前用于开展大数据分析的公共数据在采集、共享、流通方面还面临诸多挑战,如采集非智能化、数据格式不一、共享调用难、流通机制不完善等,大量有价值的数据未能被整合利用,影响数据分析的全面性和准确性。

2. 人工智能技术

人工智能技术的快速发展和应用带来伦理价值偏见、自动化决策错误、个人信息过度采集等突出问题。较典型的是,欧美国家将人工智能技术应用在犯罪预测领域,基于过往犯罪地点、个人信息等,评估某地或个人的犯罪概率。事实证明,由于历史数据问题或指标选择不当,这种预测方法存在严重的偏见和歧视,可能导致低收入社区和有色人种占主导的社区警情发生比例过高,加剧逮捕行动的不平等分布。[1]2017年纽约市议会、2021年欧洲议会均通过相关决议,对政府使用自动化技术进行预测性警务活动实施严格限制措施。人工智能推动形成的自动化行政管理方式还可能引发行政程序公平问题。

(1)自动化决策简化了原有依托法律生成的行政程序,将其转化为数字化"输入—处理—输出"的程序范式,一定程度限制了告知、陈述、申辩、听证等环节实现,导致个人在公共行政中"离场"。[2]例如,多地利用

---

[1] LUM K, ISAAC W. To Predict and Serve?[J]. Significance, 2016, 13(5): 14-19.
[2] 雷刚,喻少如. 算法正当程序:算法决策程序对正当程序的冲击与回应[J]. 电子政务,2021,(12):17-32.

"行人闯红灯抓拍系统"抓拍和曝光交通违法行为，但在曝光前直接略过当事人的申辩程序。

（2）利用算法开展自动化决策是一个黑箱过程，输入数据和输出结果之间的因果逻辑关系较难解释清楚，难以满足决策公开透明的要求。即使将算法决策机制、算法使用数据向社会公开，普通民众也难以理解算法的复杂逻辑。

如果进一步将自动化决策的结果用在资源配置、行政执法等公共治理行为中，可能造成信息不对称和技术不信任的局面。例如，针对电子抓拍和自动化决策产生的交通处罚，已有多个行政相对人对处罚程序的合法性和结果的准确性提出质疑，并开展行政诉讼。○

3. 云计算技术

云计算技术有效推动了政务信息资源的弹性部署和使用，但在实践中存在多方面安全隐患。

（1）云服务运行稳定性亟待重视。近年来，国内外云服务商均发生过不同程度的云服务中断事件，我国政务云面向瞬时高访问量、高并发情形，也曾多次出现系统崩溃，对正常的政务系统运转带来安全隐患。

（2）云服务的自主可控能力还需增强。我国多数云服务商开发的政务云平台依赖境外的硬件和软件技术，"卡脖子"问题严重，在供应链、网络和数据安全等方面存在风险。

（3）多云混合管理背景下，安全风险突出。随着各省市推进一体化政务云建设，未来基于多个节点的多云形态、公有云与专有云的混合云形态、x86云与可信云的异构云形态，将是各地政务云建设和管理的常态。由于各厂商技术能力和供应链体系存在较大差异，协同安全管理存在较大难度。

○ 代表性案件有：2014年高瑞丽诉郑州市公安局交警十大队公安交通处罚案，2018年上海首例声呐电子警察执法纠纷案，2020年江西赣州"交管12123"应用执法纠纷案。

4. 区块链技术

区块链技术应用的问题包括以下两方面。

（1）区块链技术本身发展不够成熟，可能存在共识机制漏洞、智能合约困境和密钥丢失危机等风险，还需不断推动区块链机制的完善与技术革新才能逐步消弭。

（2）推动区块链创新应用也存在一些未解决的难题，包括可扩展性、链前数据真实性、隐私泄露、应用标准不一、权责追溯等，亟待建立一个新的风险防范框架，以解决这一新兴技术在各种应用场景中提出的法律问题与社会问题。

第三节　两条主线推进治理规则建设

根据前述分析，政府开展数字化技术应用不仅面临共性治理问题，还面临不同技术引发的特殊治理问题。由此，衍生形成制度规则建设的两条主线：一条是规范所有技术建设、运营和应用的共性规则，另一条是对不同技术分别规范的特殊规则（见图5-3）。我国现有制度的立法逻辑也大致按照这两条

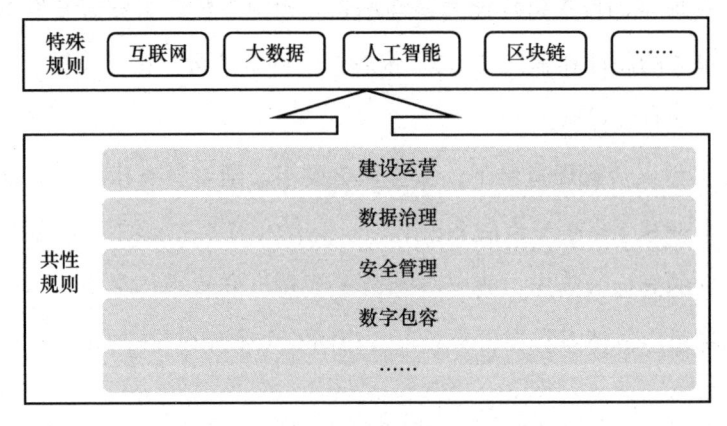

图 5-3　数字技术治理的制度体系架构

数据来源：中国信息通信研究院。

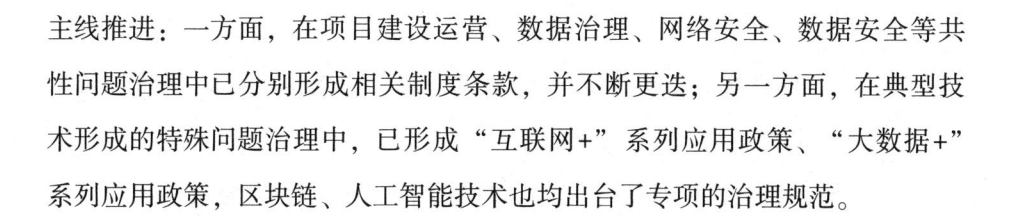

主线推进：一方面，在项目建设运营、数据治理、网络安全、数据安全等共性问题治理中已分别形成相关制度条款，并不断更迭；另一方面，在典型技术形成的特殊问题治理中，已形成"互联网+"系列应用政策、"大数据+"系列应用政策，区块链、人工智能技术也均出台了专项的治理规范。

一、技术应用的共性规则建设情况

1. 建设运营规则

2007年，国家发展和改革委员会制定并实施了《国家电子政务工程建设项目管理暂行办法》。该暂行办法是最早系统规范电子政务工程项目建设管理的文件，在推进电子政务建设中发挥了积极作用。2008年，国家发展和改革委员会补充印发《关于加强国家电子政务工程建设项目信息安全风险评估工作的通知》《国家发展改革委关于进一步加强国家电子政务工程建设项目管理工作的通知》等文件，对电子政务项目建设的投资概算、信息通报、自主可控设备采购、信息安全等问题做出进一步规范。随着数字政府建设的快速推进，政府信息化项目建设需求急剧增多，对项目建设工作也提出了新的要求。2019年底，国务院出台《国家政务信息化项目建设管理办法》（简称《办法》），对原办法进行全面修订并提升效力层级。《办法》核心聚焦于适应技术演进趋势，促进政务信息化建设的快速迭代、整体推进和集约创新，提升政府信息化建设实效。

其中，在立项审批环节，提出简化审批程序，适应信息技术快速迭代发展，强化整体推进和集约创新。

（1）从制度层面简化项目报批建设的相关审批程序，促进各部门聚焦紧迫需求开展建设，实现快速迭代。如规定对于已纳入国家政务信息化建设规划的项目，可直接编制可行性研究报告。

（2）推进跨部门信息化项目协同联动，提升政府一体化服务、监管和决策能力。如通过引入"框架方案"概念，为强化跨部门共建共享、促进部门间业务协同提供抓手，推动跨部门业务流、数据流的整合再造，加快实现"大平台、大系统、大数据"的发展格局。

（3）将信息资源共享情况作为立项审批的重要依据。如要求在项目可行性研究、初步设计等报告报批阶段，对共建共享情况进行说明；项目建设单位需编制信息资源目录，建立信息共享长效机制和共享信息使用情况反馈机制；将信息资源共享的范围、程度作为后续项目建设投资、运行维护经费的重要依据。

在建设投资环节，加强项目全过程统筹协调，着力提升项目的安全保障能力和建设效能。

（1）强化安全管理，重点部署了建立网络安全管理制度、强化网络安全监测和风险评估、落实国家密码管理要求、采用安全可靠的软硬件产品等要求。

（2）推动集约创新。明确政府部门应充分依托云服务资源开展集约化建设，鼓励项目建设发挥职能部门作用或者外包，减少自建、自管、自用、自维。

（3）提升建设效能。要求项目建设单位应当对项目绩效目标执行情况进行评价，形成项目绩效评价报告，加强对绩效评价和项目后评价结果的应用，评价结果作为下一年度安排政府投资和运行维护经费的重要依据。

加强国家政务信息化项目建设投资和运行维护经费协同联动，坚持"联网通办是原则、孤网是例外"。原则上只对能够按要求进行信息共享的新建或升级改造项目予以审核；对于存在未按要求共享、未纳入系统目录等情况的系统，不再安排运行维护经费。

在监督管理环节，强化事中事后监管，明确相关部门在信息化项目审批、建设、审计、评价等方面的责任。由国务院办公厅、国家发改委、财政部、

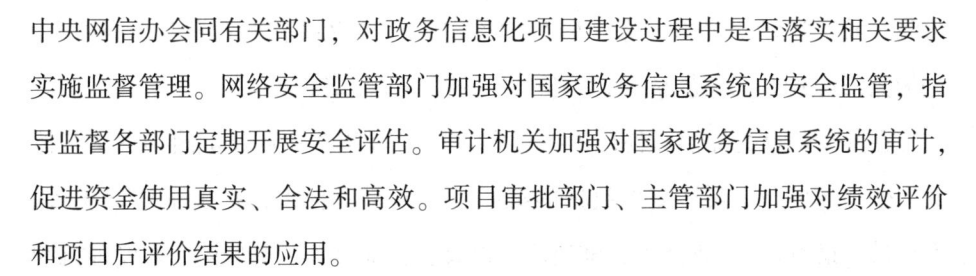

中央网信办会同有关部门，对政务信息化项目建设过程中是否落实相关要求实施监督管理。网络安全监管部门加强对国家政务信息系统的安全监管，指导监督各部门定期开展安全评估。审计机关加强对国家政务信息系统的审计，促进资金使用真实、合法和高效。项目审批部门、主管部门加强对绩效评价和项目后评价结果的应用。

2. 数据治理规则

自开展电子政务建设以来，我国就一直强调推动政务信息资源共享，打破信息孤岛。2004 年，中共中央办公厅、国务院办公厅印发《中共中央办公厅 国务院办公厅关于加强信息资源开发利用工作的若干意见》，提出建立健全政府信息公开制度，加强政务信息共享，规范政务信息资源社会化增值开发利用工作，提高宏观调控和市场监管能力。2006 年发布的《国家电子政务总体框架》确定了早期政务信息资源开发利用的一些基本原则，包括明确信息采集和更新权责，确保基础信息资源"一数一源"；推动信息资源公开，以公开为原则、不公开为例外；编制政府信息共享目录，推动国家基础信息库建设等。

2016 年，国务院印发《政务信息资源共享管理暂行办法》（以下简称《暂行办法》），对新时期政务信息资源共享管理重新做出了系统规范，这一文件也成为当前推进政务信息资源管理的主要依据。《暂行办法》确定了政务数据共享的四项基本原则。

（1）以共享为原则，不共享为例外。

（2）需求导向，无偿使用。

（3）统一标准，统筹建设。

（4）建立机制，保障安全。

同时，在政务信息资源目录编制上，提出由国家发改委制定《政务信息资源目录编制指南》，明确政务信息资源的分类、责任方、格式、属性、更新时限、共享类型、共享方式、使用要求等内容。在政务信息资源共享类型上，分为无条件共享、有条件共享、不予共享等三种类型。

在共享信息的提供和使用上，提出建设国家共享平台及全国共享平台体系，作为政务部门共享交换数据的载体。在共享责任上，提出了"谁主管，谁提供，谁负责""谁经手，谁使用，谁管理，谁负责"的原则。在管理机制上，明确由促进大数据发展部际联席会议统筹建立政务信息资源共享管理机制和信息共享工作评价机制。

根据《暂行办法》要求，国务院办公厅在2018—2020年连续发布了三批《国务院部门数据共享责任清单》。第一批清单主要涉及发改委等部门重要基础信息，第二批新增拓展1000项数据共享服务，第三批于2020年制定发布。依据《暂行办法》，2017年国务院办公厅又发布《政务信息系统整合共享实施方案》（以下简称《方案》），目的是通过整合政务信息系统建设，推动政务信息共享，打破"各自为政、条块分割、烟囱林立、信息孤岛"的局面。《方案》在政务数据共享上重点部署了六方面任务。

（1）加快建设国家电子政务内网数据共享交换平台。

（2）推进整合，加快部门内部信息系统整合共享，按要求分别接入国家电子政务内网或国家电子政务外网的数据共享交换平台。

（3）建设统一规范、互联互通、安全可控的数据开放网站。

（4）推进全国政务信息共享网站建设，将其作为国家电子政务外网数据共享交换平台的门户。

（5）开展政务信息资源目录编制和全国大普查。

（6）加快构建政务信息共享标准体系。

2021年2月，国务院办公厅印发《国务院办公厅关于建立健全政务数据共享协调机制加快推进数据有序共享的意见》，提出建立健全政务数据共享协调机制、加快推进数据有序共享，全面构建政务数据共享安全制度体系、管

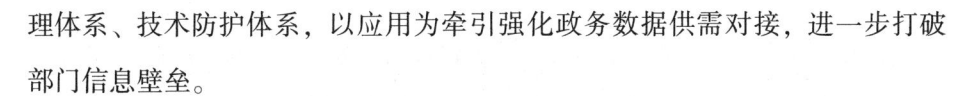

理体系、技术防护体系，以应用为牵引强化政务数据供需对接，进一步打破部门信息壁垒。

在数据开放方面，2017年2月，中央全面深化改革领导小组第三十二次会议审议通过《关于推进公共信息资源开放的若干意见》（以下简称《意见》），要求发挥数据大国、大市场优势，促进信息资源规模化创新应用，着力推进重点领域公共信息资源开放，释放经济价值和社会效应。依据《意见》，2018年1月，中央网信办、国家发改委、工业和信息化部又联合印发《公共信息资源开放试点工作方案》，在北京、上海、浙江、福建、贵州等地开展公共信息资源开放试点，重点支持开放信用服务、医疗卫生、社保就业、科技创新等领域的公共信息资源，提出建立统一开放平台、明确开放范围、提高数据质量、促进数据利用等要求。

2019年以来，随着数字政府建设的深入推进，各方对更好统筹政务数据资源治理提出更高需求。2022年9月，国务院办公厅印发《全国一体化政务大数据体系建设指南》（以下简称《指南》），提出通过建设全国一体化政务大数据体系实现数据治理的有效整合、充分利用。《指南》中明确了一体化政务大数据体系建设的内涵、构成、工程图纸、任务清单，要求到2023年底前初步形成一体化政务大数据体系，到2025年全国一体化政务大数据体系更加完备，提出"1+32+N"的一体化政务大数据体系技术架构，部署了八方面具体任务，即统筹管理一体化、数据目录一体化、数据资源一体化、共享交换一体化、数据服务一体化、算力设施一体化、标准规范一体化和安全保障一体化，清晰勾勒了未来一段时间内数据治理的实现路径和规则要点（见图5-4）。

3. 安全管理规则

安全贯穿政府信息化建设过程，也是政府开展数字化技术应用的重要前提。目前，我国自下而上围绕网络安全、云安全、数据安全、应用安全形成了一整套安全管理制度，有力确保各项业务在安全环境下进行。

系统平台	数据目录一体化	数据资源一体化	共享交换一体化	数据服务一体化
	数据目录系统	数据治理系统	供需对接系统	数据服务门户
		数据资源库	数据共享系统	数据分析系统
				数据开放系统
				共性支撑能力
治理工作	编制政务数据目录	政务数据归集	统一共享交换体系	数据应用创新（对内）
	目录同步更新管理	政务数据治理	深入推进协同共享	资源开发利用（对外）

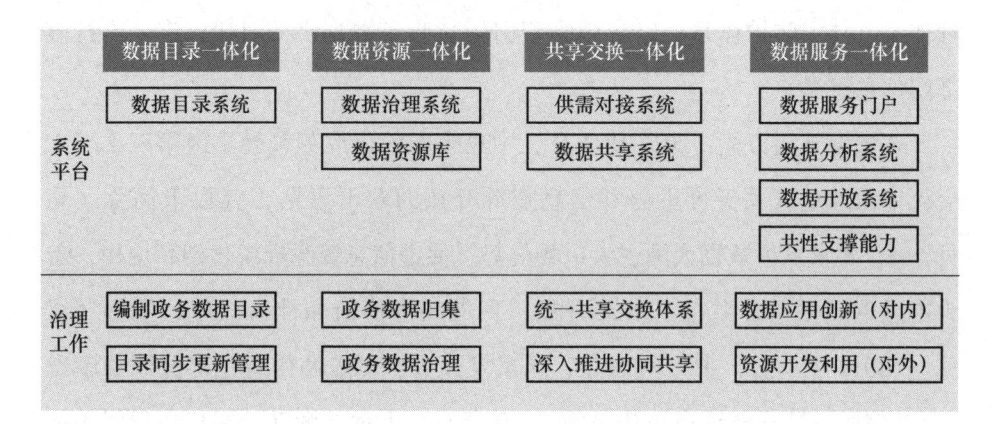

图 5-4 一体化政务大数据体系部署的重点数据治理工作

资料来源：中国信息通信研究院。

（1）网络安全方面。"十五"至"十三五"期间，《信息安全等级保护管理办法》《关于加强国家电子政务工程建设项目信息安全风险评估工作的通知》等文件相继出台，为电子政务工作的网络安全管理提供指引。2016年，十二届全国人大审议通过《中华人民共和国网络安全法》，这是我国第一部全面规范网络空间安全管理方面问题的基础性法律，将网络安全等级保护、运营安全、网络信息保护、监测预警与应急处置等要求进一步制度化、法制化，对系统提升政务网络安全保护水平具有重要指导意义。

同时，《信息安全技术 信息系统密码应用基本要求》（GB/T 39786—2021）、《信息安全技术 网络安全等级保护基本要求》（GB/T 22239—2019）、《国家政务服务平台网络安全保障要求》（ZWFW C 0116—2018）、《国家政务服务平台安全接入检测要求》（ZWFW C 0115—2019）、《信息安全技术 政务网站系统安全指南》（GB/T 31506—2022）等标准规范出台，为数字政府建设安全提供基本指引。根据《中华人民共和国网络安全法》，国务院于2021年出台《关键信息基础设施安全保护条例》（以下简称《条例》），明确关键信息基础设施的定义，将公共服务、电子政务等行业的重要网络设

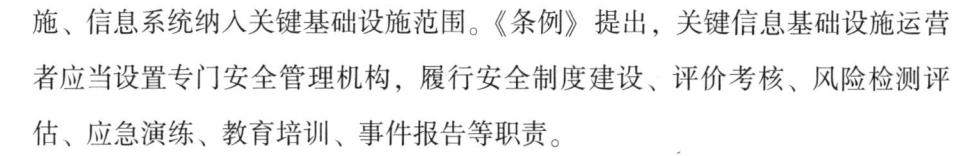

施、信息系统纳入关键基础设施范围。《条例》提出，关键信息基础设施运营者应当设置专门安全管理机构，履行安全制度建设、评价考核、风险检测评估、应急演练、教育培训、事件报告等职责。

（2）云安全方面。2019年国家互联网信息办公室、国家发改委、工业和信息化部、财政部四部门联合发布《云计算服务安全评估办法》，提出对面向党政机关、关键信息基础设施提供云计算服务的云平台进行安全评估。安全评估主要参照国家标准《信息安全技术　云计算服务安全能力要求》（GB/T 31168—2014）（已废止）、《信息安全技术　云计算服务安全指南》（GB/T 31167—2014）（已废止），从系统开发与供应链安全、系统与通信保护、访问控制、配置管理、维护、应急响应与灾备、审计、风险评估与持续监控、安全组织与人员、物理与环境安全等方面提出要求，以期提高党政机关、关键信息基础设施运营者采购使用云计算服务的安全可控水平，降低网络安全风险，增强将业务及数据向云服务平台迁移的信心。

（3）数据安全方面。《中华人民共和国数据安全法》设专章对政务数据安全做出规范，提出国家机关为履行法定职责的需要收集、使用数据，应当在其履行法定职责的范围内依照法律、行政法规规定的条件和程序进行。国家机关应当建立健全数据安全管理制度，落实数据安全保护责任。委托他人建设、维护电子政务系统，存储、加工政务数据，应当经过严格的批准程序，受托方应当依照法律法规的规定和合同约定履行数据安全保护义务，不得擅自留存、使用、泄露或者向他人提供政务数据。《中华人民共和国个人信息保护法》第二章专门有一节，对国家机关处理个人信息做出特别规定，要求国家机关处理个人信息，应当在行政法规规定的权限之内，不得超出履行法定职责或法定义务所必需的范围和限度。除紧急情况或应当保密等特定情形外，在使用个人信息前应当履行告知义务。

（4）应用安全方面。2024年5月，中央网信办等发布《互联网政务应用安全管理规定》（以下简称《规定》），对互联网政务应用的开办和建设、信息安全、网络和数据安全、电子邮件安全、监测预警和应急处置、监督管理等提出要求，规范对象包括机关事业单位在互联网上设立的门户网站，通过互联网提供公共服务的移动应用程序（含小程序）、公众账号等，以及互联网电子邮件系统。

该《规定》要求，一个党政机关最多开设一个门户网站，互联网政务应用的名称优先使用实体机构名称、规范简称，使用其他名称的，原则上采取区域名加职责名的命名方式，并在显著位置标明实体机构名称。此外，该《规定》指出，机关事业单位应当采取安全保密防控措施，严禁发布国家秘密、工作秘密，防范互联网政务应用数据汇聚、关联引发的泄密风险；应当加强对互联网政务应用存储、处理、传输工作秘密的保密管理。根据该《规定》，机关事业单位应当建立完善互联网政务应用安全监测能力，实时监测互联网政务应用运行状态和网络安全事件情况。

4. 数字包容规则

在群体间"数字鸿沟"治理方面，我国在推进"互联网+"行动之初，就已强调通过互联网实现社会服务资源优化配置，让公众享受更加公平、高效、优质、便捷的服务。2020年，在新冠疫情冲击下，智能化产品和无接触服务被广泛应用，但也给老年人等群体享受数字服务带来种种不便，如无健康码出行不便、网上就医挂不上号、消费支付障碍重重等。

针对日益凸显的数字鸿沟，2020年，《工业和信息化部 中国残疾人联合会关于推进信息无障碍的指导意见》聚焦老年人、残疾人、偏远地区居民、文化差异人群等信息无障碍重点受益群体，部署了信息通信基础设施建设、电信服务资费优惠、无障碍终端产品供给、互联网应用无障碍改造、无障碍服务水平、无障碍规范与标准体系建设等方面任务，着重消除信息消费资费、终端设备、服务与应用等三方面障碍，增强产品服务供给，补齐信息普惠短板。

同年11月，国务院办公厅印发《关于切实解决老年人运用智能技术困难的实施方案》（以下简称《实施方案》），就老年人在运用智能技术中遇到的痛点难点问题，提出具体解决方案。《实施方案》总体上要求坚持传统服务与智能创新相结合，一方面在各类日常生活场景中，保留老年人熟悉的传统服务方式，实现传统服务兜底；另一方面扩大适老化智能终端产品供给，推动互联网应用适老化改造，让老年人充分享受数字发展红利。

为落实《实施方案》要求，各部委相继出台细化方案，推进本领域信息无障碍改造。工业和信息化部从互联网适老化及无障碍改造着手，先后印发《互联网应用适老化和无障碍改造专项行动方案》《工业和信息化部办公厅关于进一步抓好互联网应用适老化及无障碍改造专项行动实施工作的通知》，部署开展为期一年的互联网应用适老化改造专项行动，聚焦老年人和残疾人群体的特定需求，重点推动与老年人、残疾人基本生活密切相关的网站、手机APP的适老化改造，鼓励企业在智能设备上提供"老年模式""长辈模式"等，使老年人更加方便、快捷地获取信息和服务。民政部、文化和旅游部、人力资源和社会保障部也先后发文落实《实施方案》要求，部署在民政服务、文化和旅游、人社便民服务等领域适老化建设和改造方案。

在区域间"数字鸿沟"治理方面，《国务院关于加强数字政府建设的指导意见》指出，要推动数字普惠，加大对欠发达地区数字政府建设的支持力度，加强对农村地区资金、技术、人才等方面的支持，扩大数字基础设施覆盖范围，优化数字公共产品供给，加快消除区域间数字鸿沟。

在地方实践上，已有部分省份探索缩减区域数字治理鸿沟的新方案，如广东、新疆签署深化数字政府建设合作框架协议，深化两省区在数字政府建设领域的交流合作，通过优势互补、合作共赢，探索"数字援疆"新模式。广东将发挥"粤系列"平台建设模式经验，支持新疆打造"新系列"政务服务品牌，同时鼓励引导广东省内数字政府建设龙头企业参与新疆数字政府建设，依托广东数字政府建设人才培养计划"政数学院"，为新疆数字化培训提供优质资源。

二、典型技术的特殊规则建设情况

1. 互联网技术应用规则

2015 年，国务院提出推进"放管服"改革和"互联网+"行动，印发《国务院关于积极推进"互联网+"行动的指导意见》，大力推动互联网技术在政务服务和监管领域应用。2016 年，相继出台《推进"互联网+政务服务"开展信息惠民试点实施方案》《国务院关于加快推进"互联网+政务服务"工作的指导意见》《"互联网+政务服务"技术体系建设指南》等文件，各部门陆续在政务服务、医疗健康、民政服务、不动产登记等领域出台"互联网+"细化规定，为互联网技术赋能具体治理场景提出可操作规范。

从发布时间看，这些政策集中在 2015—2020 年，也是我国"互联网+"加速推进的五年。从内容看，文件以部署行业应用、推动行业数字化转型为主，同时对互联网技术应用过程提出治理要求，大致可归纳为六方面原则（见表 5-1）。

表 5-1　国务院出台的"互联网+政务服务"制度规范

序号	领域	文件名称	发布时间
1	政务服务	国务院关于积极推进"互联网+"行动的指导意见	2015 年 7 月
2		国务院办公厅关于转发国家发展改革委等部门推进"互联网+政务服务"开展信息惠民试点实施方案的通知	2016 年 4 月
3		国务院关于加快推进"互联网+政务服务"工作的指导意见	2016 年 9 月
4		国务院办公厅关于印发"互联网+政务服务"技术体系建设指南的通知	2017 年 1 月
5		国务院办公厅关于印发进一步深化"互联网+政务服务"推进政务服务"一网、一门、一次"改革实施方案的通知	2018 年 6 月
6		国务院关于在线政务服务的若干规定	2019 年 4 月
7		国务院关于加快推进政务服务标准化规范化便利化的指导意见	2022 年 2 月

(续)

序号	领域	文件名称	发布时间
8	医疗健康	国务院办公厅关于促进"互联网+医疗健康"发展的意见	2018年4月
9		国家卫生健康委办公厅关于开展"互联网+护理服务"试点工作的通知	2019年1月
10		国家医疗保障局关于完善"互联网+"医疗服务价格和医保支付政策的指导意见	2019年8月
11		国家医保局 国家卫生健康委关于推进新冠肺炎疫情防控期间开展"互联网+"医保服务的指导意见	2020年2月
12		关于做好公立医疗机构"互联网+医疗服务"项目技术规范及财务管理工作的通知	2020年5月
13		国家医疗保障局关于积极推进"互联网+"医疗服务医保支付工作的指导意见	2020年10月
14		关于深入推进"互联网+医疗健康""五个一"服务行动的通知	2020年12月
15		国家卫生健康委办公厅关于进一步推进"互联网+护理服务"试点工作的通知	2020年12月
16	民政服务	民政部关于印发推进"互联网+殡葬服务"行动方案的通知	2018年6月
17		民政部关于印发《"互联网+社会组织(社会工作、志愿服务)"行动方案(2018—2020年)》的通知	2018年9月
18	知识产权保护	关于印发《"互联网+"知识产权保护工作方案》的通知	2018年7月
19	不动产登记	自然资源部 国家税务总局 中国银保监会关于协同推进"互联网+不动产登记"方便企业和群众办事的意见	2020年5月
20	旅游	关于深化"互联网+旅游"推动旅游业高质量发展的意见	2020年11月

数据来源:根据公开资料整理。

(1)应上尽上、全程在线。推动各领域服务事项从线下走向线上,建立线上办事流程,实现"应上尽上、全程在线、一网通办"。《国务院关于加快推进"互联网+政务服务"工作的指导意见》指出,与群众、企业相关度高的服务事项都要推行网上受理、网上办理、网上反馈,做到政务服务事项"应上尽上、全程在线"。《国务院办公厅关于印发进一步深化"互联网+政务服务"推进政务服务"一网、一门、一次"改革实施方案的通知》要求,除法律法规另有规定或涉密等外，原则上各级政务服务事项均应纳入网上政务服务平台办理。

（2）线上线下一体融合、功能互补。互联网推动的线上办事方式是对线下方式的补充，而不是替代。线上线下方式在服务内容、标准规范方面应当保持一致，在功能建设上应当相互补充。《国务院办公厅关于印发进一步深化"互联网+政务服务"推进政务服务"一网、一门、一次"改革实施方案的通知》要求，促进政务服务线上线下集成融合，推动线上线下功能互补、无缝衔接、全过程留痕。《国务院关于加快推进"互联网+政务服务"工作的指导意见》要求，凡是能通过网络共享复用的材料，不得要求企业和群众重复提交；凡是能通过网络核验的信息，不得要求其他单位重复提供；凡是能实现网上办理的事项，不得要求必须到现场办理。

（3）信息留痕，可查询、可追溯。行政管理涉及公权力行使和大量权利义务关系调整，运用互联网开展行政管理需要对行政全流程进行留痕，以便进行行政行为的监察，或支撑开展行业监管。《国务院办公厅关于促进"互联网+医疗健康"发展的意见》《国家卫生健康委办公厅关于开展"互联网+护理服务"试点工作的通知》等要求，"互联网+医疗健康"服务产生的数据应当全程留痕，可查询、可追溯，满足行业监管需求。

（4）用户中心、需求导向。"互联网+"融合应用应当以解决用户需求为导向，致力提升广大群众的幸福感、获得感。在服务提供上，优先实现群众、企业需求度高的高频事项线上办理。在效果评价上，提出要注重对"互联网+政务服务"实际应用成效进行评估，以办事对象"获得感"为第一标准，强化办事对象在获取政务服务过程中的便捷度和满意度。

（5）结合实际、风险可控。部分行政管理工作在互联网上开展可能面临不确定性风险，相关技术能力、监管能力尚未达到要求，需综合评估后决定是否上网。《国家卫生健康委办公厅关于开展"互联网+护理服务"试点工作的通知》要求，针对"互联网+护理服务"，试点地区应当结合实际，在调查研究群众服务需求、充分评估环境因素和执业风险的基础上，组织制订本地区"互联网+护理服务"项目。原则上，服务项目以需求量大、医疗风险低、易操作实施的技术为宜，可以使用"正面清单"和"负面清单"相结合的方式予以明确，切实保障医疗质量和安全。

（6）资源共享、互联互通。推动更广泛的连接和共享是互联网应用的内在要求。相关制度均强调，推动数据、平台、设施共享或联通。《国务院办公厅关于促进"互联网+医疗健康"发展的意见》要求，推进统一权威、互联互通的全民健康信息平台建设，畅通部门、区域、行业之间的数据共享通道，促进全民健康信息共享应用。《推进"互联网+政务服务"开展信息惠民试点实施方案》要求，充分利用已有设施资源，推动平台资源整合和多方利用，避免分散建设、重复投资。

2. 大数据技术应用规则

2015年8月31日，国务院印发《促进大数据发展行动纲要》（以下简称《行动纲要》），该《行动纲要》是我国首个发展和应用大数据的战略性指导文件。为贯彻落实《行动纲要》，市场监管、农业农村、健康医疗、自然资源等行业主管部门相继出台针对本行业的大数据应用指导意见，要求推进行业数据资源共享、提升大数据应用能力。主要文件包括：2015年《国务院办公厅关于运用大数据加强对市场主体服务和监管的若干意见》《农业部关于推进农业农村大数据发展的实施意见》、2016年《国务院办公厅关于促进和规范健康医疗大数据应用发展的指导意见》、2017年《国土资源部关于印发促进国土资源大数据应用发展实施意见的通知》等。从内容看，文件主要围绕数据资源治理、赋能应用、大数据技术创新三个方面展开，对大数据技术应用可能产生治理问题，如偏见、歧视、样本偏差等规范较少。

（1）要求加强数据资源治理，夯实大数据应用基础。提出搭建数据中心、云平台和应用平台，推进数据开放共享、数据采集清洗校准，制定数据治理和安全标准等，为政府及相关行业开展大数据应用奠定基础。

(2) 强调赋能应用，提升大数据运用能力。 重点提出运用大数据技术提升五方面的政府治理能力。

1) **社会服务能力**。如要求充分运用大数据技术，改进经济运行监测预测和风险预警，及时向社会发布相关信息，合理引导市场预期。

2) **市场监管分析能力**。如要求构建大数据监管模型，进行关联分析，及时掌握市场主体经营行为、规律与特征，主动发现违法违规现象。

3) **灾害监测预警能力**。如要求集合物联网、大数据等新一代数据采集与分析技术，建立智能化地质环境与地质灾害分析预警系统，整合各类地质环境与地质灾害防治数据，全面提升地质环境与地质灾害防治信息的分析与预警、决策与处置能力和信息服务水平。

4) **政策仿真和决策支持能力**。如要求利用大数据分析、挖掘、检索和可视化等技术，建立相关知识库、模型库，构建国土资源决策支持系统。

5) **网络安全监测能力**。如要求建立网络安全信息共享机制，推动政府、行业、企业间的网络风险信息共享，通过大数据分析，对网络安全重大事件进行预警、研判和应对指挥。

(3) 推进大数据基础技术创新。推进大数据核心技术攻关，加强海量数据存储、数据清洗、数据分析发掘、数据可视化、信息安全与隐私保护等领域关键技术攻关，形成安全可靠的大数据技术体系。同时，强化大数据安全技术产品研发，加强对大数据相关技术、设备和服务提供商的风险评估和安全管理。

3. 人工智能技术应用规则

国家规划和标准方面，2017年，国务院印发《新一代人工智能发展规划》，提出建立人工智能追溯和问责制度，明确相关法律主体及权利、义务和责任关系；建立人工智能伦理道德多层次判断结构及人机协作的伦理框架；加强人工智能潜在危害和收益评估等。2020年7月，国家标准化管理委员会联合中央网信办、国家发改委、科技部、工信部发布《国家新一代人工智能标准体系建设指南》，提及将重点完善数据安全、隐私保护、算法模型可信赖、社会伦理等人工智能标准。全国信息安全标准化技术委员会于2021年1月发布《网络安全标准实践指南—人工智能伦理安全风险防范指引》（TC260-PG-20211A），将人工智能治理分为四个环节——研究开发、设计制造、部署应用、用户使用，并认为人工智能在伦理安全方面主要面临五大风险，分别是失控性风险、社会性风险、侵权性风险、歧视性风险、责任性风险，可以以此切入开展风险治理。

法律法规方面，四类立法并行推进，以规范人工智能治理。

(1) 分散式立法。如《中华人民共和国电子商务法》对非个性化选项，《中华人民共和国个人信息保护法》对大数据"杀熟"，《中华人民共和国民法典》对深度伪造、网络侵权等行为做出规范。

(2) 以技术为规制对象的小切口立法。国家互联网信息办公室等部门先后发布了《互联网信息服务算法推荐管理规定》《互联网信息服务深度合成管理规定》《生成式人工智能服务管理暂行办法》《人脸识别技术应用安全管理规定（试行）（征求意见稿）》，对人工智能不同技术的治理提出要求。

(3) 地方性立法。例如，2022年9月，《深圳经济特区人工智能产业促进条例》印发，成为全国首部地方性人工智能法规，在构建多元主体协调共治的治理机制、设立人工智能治理机构、明确相关责任等方面做出了一定的探索。

(4) 行业性立法。例如，2022年2月国家卫健委、国家中医药管理局联合发布《互联网诊疗监管细则（试行）》，医疗机构开展互联网诊疗活动，处方应由接诊医师本人开具，严禁使用人工智能等自动生成处方。中国人民银行先后印发《人工智能算法金融应用评价规范》（JR/T 0221—2021）和《人工智能算法金融应用信息披露指南》（JR/T 0287—2023），对人工智能算法在金融领域应用过程中的信息披露原则、信息披露形式和信息披露内容等进行了指导；对当前人工智能技术应用存在的算法黑箱、算法同质化、模型缺陷等潜在风险问题，建立了人工智能金融应用算法评价框架，系统化地提出基本要求、评价方法和判定准则等。

科技伦理方面，国家新一代人工智能治理专业委员会分别于2019年发布《新一代人工智能治理原则——发展负责任的人工智能》（简称《原则》），2021年发布《新一代人工智能伦理规范》（简称《规范》）。《原则》提出了人工智能治理的八大原则——和谐友好、公平公正、包容共享、尊重隐私、安全可控、共担责任、开放协作、敏捷治理。《规范》主要针对人工智能应用的伦理道德问题，按照人工智能治理的流程环节，细分为基本规范、管理规范、研发规范、供应规范、使用规范五方面。2022年3月，中共中央办公厅、国务院办公厅印发《关于加强科技伦理治理的意见》，提出科技伦理的五项原则，要求健全科技伦理治理机制，强化科技伦理审查和监管。2023年9月，科技部等印发了《科技伦理审查办法（试行）》，进一步规范了科学研究、技术开发等科技活动的科技伦理审查工作。

总体来看，上述制度为推进人工智能应用明确了基本准则，但目前尚未形成针对政府应用人工智能的专项管理办法，难以完全规范所有公共治理行为。例如，《生成式人工智能服务管理暂行办法》（简称《暂行办法》）虽提出了生成式人工智能服务的一般性要求，但其适用对象为利用生成式人工智能技术向中华人民共和国境内公众提供生成文本、图片、音频、视频等内容的服务，未向境内公众提供生成式人工智能服务的，不适用本办法。政府行为既包括面向公众提供服务，又包括内部决策、监管行为，无法完全适用《暂行办法》要求。未来随着实践深入，需加快探索人工智能等新技术新应用在政务领域的规范要求，细化形成行业性规范。

4. 区块链技术应用规则

在国家层面，目前已出台了《区块链信息服务管理规定》《关于加快推动区块链技术应用和产业发展的指导意见》《关于组织申报区块链创新应用试点的通知》等文件，对区块链的发展、应用和治理提出要求。

(1) 明确区块链服务的安全评估和备案要求。2019年1月，国家互联网信息办公室发布《区块链信息服务管理规定》，提出区块链信息服务提供者开发上线新产品、新服务、新功能的，应当由相关部门进行安全评估，并履行备案手续。同时要求，区块链信息服务提供者应当具备与其服务相适应的技术条件，如链上出现法律法规禁止内容，应当具备对其发布、记录、存储、传播的即时和应急处置能力。

(2) 大致明确区块链在政府治理中的创新应用方向。2021年6月，工业和信息化部、中央网信办联合发布《关于加快推动区块链技术应用和产业发展的指导意见》，要求着重推动区块链在政务数据共享、业务协同办理、存证取证、城市互联互通和生产要素流动等方面的应用，提升政府公共服务能力。

(3) 明确区块链应用和治理的具体要求。2021年10月，中央网信办秘书局、中央宣传部办公厅等17个部门和单位联合印发《关于组织申报区块链创新应用试点的通知》，宣布将在实体经济、社会治理、民生服务、金融科技4类16个领域，组织开展国家区块链创新应用试点行动，划定区块链重点应用方向。同时，对区块链试点应用提出四点应用规范要求。

1）应用场景的选择应充分挖掘利用区块链技术特性，坚决避免"为了用区块链而用区块链""借区块链概念包装所谓创新应用"，避免脱离实际、一拥而上。

2）优先采用自主可控、有可持续发展能力的区块链关键软硬件技术。

3）具备与其他区块链技术架构间的互操作性，各项性能指标和安全策略满足应用需求。

4）加强风险防范，创新监管机制和技术，规范密码应用，确保金融文档、网络安全和意识形态安全。

在地方层面，各省市发布区块链专项以及包含区块链发展内容的政策文件已经超过百份，十余个省市出台区块链专项发展政策。除响应落实国家层面关于区块链的治理要求外，多个文件还提到，要强化区块链理论研究和自主可控技术创新，推动部署社会影响大、预期效果明显的应用场景，要加强区块链标准法规及测评体系建设，建立完善区块链安全保障机制，规避数据泄露风险，开展区块链攻防演练。

第六章

数字政府建设路径：
从分散化迈向一体化集约化

政府信息化建设作为一项庞大复杂的工程，涉及的领域广、部门多、环节复杂，不同地区、不同业务对系统改造的个性化需求高，意味着其面临的碎片化问题也十分严重。在电子政务建设后期，由于分散化建设带来的条块分割、重复投入、信息孤岛等问题已经凸显。

2016年，国家电子政务统筹协调机制成立后，强化了电子政务基础设施、标准规范、安全保障、政策法规等方面的协调发展，但条块矛盾、综合效能不高的问题仍然突出，应用场景协同、数据共享利用、政务云建设等方面路径不够明确，成为新时期规划设计数字政府建设路线重点考量的问题。

2022年，《国务院关于加强数字政府建设的指导意见》提出坚持整体协同，强化系统观念，加强系统集成，全面提升数字政府集约化建设水平，统筹推进技术融合、业务融合、数据融合，提升跨层级、跨地域、跨系统、跨部门、跨业务的协同管理和服务水平。当前，在该文件指导下，数字政府关键领域的一体化建设路径基本明确，在政策、服务、数据、技术和底座等方面呈现出由分散化向一体化演进的趋势。

第一节　一体化成为数字政府建设的重要路径

一、政策：从宏观到微观推进一体化布局

从国家层面看，数字政府一体化建设工作部署日趋清晰（见图6-1）。

1. 国家层面

（1）"十四五"规划纲要率先勾勒了数字政府建设的宏观轮廓。 首次专篇阐述"加快数字化发展　建设数字中国"，篇中单独设立章节，强调要"提高数字政府建设水平"，并提出了加强公共数据开放共享、推动政务信息化共建共用和提高数字化政务服务效能三大重点任务。

第六章 数字政府建设路径：从分散化迈向一体化集约化

"十四五"规划纲要
2021年3月12日

勾勒轮廓
提出三大重点任务：
- 加强公共数据开放共享
- 推动政务信息化共建共用
- 提高数字化政务服务效能

《国务院关于加强数字政府建设的指导意见》
2022年6月6日

确立框架
- 政府数字化履职能力体系
- 全方位安全保障体系
- 科学规范的制度规则体系
- 开放共享的数据资源体系
- 智能集约的平台支撑体系

《"十四五"推进国家政务信息化规划》
2021年12月24日

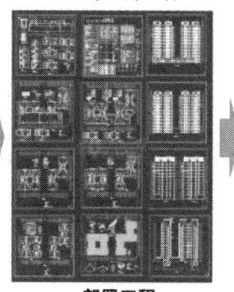

部署工程
11项重大工程：
- 政务大数据开发利用工程
- 政务云平台体系建设工程
- 执政能力提升信息化工程
- ……

《全国一体化政务大数据体系建设指南》
2022年9月13日

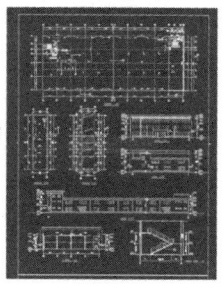

绘就图纸
- 数据目录一体化
- 数据资源一体化
- 共享交换一体化
- 数据服务一体化
- ……

图 6-1 "十四五"以来数字政府领域主要国家政策脉络

资料来源：中国信息通信研究院。

（2）**国家出台指导意见正式确立了数字政府建设的总体框架**。国务院印发的《国务院关于加强数字政府建设的指导意见》，对我国数字政府建设做出了全面安排，明确提出"三个首次"，成为数字政府领域的纲领性指导文件。

（3）**国家政务信息化规划系统部署了数字政府建设的重大工程**。2021年12月，国家发改委印发《"十四五"推进国家政务信息化规划》，以"大数据、大平台、大系统"为总抓手，指导推进三大任务11项重大工程。

（4）**一体化政务大数据体系详细绘就了数字政府建设的施工图纸**。2022年9月，国务院办公厅印发了《全国一体化政务大数据体系建设指南》，明确提出了一体化推进统筹管理、数据目录、数据资源、共享交换、数据服务、算力设施、标准规范和安全保障八大方面的具体任务。

2. 地方层面

从地方层面看，数字政府一体化建设成为主流路径选择。浙江、广东、上海作为我国数字政府建设的典型代表，始终以一体化建设理念推进数字政府建设，涌现出"一网系列"创新实践，越来越多的省市开始统筹部署数字政府一体化建设。

2022年12月，福建省人民政府发布了《福建省数字政府改革和建设总体方案》，提出坚持"全省一盘棋、上下一体化建设"原则，构建一张网、一朵云、三大一体化平台和一个综合门户，支撑N个应用的"1131+N"一体化数字政府体系，并对2025年发展目标和2035年远景目标进行明确规划。

2023年4月，重庆市提出加快建设"1361"整体构架，以一体化智能化公共数据平台为核心，推进市、区县、乡镇（街道）数字化城市运行和治理中心一体化部署，抓好六大应用系统建设，更好推进基层智治体系建设，促进纵向贯通、横向联动、多跨协同，全方位提升城市的发展能力、服务能力、治理能力。

二、服务：政府数字履职应用一体化协同

构建协同高效的政府数字化履职能力体系是数字政府建设的重要任务。近年来，各地区、各部门依托全国一体化政务服务平台不断提升政务服务效能，"一网通办"能力显著增强，助推"一网统管""一网协同"等一体化数字化履职应用场景建设，为创新社会治理模式、强化政务运行效能提供了有力支撑。

1. 线上线下服务渠道一体化

各地区各部门深入推进政务服务"一网通办""跨省通办"，整合分散建设系统和应用，形成"PC端、APP、小程序、终端机"一体的服务联动模式，实现线上线下服务渠道流量聚合，有力支撑公共服务数据汇聚，一体化服务水平全面提升。2023年8月，《国务院办公厅关于依托全国一体化政务服务平台建立政务服务效能提升常态化工作机制的意见》明确要"强化政务服务渠道统筹和线上线下协同服务机制，更好发挥公共入口作用"。

第六章　数字政府建设路径：从分散化迈向一体化集约化

根据中央党校（国家行政学院）电子政务研究中心发布的《2019 移动政务服务发展报告》显示，目前全国 31 个省（自治区、直辖市）和新疆生产建设兵团均已建设省级政务服务移动端，并完成与国家政务服务平台移动端的对接，超过 80%的地区采用微信或支付宝小程序提供服务，政务服务载体持续丰富。

2. 综合场景应用一体化

"高效办成一件事"成为优化政务服务的重要抓手。2024 年 1 月，李强总理在国务院常务会议上指出，要形成"高效办成一件事"常态化推进机制，及时复制推广地方和部门探索的好经验好做法，不断增强群众和企业的获得感。当前，不少地方开辟了"一件事一次办"线上服务专区，通过优化业务流程、打通业务系统、强化数据共享，实现企业开办、新生儿出生等企业群众密切关注的"一件事"高效办理，政务服务效能得到大幅提升。

三、数据：政务数据体系建设一体化部署

政务数据的汇聚融合、共享利用是数字政府建设的关键任务。当前，全国一体化政务大数据体系已初步形成，有效推动数据高效流通共享、有序开放利用，政务数据在提升政府履职能力、助力国家治理体系和治理能力现代化中的重要价值逐渐显现。

1. 数据一体化流通共享体系加快完善

"1+32+N"的全国一体化政务大数据体系正在逐步构建，有效促进了政务数据纵向贯通、横向联通。1 个国家政务大数据平台作为数据管理总枢纽、政务数据流转总通道和政务数据服务总门户，逐步按需完善基础库和主题库数据资源的覆盖范围，完善数据服务、数据治理、数据分析、安全管理、应用支撑等系统组件。32 个省级和 N 个国务院有关部门政务数据平台借助国家平台实现互联互通，省级平台统筹推动各地区政务数据目录编

制、供需对接、汇聚整合、开放共享，国务院有关部门平台促进各部门各行业数据汇聚整合与供需对接。

根据全国一体化政务服务平台的数据，截至2023年12月底，全国一体化政务服务平台已接入52个部门（含国家数据共享交换平台）和32个地方，共上线6006个目录，挂接2.06万资源，累计调用4847.07万次服务。

2. 公共数据开放利用模式日渐清晰

截至2023年8月，全国226个省级和城市的地方政府上线了数据开放平台。各地平台无条件开放的可下载数据集容量从2019年的15亿到2023年超480亿，5年间增长约32倍。公共数据授权运营实践"遍地开花"，融合应用持续创新。根据复旦大学数字与移动治理实验室发布的《中国地方公共数据开放利用报告——省域》数据，截至2023年9月，7省（不含直辖市和港澳台）和22个市（含直辖市、副省级与地级行政区）出台了公共数据授权运营相关法规政策或意见征求稿。福建省、成都市、杭州市、南京市和青岛市公开上线了公共数据授权运营平台或专区。

3. 公共数据融合应用成果不断显现

例如，浙江省通过对公共数据和社会数据的聚合分析，打造"安迅应急救援"项目，形成1分钟接警、3分钟出警、15分钟到场的"1315"高速公路施救流程标准和城市道路施救流程标准，大幅提高了道路应急救援的效率。山东省德州市开放了易积水点信息，支撑高德地图开发道路积水点搜索等功能，以便为市民在暴雨天气出行提供合理行程规划。

四、技术：数字化技术赋能加速一体化融合

数字化技术融合催生一体化平台应用，为政府履职提供新方案。各地区各部门将数字化技术广泛应用于政府管理服务，通过打造一体化管理服务平台促进多类技术融合，实现降本增效、集成创新。例如，福建省某市推动市

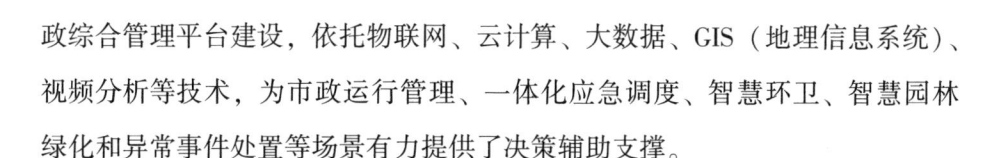

政综合管理平台建设，依托物联网、云计算、大数据、GIS（地理信息系统）、视频分析等技术，为市政运行管理、一体化应急调度、智慧环卫、智慧园林绿化和异常事件处置等场景有力提供了决策辅助支撑。

大模型兴起将加速新一轮技术融合，为未来场景开辟新空间。大模型技术融合大数据分析、物联感知、人工智能、数字孪生等技术，将使政府管理服务更加主动、更加智能、更加高效。一方面，政务大模型通过学习大量政务数据，可以挖掘出更深层次的知识关联，精准识别企业群众的办事需求，打造"一人通岗"办事助手，提供全天候、全事项的政务服务模式；另一方面，未来城市管理运行平台有望进化成主动感知、分析、决策、调度的生命有机体，在各类管理事件中强化自我学习，开辟全新的管理服务交互方式，让人机协同更自然、服务更亲民、管理更自如。

五、底座：数字基础设施趋向一体化共用

1. 云网等政务设施实现纵向多级深度覆盖

政务云方面，政务云平台集约化建设格局已初步形成。全国31个省（自治区、直辖市）和新疆生产建设兵团的云基础设施基本建成，超过70%的地级市建设了政务云平台，政务信息系统逐步迁移上云。政务网方面，电子政务外网迁移整合加速推进。国家电子政务外网已实现县级以上行政区域100%覆盖，乡镇覆盖率达到96.1%。东中西部地区大力推进非涉密业务专网迁移整合，北京、江苏等地区基本完成非涉密业务专网向电子政务外网迁移，四川、海南等省份以省直部门牵头带动地市、区县等省垂直管理系统专网迁移整合。

2. 构筑"端边网云数用"多维一体的安全防护能力成重要趋势

安全是数字政府建设的重要基石，政务信息系统的正常运转，依赖于云网基础设施、平台稳定运行和数据安全的全方位保障。当前，数字政府安全

防护仍存在"头痛医头、脚痛医脚"的"打补丁"现象,静态、被动、单点的安全防护思路已经无法适应数字政府一体化发展的需要,各地区、各部门综合考虑终端安全、边界安全、网络安全、云安全、数据安全、应用安全等一体化安全保障体系,集成运用身份认证、访问控制、安全控制、监控审计、备份恢复等技术,持续加强网络安全态势感知、监测预警和应急处置能力。

第二节 数字政府一体化建设的内涵

一、一体化建设的概念和内涵

经济学、社会学、管理学、计算机科学等学科领域已深入推进"一体化"发展,提出了"经济一体化""城乡一体化""产城一体化""一体化管理"和"软硬件一体化"等概念(见表6-1),虽然各领域的侧重点有所差异,但就"一体化"本质达成共识:将分散、独立的部分整合成一个系统,加深各部分之间的资源共享与协同配合,进而提高系统的综合效益。

表6-1 部分学科有关"一体化"的概念和内涵

序号	概念	内涵
1	经济一体化	在不同国家或地区之间加深经济联系,通过逐步降低贸易壁垒、促进投资、提高资金流动性、推动就业和工业发展等方式,形成一个共同的经济体系和共同市场,以实现资源和利润的最大化
2	城乡一体化	将城市和农村作为一个整体来考虑,消除城乡差距和城乡对立,以促进资源配置、产业升级、居民生活水平提高和实现经济社会的协调发展,实现城乡资源共享和优势互补,提高社会和经济效益
3	产城一体化	城镇应当融合经济、金融、信息、贸易、生态、生产、生活、服务、教育、文化等多元功能,强化城镇在区域的产业与生活服务中心作用。在产业集中的基础上,城镇可以集中劳动力、资本、技术、信息、交通等生产要素,并对它们进行加工整理和创新发明,形成新的生产要素、新的产品、新的生产和管理方式。同时,在劳动力、产业和生产要素集中的基础上,城镇还能够为城镇居民提供良好的生产、生活和服务环境

(续)

序号	概　念	内　涵
4	一体化管理	在一个企业或组织中采用整合性体系管理方式，统一各部门、流程和人员的管理方式和标准，将企业各部门整合起来，消除内部分割，实现资源共享，规范业务流程，从而更好地支持企业战略的实现
5	软硬件一体化	将软件和硬件部分深度融合，从而构建出一种内部高度一致的计算机体系结构。一般软件、硬件是独立设计的，但将软件和硬件部分相互融合可以提高软硬件之间的协同效率，使整个系统运行更加高效、稳定和可靠

数据来源：中国信息通信研究院。

二、数字政府领域的一体化建设

具体到数字政府领域，一体化建设是指以全局统筹为基础，以降低壁垒为手段，以适应变化为方向，以增进整体效益为目的，注重技术、数据、设施等资源流通，促成政府、企业、民众等多方协同，支撑政府治理能力与治理体系现代化。数字政府一体化建设强调"三大转变"。

（1）机制层面由各自为战转为规范统一。针对不同部门不同层级因制度安排差异造成的问题，适当统一组织管理、业务流程、建设要求、标准规范、话语体系等，打造具有一致性、稳定性的法治政府。

（2）业务层面由条块分割转为整体协同。针对政府履职碎片化和行政壁垒问题，注重全局统筹，坚持以人民为中心，减少局部数据壁垒，促进行政资源流通，加强业务协同，打造具备"高效办成一件事"能力的服务型政府。

（3）技术层面由被动响应转为主动求变。针对国家治理体系和治理能力现代化发展的要求，适应内外部环境变化，与经济社会发展需要、技术演进趋势保持同步，打造改革"永远在路上"的现代化政府。

结合数字政府建设重点任务的部署，我们可以从六方面勾勒一体化建设框架视图：以体制机制为驱动，以履职场景为牵引，以政务数据、平台支撑为两大支撑，以运维运营、安全防护为两大保障，形成数字政府"1122"的总体建设框架。其中，体制机制统筹化部署是先决条件，履职场景协同化设计是关键抓手，政务数据一体化布局是协同根基，平台支撑集约化建设重在降本增效，运维运营长效化运作着眼于长期好用，安全防护体系化保障是红线底线（见图6-2）。

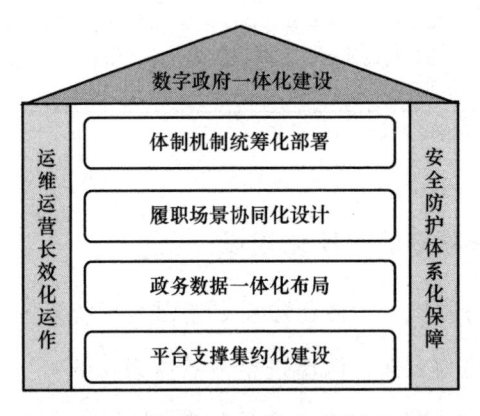

图6-2 数字政府一体化建设框架图

资料来源：中国信息通信研究院。

第三节 一体化建设的重点任务

一、先决条件：体制机制统筹化部署

1. 建设"集中领导、多元协作"的统筹体制

当前，国家、地方普遍成立了数字政府建设工作领导小组，但在落实数字政府具体工作之中还存在任务与职责不对应、牵头部门职责权限不足、评价考核不健全等问题，需要进一步强化统筹体制建设，充分发挥首席数据官、工作专班、专家委员会的作用，明确职责分工，抓好督促落实，扎实推进数字政府建设。

第六章 数字政府建设路径：从分散化迈向一体化集约化

（1）组建专职队伍，推动首席数据官制度常态化。 各级政府因地制宜建设首席数据官委员会，协助数字政府建设工作领导小组落实数字政府建设任务，负责统筹协调与监督首席数据官的日常工作，定期开展组织协调、评价考核等工作。各地区各部门选任首席数据官时，重点明确首席数据官的职责范围，发挥数据管理专门机构的枢纽作用，纵向协调数据治理问题，横向建立政府部门间制度化沟通机制，保障工作顺利开展。

（2）建立专班小组，专人专管集中攻坚重大任务。 围绕数字政府一体化建设重点任务，针对短期要突破、聚集资源多、工作强度大、调度范围广的工作，可将工作专班作为一种临时性攻坚机制。组建工作专班时，对工作专班立废程序做出规定，出台工作专班工作方案及相关细则，以完成重大任务为导向，研究制定绩效考核标准。

（3）汇聚专家资源，组建智库团队发挥参谋作用。 整合数字政府领域科研和产业生态资源，凝聚行业专家力量，建设数字政府行业专家智库。依托数字政府专家咨询委员会、数字政府研究院等专业咨询机构，在数字政府理论研究、政策制定、规划设计、平台技术、重大项目建设、成效评价评估等方面，为数字政府一体化建设提供专业咨询服务。

实践案例6-1：广东省推行政府首席数据官组织体系

广东在全国首创并在全省推广政府"首席数据官"（CDO）制度，自2021年5月发布《广东省首席数据官制度试点工作方案》以来，分阶段在省直部门以及各地市开展试点工作，从组织体系、职能职责、考核培训等方面逐步完善政府首席数据官的工作体系，明确首席数据官是数字政府建设的发起者、探路者、领导者和执行者，当前已在全省开展全面推广实施该制度，为广东省打造"智领粤政、善治为民"的"数字政府2.0"提供了强力支撑（见图6-3）。

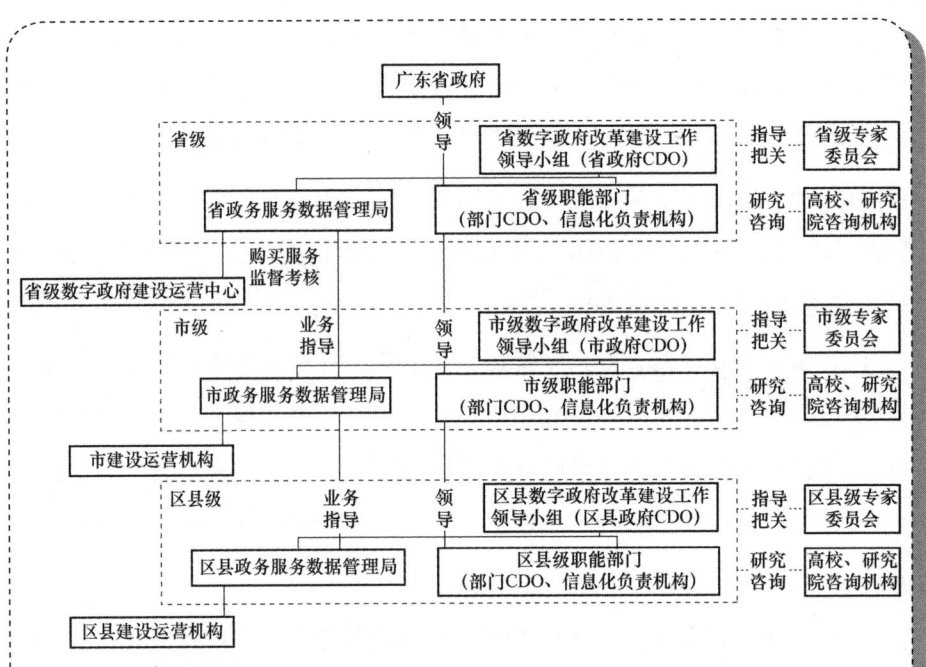

图 6-3 广东省分级设立政府及部门首席数据官组织体系

资料来源：广东省政务服务数据管理局。

（1）高位推动，构建分级融合的组织体系。广东省在制度中明确，在省、市数字政府改革建设工作领导小组的统一领导下，开展首席数据官制度试点工作，市、县（市、区）政府和部门分别设立本级政府首席数据官和本部门首席数据官，原则上首席数据官由本级政府或本部门分管数字政府改革建设工作的行政副职及以上领导兼任。

（2）充分赋权，明确首席数据官的职责范围。政府首席数据官职责履行涉及跨层级、跨地域、跨系统、跨部门、跨业务数据统筹协调，需要足够的权威性，才能有效落实协调工作。广东省明确政府首席数据官的首要职责即推进数字政府建设，组织落实省、市数字政府改革建设工作领导小组的决定事项、部署任务，组织制定本级政府或本部门数字政府发展规划、标准规范和实施计划。同时，充分赋予首席数据官权力，明确对信息化项目的立项、验收工作拥有"一票否决权"。

（3）增能提质，开展常态化培训考核。通过举办首席数据官联席会议、数字化能力素养专家培训、地区和部门首席数据官业务交流等系列活动，以及建立首席数据官议事协调述职等考评机制，加大对首席数据官的培养、选拔和考核力度，逐步构建"懂业务、懂技术、懂管理"的复合型首席数据官队伍体系，为数字政府改革建设和数据要素市场化配置改革提供人才支撑。

2. 完善"建管运"的全流程管理机制

由于数字政府建设工作复杂度较高，各地在人、财、物等资源保障方面普遍存在统筹力度小、协调难度大、队伍支撑弱等问题，需要进一步通过统筹项目资源、统筹考核管理、统筹人才要素，完善相应配套机制和制度，实现项目"全流程"监管、目标"全闭环"考核、人才"全方位"保障，形成强有力的组合推进措施，打造高效运行的一体化数字政府支撑体系。

统筹项目资源，建立"全流程"的项目统筹机制。

（1）强化统筹推进。通过设立领导小组、制定顶层发展规划、引入全过程管理机构等，推动政务信息化项目全生命周期统一管理，实现各相关方在项目管理中权责明晰、协同运作。

（2）强化全过程监督。在重点项目论证、立项、财评、实施、验收、评价与审计等环节进行督查，定期总结典型问题，形成督查通报；组织项目评估诊断工作，将评估结果作为后续管理决策的重要参考依据。

（3）制定流程规范。规范政务信息化项目的入库、设计、建设、验收、运维管理等各项流程，对项目方案等文件提出明确要求，科学制定项目评价指标体系。

统筹考核管理，落实"全闭环"的考核评估机制。

(1) 明确考核对象。分级、分部门制定数字政府建设的责任清单，明确属地责任、主体责任和监督责任，确保数字政府建设的管理边界清晰、职责明确。

(2) 建立完善评价指标体系。统一出台数字政府考评办法，细化量化对各层级、各部门的考评要求，重点考核在统筹管理、项目建设、数据共享开放、安全保障、应用成效等方面的相关情况，提升评价结果的科学性和客观性。

(3) 强化考核结果应用落实。积极引入第三方机构开展评价，考核评价结果作为领导班子和有关领导干部综合考核评价的重要参考，做好信息披露和绩效评估，并严格落实奖惩机制。

统筹人才要素，完善"全方位"的人才队伍机制。

(1) 优化人员选任模式。构建以首席数据官为核心的人才队伍体系，在强化部门主要负责人和其他相关职能部门分管副职角色的同时，通过遴选或竞争上岗方式，选任讲政治、懂业务、精技术、熟数据的复合型人才。

(2) 加大人才吸引培育力度。通过简化招聘程序、设立数字人才特殊晋升通道、加大薪酬激励制度等，吸引数字人才参与数字政府建设。探索数字人才资源共享，畅通政府机关、事业单位和国有企业之间的人才流动渠道。开展政府人员数字技能常态化培训、技能竞赛等，不断提升干部队伍的数字思维、数字技能和数字素养。定期评估数字政府一体化建设人才需求，研究制定各类数字人才的人力资源规划和实施路线图，优化人才队伍结构。

3. 有序推进标准制定规范统一

根据中国电子技术标准化研究院发布的《数字政府标准化白皮书

（2023）》显示，截至 2023 年 6 月，我国主要的数字政府相关标准化组织已规划、立项 120 余项国家标准，这些标准成为各地开展数字政府规划、建设、评估的重点依据。但关键标准缺失、标准规范不统一、标准落实不到位等问题表现突出，需要进一步做好标准组织建设、关键指标供给、标准协同机制、成效评估体系等方面工作。

（1）设立标准组织，推动标准制定整体化。加快组建国家级数字政府标准化组织，融合政、产、学、研、用等数字政府建设参与力量，结合当前数字政府的发展需求，统筹推进数字政府标准化工作，构建多维数字政府标准体系，积极推动行业标准、地方标准、团体标准适时转化为国家标准，提升数字政府标准化整体水平。

（2）聚焦关键问题，促进标准供给精准化。以解决制约数字政府一体化发展的关键问题为导向，开展政务数据治理、跨领域业务协同、项目全生命周期管理、新技术应用等亟待的重点标准研究工作，率先形成一批关键标准，持续加大标准供给，为数字政府建设提供重要手段和依据。

（3）建立协同机制，推进现有标准融合化。在国家标准框架下，区域间应加强协同，打造数字政府标准化经验交流合作平台，建立联席会议、协调小组等机制，明确责任主体，确保统一步调、分工协作。以方便市民跨区域、跨流程办事无缝衔接为主要目的，根据"高频优先""急用先行"等原则，引用"清单制"，梳理统一事项，明确先后顺序，注重线上线下融合，打破地域限制，衔接完善现有数字政府的相关标准规范。

（4）注重成效评估，保障标准实施有效化。编制数字政府标准应用成效的指标体系，建立标准应用成效的评估评测机制，开展常态化标准评估工作，对推进过慢、对标有偏差、与实际情况不符的标准及时改进或移除。开展标准宣贯工作，做好社会公众宣传引导，针对重点标准，开展常态化培训宣贯活动，提升工作人员对标准的理解及执行能力。

实践案例 6-2：国家医保局制定推广全国统一的医保标准规范体系

提高医疗保障水平是一项改善民生、增进人民福祉的重要措施。长期以来，由于缺少医保信息化统一标准，造成医保体系中"数据烟囱"林立，给各地医疗业务交互造成了极大的障碍。2019 年以来，国家医保局制定推行了全国统一的医保业务编码标准、技术标准、业务标准、运营规范，完善了医保行业标准体系，有效指导了全国医保信息互通互联、数据互认，为新时代医疗保障高质量发展提供支撑。

（1）加强组织保障，坚持全国统一。国家医保局成立后，由局网信办统领医保信息化技术架构组、标准规范组、业务组，加强医疗保障标准化基础研究，建立了国家医保局主导、相关部门认同、各地协同推进的标准化工作机制，先后发布实施了基础共性标准、管理工作规范、公共服务标准、评价监督标准等 40 余项，扎实推进医疗保障标准化工作。

（2）强化统一贯标，放大规范效应。按照先试点完善、再推广普及的方式，国家医保局在全国 8 个统筹区开展了编码标准测试应用试点，最终完成了全国 31 个省（自治区、直辖市）和新疆生产建设兵团的医保药品、医用耗材医疗服务项目等 18 项医保信息业务编码标准贯标。全国可以统一应用医保电子凭证进行挂号、核验身份、支付、取药、取报告等医保业务全流程操作，参保人异地就医与结算时更加方便快捷高效，药品、医用耗材采购与管理效率提升，普惠百姓，利国利民。

（3）坚持动态更新，保障指导效力。按照"统一分类、统一编码、统一维护、统一发布、统一管理"的总体要求，搭建统一的动态维护平台，加强维护小组与相关业务部门的沟通协作，建立国家和省级动态维护工作的协调联动机制，确保最新标准在各级医保部门的统一管理与实施，充分发挥信息标准化在医保信息化管理中的支撑和引领作用。

（资料来源：根据公开新闻整理。）

二、关键抓手：履职场景协同化设计

1. 构建场景分类"二维矩阵"

检验数字政府建设成效，场景落地是关键。随着数字化技术迭代加快，如何准确把握场景特征、清晰开展业务分类设计变得日益重要。我们通过分析总结各地数字政府的场景实践，结合"一网系列"应用，按业务协作边界可将数字政府场景划分为内跨场景、横跨场景、纵跨场景和外跨场景四大类，构成场景分类"二维矩阵"。以四类协作模式形成"多跨场景"分类。

（1）仅涉单个部门的内跨场景。该类场景一般只牵涉某单个部门职能，不涉及其他政府部门或社会组织，往往注重运用数字化技术推进履职渠道多样化、履职方式便利化，增进行政运转效能。

（2）需多部门协同的横跨场景。该类场景一般由特定服务群体或重要事件触发，不能由单个部门解决且十分关注时效性，通过"流程再造+平台赋能"促进多部门业务协同，形成"用户导向/事件导向"的高效协同效应。

（3）需多层级联动的纵跨场景。该类场景一般具有较强的"自上而下"垂直管理属性，通过在国家或省级层面统筹建设垂直管理系统伸向基层，高层更注重"数据分析、辅助决策"，基层更注重"数据采集、事件上报"。

（4）需更泛在协作的外跨场景。该类场景一般不局限于政府行政职责，需要民众、企业、社会组织等各方力量共同参与，打造"开放共享、多元合作"的数字政府场景建设格局，以数字政府建设引领驱动数字经济、数字社会、数字生态共同发展。

以五类业务应用形成"一网系列"场景解决方案。

（1）政务服务"一网通办"。以全国一体化政务服务平台为核心载体，推动各地区各部门汇聚惠企利民服务资源，为企业群众提供一站式精品服务，以模式创新推动"一网通办"逐步迈向"全国通办"。

(2) 社会管理"一网统管"。以地区探索为主，因地制宜推动"一网统管"建设，优先整合12345热线、城管、综治资源，围绕决策分析、指挥调度、基层治理等，推动打造一批应用场景，形成"一网统管"应用生态。

(3) 行政办公"一网协同"。以数字机关建设为抓手，建设贯穿国家、省、市、县、乡、村六级的互联互通、同步联动的一体化协同办公平台，实现政府内部业务系统贯通协同，提高政府行政办公效率。

(4) 数据资源"一网共享"。依托全国一体化政务大数据体系建设，统筹推动各地区、各部门政务数据平台建设，加强数据汇聚融合、共享开放和开发利用，促进数据资源实现有序流通、高效配置。

(5) 运行维护"一网安全"。全面构建制度、管理和技术衔接配套的安全防护体系，加强关键信息基础设施安全保障，推动统一身份认证、国密算法、区块链等技术应用，定期开展安全检查评估，切实筑牢数字政府建设的安全防线。

2. 推动场景"一盘棋"整合

从以往数字化场景建设项目看，单一场景建设投入不高，但同类相似场景项目在多地区、多部门独立建设，资金投入往往巨大，且存在数据标准不一、系统互联互通难等问题。为了更好地解决这些问题，要加强源头管理，加大数字化场景需求整合。

(1) 推动"横跨、纵跨、外跨"关联场景需求整合。以省市为主体，研究制定"数字化场景协同建设工作指南"，系统性推进各地区、各部门需求共商、场景共建、成果共享。将共性需求整合作为场景建设项目申报的前置条件，以问题清单、需求清单、场景清单为抓手，加强关联场景需求融合，打破部门内、部门间、层级间的场景建设壁垒。按照梳理问题、明确需求、谋划场景的思路，谋划多跨协同、综合集成、资源节约的数字政府综合场景。对于省级共性需求，根据业务职能确定牵头单位统建；对于市县共性需求，通过省级统建、各地应用或揭榜挂帅、复制推广等方式，强化共性能力集约共享。

(2) 创新数字化场景全过程平台化管理模式。推动省市多部门、多层级会商，建设数字化场景全流程管理服务平台，推动数字化场景管理服务全流程标准化、规范化。围绕数字化场景创新全生命周期，由平台提供需求验证、场景设计、申报入库、评价比选、实施监测、考核评估、宣传推广等服务，为场景需求方提供策划工具，为场景供给方提供展示窗口，为场景管理方提供统筹抓手。持续跟踪数字化全流程管理服务平台的应用成效，不断优化场景创新机制，优选典型场景复制推广，形成场景创新"一盘棋"。

3. "三视角"推动设计协同

随着数字化改革全面推进，部门间协同观念不强、协同机制缺乏、协同效能不高等问题越发凸显，需要从管理闭环、服务体验、资源配置等视角，持续完善数字化履职场景协同设计，服务数字政府一体化建设。

(1) 加强履职场景组织协作，实现全主体、全链条协同设计。以提升政府数字化履职能力为导向，聚焦"横跨、纵跨、外跨"数字化关联场景，组建主体多元、协作紧密、融合贯通的场景协同设计专班，保障场景设计全过程、全链条协同。由场景建设主管部门主导，整合关联场景提出的需求部门、场景建设服务提供商、场景最终群众或企业用户，形成"需求方+供给方+使用方+管理方"的场景协同设计专班，在全过程就业务流程再造、场景验收标准、场景建设方案等达成共识，从源头推动场景设计的合理性、一致性和有效性。

(2) 提升履职场景服务体验，实现全要素、全方位协同设计。以履职场景中受众的服务体验升级为导向，从需求侧识别履职场景中角色、环节、时空、活动、方法、结果等要素及其关联关系，将多个关联小场景整合为完整闭环的综合场景。由综合场景引领上下游服务流程重构，强化以综合场景为中心的"多级跨域协作办、关联事件一次办、主体事件联合办"等履职场景协同设计，通过要素聚合及场景整合提升场景用户整体性、全方位的服务体验，助力政府履职协同效能提升。

（3）优化履职场景资源配置，实现网络化、动态化协同设计。 以履职场景效能最大化为导向，统筹谋划数字资源分布与供给，综合研判关联场景建设数字资源需求的重要性与紧迫性，建立态势感知、统筹处置、动态调配、分级协作的资源配置规则。通过数字资源流通，促进不同层级政府间的有效协作，强化政府与市场、社会等多元主体之间的资源共享和协同互动，进一步缩短城乡发展差距、区域发展差距，推动数字政府整体高质量发展。

实践案例 6-3：安徽省创新数字化场景全流程管理

> 安徽省系统推进场景创新工程，研究出台场景创新工程工作方案，在省级层级统筹建设数字安徽场景全生命周期服务平台，推动全省数字化场景的结构化申报、智能化辅审、集约化建设。
>
> 在选取原则上，聚焦企业群众"急难愁盼"问题，聚焦重大共性需求、高频需求、紧急需求等，谋划了面向各行业的"三融五跨"场景，推动为民办实事、为企优环境。
>
> （1）在体系统筹上，处理好存量和增量的关系，统筹已建场景和新增场景。场景由省数据资源局会同部门商定，打造"安、智、数、脑、皖"系列，其中"安"系列突显为民为企服务，"智"系列突显执法监管和运行管理智能化治理，"数"系列突显数据要素，"脑"系列突显分析决策，"皖"系列突显安徽特色。
>
> （2）在场景比选上，围绕重大任务牵引、创新突破、预期目标等关键指标，通过"主观+客观""人工+机器""专家+群众"评选模式，开展场景专家评审、首席代表（窗口负责人）打分和企业群众评选，并对

评分评选结果进行综合排序，排序靠前的场景优先支持。

（3）在场景创新上，筹建高水平的场景创新研究中心和开放的场景创新生态联盟，力争打造国内一流的场景创新研究基地，积极联合科研院所、高校、头部企业等开展协同合作，研究场景创新理论，为安徽省场景创新工程实施提供全面支撑服务，面向党政各级部门提供优质的数字化场景应用解决方案。

（资料来源：根据公开新闻整理。）

三、协同根基：政务数据一体化布局

1. 高质量编制数据治理"一本账"

政务数据来源广、种类多，与部门业务和行业强耦合，但目前治理进展不一、标准不一、质量低下。各地区、各部门需要进一步统筹开展政务数据治理工作，建立高质量、一体化政务数据资源体系，夯实数据共享开放底座。

(1) 完善统筹治理格局。按照《全国一体化政务大数据体系建设指南》等相关政策要求，将政务数据一体化治理作为数字政府建设的重要工程推进，既要从国家层面加大统一把控力度，避免碎片化治理加剧，又要协调各地区、各部门、各行业结合自身特点，明确数据治理的相关规划、实施路径、工作机制等，形成政务数据治理统筹推进格局。

(2) 编制全国一体化政务数据资源目录。各级政府加强协调，摸清政务数据资源底数，按照"应编尽编"原则，建立全量覆盖、互联互通、动态更新的全国一体化政务数据目录，形成政务数据全国"一本账"，推动政务数据实现全面逻辑关联。

(3) 开展政务数据源头治理工程。 建立统一规范、切实可行的数据标准规范体系，明确总体规范、目录规范、分类规范、元数据规范、安全规范等，牵引和指导数据源头治理效率提升。开展数据质量全周期管理工程，建立覆盖数据采集、存储、加工、应用、更新的全生命周期质量控制体系，定期开展数据质量评估。建立数据质量监管机制，提高数据质量风险的发现和应对能力，打造标准统一、安全可用的数据资源体系。

2. "技术+机制"驱动数据高效共享

2016 年以来，国务院先后出台《政务信息资源共享管理暂行办法》《政务信息系统整合共享实施方案》《国务院办公厅关于建立健全政务数据共享协调机制加快推进数据有序共享的意见》等文件，各地区、各部门也相继建立了政务数据共享协调机制，政务数据共享制度趋于完善。但技术能力低下、共享动力缺乏等障碍仍阻碍着数据充分流动，需要进一步完善机制设计，加强技术支撑，推动数据流转，激发数据共享动力。

(1) 以技术支撑提升共享能力。 依托全国一体化政务服务平台和国家数据共享交换平台，整合各地政务信息系统，持续建设完善统一性政府数据共享交换平台。加强各地区、各部门政府间数据平台技术对接，创新开发数据共享应用，提升数据一体化存储、共享、交换、使用的能力，推动各地区、各部门政府间的政务数据共享交换，重点促进数据跨部门流转、向基层回流。借助大数据、云计算、大模型等新技术，创新数据共享利用模式，利用隐私计算机、数据沙箱等手段，提升安全防护能力，实现"原始数据不出库，数据可用不可见"，确保数据共享安全。

(2) 以机制设计激发共享动力。 完善政务数据确权定责体系，在"三定"（定机构、定职能、定编制）的基础上，根据政府部门的业务事项分类，厘清部门数据资源，明确各单位在数据采集、维护、管理、提供和使用中的权力和责任（定数据），实现从"三定"走向"四定"。建立"三权分治"的政务数据共享机制，按照职责将数据共享中的主体划分为数据提供者、数据使用者和数据管理者，分别承担和享有相应的权责，实现权责清晰的数据共享和交换。完善数据共享交换激励机制和评价机制，实现数据共享收益多方共享，激发部门数据共享应用的积极性。

实践案例 6-4：山东省烟台市打造"镇街综合数据平台"

基层数据是政府开展政务服务、社会治理和科学决策的重要依据，但分布零散、缺乏统一管理，使充分共享和有效利用成为难点。为推动大数据应用向基层延伸，支撑镇街工作，山东省烟台市大数据局为镇街建立起高效实用的数据大脑——"镇街综合数据平台"，并在莱山区试点建设了"镇街综合业务和社区数据微平台"。

（1）在数据支撑方面。平台梳理了镇街所需的涉及 33 个部门、200多项高频数据的目录清单，并打造了一个连通国家、省、市三级政务数据的海量数据库，由市一体化大数据平台统一将数据分类，再批量返还给镇街，改变了基层"只收集不共享"的数据困境。

（2）在报表管理和共享方面。平台围绕镇街的村居、民政、司法、城管、就业、养老、涉农、网格化等基础业务，形成各种报表统一汇集管理，并在镇街形成内部数据共享机制，达到一次排查、多方复用的效果，运行以来社区表格缩减率为 34%，填报缩减率达 52% 以上，有效减轻了基层工作人员业务压力，助力基层治理现代化水平提升。

（资料来源：根据公开新闻整理。）

3. 场景牵引数据开发利用模式创新

以创新应用场景为靶向开展数据治理和交换共享，是数字政府建设背景下一体化政务数据资源体系获取资源、实现价值、不断发展的重要路径。根据复旦大学数字与移动治理实验室发布的《中国地方公共数据开放利用报告——省域》中的数据，当下政府数据开放已取得长足进展，截至 2023 年 8 月，我国已有 226 个省级和城市的地方政府上线了数据开放平台。但大量政务数据只收集未使用，数据流通模式、应用形式、开放范围等存在较大的改进空间。因此，各级政府需要加强政务数据资源社会化开发利用，打造数据应用创新典型场景，充分挖掘和释放政务数据价值。

(1) 建设数据流通可信环境，以政务数据空间保障政务数据安全。打造部委协同、省市贯通的可信数据交互网络，支持有条件的地区探索建设政务数据空间。以应用需求为导向，聚焦金融、医疗、教育、水电、交通等领域，积极运用区块链、人工智能、隐私计算等技术手段，实施数据整合、转换、清洗、扩展、脱敏、模型管理等技术处理，设计部署云网一体、数智融合、物理分散、逻辑集中的分布式数据共享网络。

(2) 创新数据开发利用模式，以授权运营推进政务数据社会化开放。建立面向政府、事业单位、企业、群众等多元主体的一体化政府数据资源开发利用体系，落实分级、分类开放责任，由国家数据主管部门统筹推动各地的数据授权运营制度建设、标准规范制定和平台建设，鼓励有资源条件、有技术实力的企业规范参与政务数据的开发利用，推动政务数据政用、民用融合。

(3) 聚焦政务数据利用需求，深入挖掘政务数据应用典型场景。围绕"用数字化重塑政府履职能力"的目标，进一步强化数据驱动的经济调节、市场监管、社会管理、公共服务、生态环境保护、政务运行和政务公开等应用场景创新，通过开放场景清单、举办场景大赛等方式率先在普惠金融、社会信用、医疗教育等重点领域创建一批示范典型场景。健全政务数据共享应用创新推广机制，通过开展政务数据典型案例推介、创新经验交流等活动，总结提炼政务数据应用典型模式，深度激发数据价值。

实践案例 6-5：河南省农村劳动力转移就业大数据分析平台

农民工群体的流动和就业形势对社会贫困、城乡差距、城市经济和社会服务等问题演化有着重大影响。河南省是劳务输出大省，全省共有农民工 3100 多万人，通过搭建全省层面的务工人员流动监测平台，综合运用大数据手段和移动定位技术等，积极探索政务数据与社会数据融合应用，开启了政府搭台、大数据牵线、个性化服务的新思路。

(1) 加快双向数据融合，精准掌控就业状态。将人社社保、就业、培训等相关数据与三大运营商信令数据、地理信息数据相融合，科学研判农民工就业形势，监测分析覆盖群体数量达 4800 万人。对农民工就业、培训、创业情况进行深层次分析，为农民工就业实名制登记提供帮助，为制定更切合现实情况的就业创业政策提供依据。

(2) 落实"用数据说话"成效，合理有序推进就业工作。通过规模分布、家乡滞留、就业形势监测和外来农村劳动力规模、分布及来源地分析，及时掌握农民工的规模变化及流动情况，提供更有针对性的信息匹配，合理有序推动农村劳动力就业，辅助建立完善面向就业困难群体的就业援助体系。2023 年，河南省新增农村劳动力外出转移就业 47.42 万人，新增返乡创业 17.65 万人，有力推动了农民工及脱贫人口的务工增收，助力乡村振兴。

(3) 构建劳动力监测体系，科学有据防范风险。河南省建立了农村劳动力监测体系，构造了"外出务工人员""行为轨迹""稳定就业""新业态就业""就业岗位""创业机会"等十几个风险分析模型，提供全面、准确、及时的就业监测信息，确定 150 个农村劳动力转移就业监测村、6 个农民工工作重点联系县，掌握农村劳动力节前返乡、节后返岗情况，引导务工人员有序流动。

(资料来源：根据公开新闻整理。)

四、降本增效：平台支撑集约化建设

1. 政务云"共存共算"

政务上云已成为各地政府数字化转型和改革的标准动作，"一网通办"等大规模、高并发政务应用也"依云而生"，形成一批政府和企业、群众"管用、爱用"的政务应用标杆。但政务云体系建设统筹难、政务云平台管理整合难度大、政务云资源调度障碍多等问题仍然凸显，需加快推进集约化建设。

（1）**构建国家、省、市三级政务云体系**。国家层面，构建覆盖82个国务院委部局、36个省级区域的"1主36从"全国一体化政务云平台体系。省级层面，统筹省、市两级的建设需求，承担"最大公约数"建设任务。市级层面，按省级总体要求，个性化部署全市政务云、共性能力建设。此外，县级以下依托省市共性资源进行应用开发，形成管理机制、标准规范、建设运营、安全保障四大支撑，构建全国一体化政务云体系。

（2）**建设政务云一体化调度管理平台**。以省为单位，推进异构云纳管，推动省内不同行业、不同承建厂商交流和合作，建立健全适应一体化政务云平台体系的标准规范体系，重点推进技术架构、平台组件、数据接口、应用服务、运维运营、安全保障等关键方面标准的研制，提升数字政府的建设和管理水平，实现云资源的共享与整合，全面实现多维技术适配，推动相关技术的研发和应用。鼓励企业和机构加快老旧云平台的升级和改造，有序腾退既有老旧云资源中心。

实践案例6-6：湖北省楚天云一体化政务云平台

湖北省楚天云一体化政务云平台是湖北省数字政府建设的核心基础平台，是依托电子政务外网和互联网，运用云计算技术和智能化工具，为各类业务应用系统提供计算资源、存储资源、服务支撑、安全保障等共性资源的新型信息基础设施，有效支撑政务服务、社会治理、科学决策等效能提升。

1. 构建全省统一的政务云平台

湖北省政务"一朵云"按照集约化建设的思路。

（1）建设跨域异构资源管理平台，基于统一调度、编排、展现等技术，借鉴公有云的管理和服务模式，集中纳管跨域异构节点云资源，构建高水平的异构资源管理、云自服务、监测分析等能力。

（2）建设算力统筹的 IaaS 能力，充分利用自主创新的软硬件产品，建设完善 IaaS 能力，提升资源规模，为全省各级部门单位业务应用系统上云提供弹性伸缩、安全可靠的计算、存储、网络、安全等服务。

（3）建设共性通用的 PaaS 能力，基于存算分离、流式计算、分布式计算、深度学习等技术构建 PaaS 能力，提供数据库、大数据、中间件、人工智能、应用支撑等服务。

（4）建设按需服务的 SaaS 能力，利用即时通信、Web 呈现、统一认证等技术，按需提供数据服务、商业智能（BI）、消息平台、协同办公等"开箱即用"的 SaaS 能力。

2. 搭建统一资源管理平台

建立包括云资源申请、审批、测试、开通、变更、优化、回收、结算在内的统一资源管理平台。

（1）在申请阶段，省、市两级部门单位向本级运行管理机构申请云资源，县（市、区）大数据管理部门扎口管理本级部门单位的资源需求，统一向市级运行管理机构申请云资源。

（2）在审批阶段，根据业务复杂度，运行管理机构组织审核云资源申请需求并按时完成受理。

（3）在测试阶段，运行管理机构开通测试资源，使用部门单位在规定时间内完成资源测试。

（4）测试验证通过后，运行管理机构应及时完成正式资源开通。使用部门单位根据实际情况可向运行管理机构提出资源变更需求。

（5）审核通过后，运行管理机构应及时完成资源变更。

（6）在优化阶段，运行管理机构科学制定资源监测指标，持续监测评估资源使用的合理性，不断优化提升资源的使用效能。

（7）对于不再使用的云资源，使用部门单位应及时向运行管理机构提出资源回收需求，运行管理机构及时完成审核并回收。

（8）在结算阶段，按照全省政务"一朵云"建设和服务目录，在运行管理机构的监督管理下，由云服务商与各使用部门单位独立按需据实结算。

（资料来源：根据公开新闻整理。）

2. 政务网"共运共联"

随着"一网通办""一网统管"深入推进，政务网络加速融合，国家多个委办局相关业务系统已基本完成向政务电子外网的迁移，但目前仍存在一些构成高频数据共享需求阻碍的垂管系统专网，未来仍需加大网络整合。

(1) 推动数字政府"一张网"建设。面向数字政府一体化应用，整体规划和部署城市光网、政务外网、算力直连网、物联承载网等物理网络，制定统一的建设标准，推动网络基础设施的全光底座升级；以骨干层、核心层、汇聚层和接入层为总体架构，构建起覆盖国家、省、市（县）、区（街镇）四级的数字政府网络，筑牢数字政府网络基础设施底座。

(2) 有序推进电子政务网络整合。在政务内网、外网物理隔离，保障网络安全优先的前提下，省直部门牵头带动地市、区县等省垂管系统的专网迁移整合。以光传送网（OTN）架构为载体，持续优化电子政务网络架构，确保电子政务网络一跳入云、运行稳定。构建内外网数据安全交换系统，完善政务内网的安全保障体系，有效支撑业务协同应用建设和信息资源整合利用。

（3）提升政务网技术水平。一是加强政务网高带宽、低时延、高可靠、快速部署、灵活调度、智能运维的网络能力。推进以 10G PON、Wi-Fi6、200G/400G、OXC、OSU-OTN 等技术为核心的第五代固定网络（F5G）应用，加快部署"双千兆"接入，满足政务办公、视频会议等大带宽需求；二是构建"一网多平面"网络架构，运用 SDN（软件定义网络）、IPv6+等新型先进技术，实现自动负载均衡，提升链路利用率，实时保障关键业务质量。部署多张网络切片，整合多张专网政务应用，实现专片专享业务隔离，切片业务互不干扰，满足跨部门多场景应用的安全要求。

3. 共性能力"共建共享"

据统计，我国已有 21 个省级地区提出开展共性支撑能力建设，主要包括算法、电子证照、身份认证、电子支付等。但总体来看，共性支撑能力建设仍处于探索阶段，建什么、怎么建仍不清晰，需要进一步明确集约建设思路。

（1）建设两类共性支撑平台。以标准化、平台化方式，提供自主调用、灵活配置的共性技术工具，满足数字政府共性特征强、复用范围广的场景应用需求。一是建设共性业务支撑平台，提供统一身份认证、电子证照、电子印章、电子文件、非税支付、电子发票、公共信用、智能客服、智能写作等业务支撑能力。二是建设共性技术支撑平台，提供人工智能、视频融合、物联感知、地理信息、数字孪生、区块链等技术支撑能力。

（2）分级构建资源共享复用的支撑体系。一是充分衔接国家共性应用支撑标准建设要求，综合考量省、市、县三级的共性应用需求，按照"以省级统筹为主、市县补充为辅"的形式，分级推动共性支撑平台建设；二是以

"一地创新、多地复用"为原则,将共性支撑平台创新性成果应用于不同地区、不同行业,探索形成一批可复制推广的能力组件。创新"需求侧高频使用+供给侧按需收费"的应用模式,促进共性能力平台建设的可持续良性闭环发展。

实践案例 6-7:江苏省无锡市"梁溪智脑"数字孪生平台

梁溪区新型智慧城市运营大脑(简称"梁溪智脑"),由江苏省无锡市梁溪区大数据管理局组织建设,按照"1+1+3"(1个政务云、1个数字底座、3个领域应用场景)的整体架构打造。其中,数字底座建设包括数据中台、业务中台、能力中台(含AI计算平台、数字孪生平台、视联平台、物联网平台)等三大中台,拥有大数据服务、视联融合、物联感知、数字孪生、智能运算和算力算据开放六大核心共性能力,形成城市治理、公共服务和产业发展互促共进的新型智慧城市建设"梁溪模式"。

(1)精细化切分区域,数据灵活共享。城市地图通常按照行政区域划分,"梁溪智脑"的数字孪生平台创新完成了社区、园区、学校等小场景的范围切割,支持自定义框选特定区域和场景个性化快速搭建,为智慧社区、智慧园区、智慧校园等场景应用提供精准的孪生数据,提升数字孪生的集约化建设与共创发展(见图6-4)。

(2)孪生能力赋能千行百业。平台深入赋能物联智能感知小区、智慧园区、物联智能感知消防等"优政、惠民、兴业"领域的众多应用场景。依托数字孪生平台多端一致性可视化功能,直观展示小区电梯运行和高空抛物、园区场景巡航和楼层漫游、火灾险情实时警告、文旅实时客流分布、景区AR漫游体验等情况。

图 6-4　数字孪生赋能建设智慧社区、智慧园区场景应用

（资料来源：无锡市城市运行管理中心。）

五、长期好用：运维运营长效化运作

1. 打造"1个平台+1个团队+1套制度"的运维体系

当前全国已有超过 17 个省级政府在数字政府相关规划中提出要开展统一运维管理，加强运维资源的整合成为实现数字政府长期稳定运行的重要内容。但目前数字政府运维缺乏统一运维平台、缺乏统一运维团队、缺乏统一运维标准的问题仍较为突出，需落实以自动化、智能化运维能力为基

础的运维思路，确立以智能运维平台为抓手的现代化运维模式，提升运维效率，降低运维成本。

(1) 搭建一体化运维平台，实施运维对象集中管控和智能运维。建设包括"监、管、控、析、安、服"在内的一体化运维平台，形成运维数据、运维工具、运维流程的一体化管理能力。通过 API（应用程序编程接口）网关等形式实现不同平台工具与系统的数据互通，将分散在各部门、各层级的政务运维信息进行集中汇聚，集中管控底层云网端资源。重视运维数据治理，构建政务系统健康档案与人员服务水平画像，通过大数据运维推动被动运维向主动运维转变。借助自动化、智能化技术提升运维效率，基于自动化数据采集、自动化任务编排和执行、运维知识库等平台能力，对各类运维数据进行处理与分析，实现自动化业务管理、可视化运行监控、智能化事件预警。

(2) 完善一体化运维的组织保障，实施运维团队的统一管理与协作。建立健全统一指挥、权责明确、分工负责的一体化运维工作机制，整合优化政府各部门的信息化、数字化职能，成立数字政府运营中心等专业化机构，以数字政府生态整合能力较强的企业为核心，构建"一个运维总集团队+N 个专业运维团队"的运维组织体系。

(3) 完善一体化运维标准体系，实施平战结合的规范化运维。围绕业务受理分发、流程服务、数据服务、安全防范、应急机制、考评机制等完善数字政府一体化运维的标准规范体系。制定应急响应计划和应急指挥制度，开展集中监控、数据备份、故障响应服务，通过应急演练提升人员快速研判、及时通报、立即处置和证据留存等能力。

实践案例 6-8：青海省"四级平台"数字政府一体化运维体系

青海省着力于发挥数据生产要素的创新引领作用，面向政务一体化服务平台的运维需求，打造"四级平台"运维体系架构，即采控管理平台、运维数据平台、业务能力平台、运维门户平台，让运维处置更有精度、政务服务更有温度、事件分析更有高度，推动大数据与运维业务的深度融合，形成政务信息化运维工作的新旧动能转换、IT资产管理高质量发展新局面，打造政务信息化运维创新发展新典范。

（1）通过采控管理平台进行全栈资源信息采集。以探针、主动发现、拨测、接口开放等多种采集方式，对全部的IT软硬件都能够进行数据的采集，内置了灵活的采集策略和开箱即用的资源模型。

（2）建设运维数据平台，开展数据集中治理。以打通数据、建立运维数据标准为前提，将采集的静态资产配置数据、动态资源指标数据，以及运维业务生成的告警数据、日志数据、调用数据、工单数据、知识数据等，做集中数据的加工、清洗、治理、存取等。

（3）基于业务能力平台建设运维业务能力。依托运维数据中心，从解决运维问题、简化运维流程、提高运维效率的目的出发，提升包括应用性能管理、指标管理、日志管理、告警管理、资产管理、服务管理、运维知识管理七大业务能力，并实现各运维业务场景的无缝集成和联动。

（4）打造便捷管用高效的运维门户平台。提供统一的运维入口，实现运维工作台管理、运维可视化管理、运维能力聚合等。

（资料来源：根据公开新闻整理。）

2. 构建"政企合作、管运分离、定向授权"的运营模式

通过管运分离促进数字政府可持续发展已成为多地共识，这一模式能让政府保留管理职能，将平台建设、日常维护等职责剥离至企业，解决政府技术人员匮乏、技术手段落后等问题。截至2024年1月，全国超过23个省份已成立省级数字政府运营公司。但合作规则不健全、资产运营路径不清晰、企业商业模式不成熟等问题仍制约着数字政府的持续运营，需要进一步健全政

企合作运营标准规范，通过对数字政府基础设施、数据、应用等对象的差异化运营策略，实现政企合作运营的商业闭环。

(1) 通过标准规范引领数字政府运营模式推广应用。从运营对象、服务对象、运营模式等维度对数字政府运营进行明确界定，针对政府购买服务、资产授权运营、政府投资市场运营等各种不同模式，研究出台相应的运营指南。在确保依法合规、安全可控的前提下，推广"以运营代运维"的新模式，开放政务数据运营权、共性组件运营权给运维公司，以政务资源运营收益抵扣运维支出或回收收益，形成资源置换。例如，成都市政府将数据运营权集中授权市大数据集团，经济收益以国有资产运营收入方式进入地方财政，以减少庞大运维费用造成的压力。

(2) 针对不同运维对象制定差异化的运营策略。针对政府IT基础设施运营，可采用物联感知设备商业化服务模式，用政府部署的视频设备为银行、交通枢纽、社区提供服务。针对政务数据运营，可以将扩大公共数据授权运营试点范围为抓手，把数据授权给有资质、有能力的企业运营，加快构建数据基础制度，通过数据确权、数据登记、数据定价、数据交易、数据监管等建立数据要素流通市场化发展体系，探索数据交易、数据信托等数据合作模式，更好地释放数据要素潜能。针对共性应用和组件运营，鼓励运营企业通过租用、按次计费等方式为不同部门提供共性能力组件服务，让共性能力能像水电气一样按需付费。

(3) 通过利益联结和经验总结探索政企合作运营的商业闭环。在合规前提下构建政府与企业的商业合作机制，探索数字政府项目的盈利模式，通过市场化运营反哺公益性项目投资。例如，数字广东公司通过参股广州数交所，既能保证公共数据合规流通，又能获取数据要素交易收益。构建数字政府合作生态圈，鼓励数字政府运营企业依托市场中心地位，与本地ICT（信息和通信技术）企业在专利知识、软硬件架构、品牌资质等方面开展合作，进行能

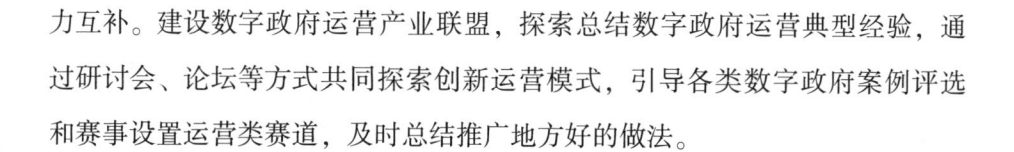

力互补。建设数字政府运营产业联盟，探索总结数字政府运营典型经验，通过研讨会、论坛等方式共同探索创新运营模式，引导各类数字政府案例评选和赛事设置运营类赛道，及时总结推广地方好的做法。

六、红线底线：安全防护体系化保障

1. 系统谋划全面提升安全管理能力

随着数字化转型深入，数字政府安全建设模式由"碎片化"向"一体化"转变，安全保障体系建设也向"全方位、多层级、一体化"转变。但目前数字政府网络安全工作仍存在安全责任不落实、安全制度落实不到位、安全要求不够细化等薄弱环节，需要系统谋划，加强理念、制度和管理有机衔接，完善网络安全综合保障体系。

（1）建设安全管理机构，压实安全管理责任。将供应商/第三方服务商作为参与者纳入数字政府安全管理机构，加大对其的安全管理力度，明确各主体应承担的相关网络安全责任，强化人员网络安全意识，推动其加强源代码、资产管理、日常运维等安全管理。建立科学的监督管理及跟踪评价制度，定期开展对供应商/第三方服务商的背景审查、资质认定和审计。

（2）科学制定管理制度，细化安全管理要求。围绕网络安全综合保障体系的业务要求，健全关键基础设施保护、运维管理、安全评估、密码服务、供应链和服务外包等制度，推动构建科学规范的管理制度。落实数据安全保护制度，制定完善数据安全保护管理制度，数据分类分级制度，数据流转、数据交易、数据开放共享等管理制度，以及数据安全检测评估、审查、风险监测、应急处置等制度，加强数据采集、传输、存储、治理、交换、销毁等全生命周期保护。

（3）统一规范强化职责，落实安全制度要求。充分落实国家网络安全相关法律法规，加强数据全生命周期安全管理和技术防护、关键信息基础设施安全保护和网络安全等级保护。健全网络安全统筹协同工作机制,加快网络安全工作责任制落细落实。建立健全相关评估机制,定期开展网络安全、保密和密码应用检查,通过风险评估、监督检查、安全审计等,检查各项制度的实施情况,确保安全工作合规开展,提升数字政府领域关键信息基础设施的保护水平。

2. 整体防护加强综合技术防御能力

(1) 统筹共性安全能力,统一安全基础防护。构建统一的安全基础设施,是确保网络安全的重要基石。基于内生安全和"零信任"安全理念,聚焦政务信息化关键信息基础设施,构建统一资产管理、统一身份认证与管理、统一密码服务、统一安全审计、统一威胁情报分析等基础能力,面向安全服务对象提供标准的接口服务,为网络安全治理提供基础安全服务。

(2) "数网"结合双轮驱动,多层次多重技术防护。随着云平台、网络、终端、数据、应用和用户行为等元素的日益复杂和交织,构建一个多层次多重技术的网络安全技术支撑体系变得至关重要。要兼顾"以网络系统防护为核心的网络安全"和"以数据要素为核心的数据安全",基于用户权限和行为,构建集身份认证、访问控制、安全控制、监控审计、备份恢复等多重技术于一体的"云、边、端、网、数、应用"多层次协同的安全技术防护体系,强化云安全防护、网络与边界主动防御、终端安全防护、数据安全保障、应用安全防护、异常行为感知等水平,提升适应不同业务场景的纵深防御水平。

(3) 主被结合持续监测,全链路、全流程防护。改造升级已有被动应急能力体系和构建新型积极主动防御能力体系,涵盖"组织、人员、资产、隐患、事件、流程"六要素,贯通"云、边、端、网、数、应用"六大层面,加强资产管理、风险识别与预警、安全事件通报、处置闭环等安全能力,形成泛在感知、提前预警、主动识别、准确发现、协同处置、持续检测的一体化安全防护能力,实现安全风险及早发现、安全威胁协同处置、安全事件闭环管理。

3. 多跨协同着力增强安全监管能力

（1）健全协调指挥机制，提升应急处置能力。健全重大网络安全事件报告制度和突发网络安全事件应急响应工作机制，分级、分行业制定修订网络安全应急预案、应急处置工作指南和处置流程图。落实应急处置工作责任制，明确处置责任机构和人员，加强应急资源储备。强化网络安全信息共享、风险研判、通报预警、应急处置，建立常态化风险排查机制，深化跨部门跨区域网络安全应急演练。

（2）完善安全检查督查机制，落实常态化监管。推动省、市、县三级和跨地域、跨部门联合监管，统筹网信、公安、保密等安全监管力量，建立多环节、多层次、全方位的网络安全监督协同机制，常态化开展网络和数据安全抽查、督查。定期开展政务信息系统和相关部门安全合规能力建设情况检查，对关键信息基础设施和重要信息系统开展网络安全、保密管理和密码应用等重点检查和深度检测，及时发布安全通报，督促相关单位及时整改。

（3）创新安全综合评价机制，实时量化安全成效。通过实时量化安全成效，开展网络安全量化分级管理和结果运用，可以更好地了解网络安全的状况和问题，并采取有效措施进行改进。建立网络安全指数评估机制，评估网络安全保护情况，能够对各重要行业的网络安全建设、安全管理、安全防护、安全监测、安全成效等进行全方位评价，形成网络安全评价指数，并实现对网络安全综合评价指数的可采集、可计算、可分析、可展示。

第四节 一体化建设的推进策略

数字政府领域的一体化建设应按照"有序组织、分类推进"的原则，立足省域、区域和国家三大空间视角，综合考虑层级关系、推进主体、地域范围的差异，明确不同施策重点。

一、"省市统筹、赋能基层"，加快省域一体化

遵循集成理念，创新建设模式，注重省级统筹，以急用先行、统筹集约、利旧创新为原则，统筹推进技术融合、业务融合、数据融合，提升跨层级、跨地域、跨系统、跨部门、跨业务的协同管理和服务水平，构建上下联动、条块结合、一体化推进的数字政府建设新格局。

1. 构建"管—建—运"多元协同模式

按照全省一盘棋方式，强化项目建设的集约统筹、整体协同、考核督办，打造规划、设计、建设、运营一体化管理模式；以"政府主管主用、总集承建承运、生态开放参与"的方式，完善项目运营阶段的政企协同、社会参与机制，发挥政府在政策指引、建设标准、总体规划中的统筹管理作用，注重效能引领。

2. 构建省、市、县、乡四级统一的资源体系

建立"一本账"，梳理省、市、县、乡四级政务服务事项，实现数据同源、动态更新、联动管理，确保政务服务事项在全省范围内无差别受理、同标准办理；打造"一枢纽"，通过共性应用支撑能力建设，实现全省统一身份认证、统一电子印章、统一电子证照、统一邮政物流、统一短信服务功能；汇入"一面湖"，开展数据清洗、优化、定制开发等治理工作，推动数据质量和可用性不断提升。

3. 鼓励融合场景创新

以"三网融合"建设牵引省域数字政府一体化建设，推动建成省域线上线下政务服务深度融合的"一网通办"，实现政务服务流程和方式的重塑；在经济运行、基层治理、生态环境、水利、住建等领域推动省域"一网统管"建设，有力提升治理能力现代化水平；围绕办事、办文、办会的政府办公工

作，推动移动通信、视频会议、协同办公等应用建设，实现政府、事业单位和平台企业的深度合作，实现省域"一网协同"。

二、"跨域协同、民生先行"，推进区域一体化

深入贯彻落实区域协调发展战略，重点围绕京津冀、长三角、粤港澳大湾区、成渝等地区，以数字政府一体化建设为牵引，运用数字化技术带动基础设施、数据要素、民生服务、社会治理等要素资源跨区域流通共享，推动区域协同共治高质量发展。

1. 健全区域级统筹协调机制

围绕区域数字政府一体化重点任务，构建多渠道会商、多部门联动的高层统筹协调机制，统一业务标准，增强区域间资源共享与互认，以数字化推动跨区域的数据、设施等要素互联互通。

2. 深化异地事项"跨域办"

聚焦企业跨区域经营和群众异地办事需求，按照"问题导向、改革创新、试验验证"工作思路，持续拓展异地服务事项"跨域办"典型实践，形成若干政务事项区域一体化模式创新先行区。

3. 强化区域间数字化协同治理

聚焦民生需求、公共安全治理、生态环境治理等领域，打造区域社会治理共同体，推动教育、医疗等优质公共资源共享，优势互补，建立常态化维稳、执法合作机制，推进区域内生态环境共治共管，形成跨区域、多主体参与的生态环境协同治理合力。

4. 加强区域间数据要素开发利用

探索开展跨区域的公共数据授权运营试点，以公共数据开发利用释放数据要素价值。加强区域间合作，培育壮大数据生产、流通、应用等数商产业链，构建多层次的数据流通交易体系，推进跨区域数据融合与创新应用。

三、"全局部署、点面结合",渐进全国一体化

依托全国一体化政务大数据体系和全国一体化政务服务平台,统筹推进数字政府改革建设,以提高履职效能为导向、强化安全体系建设为保障,强化平台支撑能力建设,以点带面、点面结合,助力实现国家治理能力和治理体系现代化。

1. 加强统筹协调推进

进一步完善数字政府建设领导小组工作机制,统筹部署数字政府一体化建设重大改革、重大政策、重点任务,形成总体实施路线图。由国家主管部门牵头组织,面向各部门、各地方、高校院所、承建单位等,定期组织数字政府建设会商交流,及时总结典型成果,发现重点难点问题。适时出台数字政府建设评价指南,为高效推进全国"一盘棋"的工作部署提供指引。

2. 加快标准体系建设

妥善处理好国家标准、行业标准和地方标准的标准组织定位及结构关系,研究发布数字政府建设标准体系框架,围绕数据开发利用、系统整合共享、共性办公应用、关键政务应用等重点领域,分批次推进系列标准制定,有效指导各部门各地区数字政府建设。

3. 鼓励基层探索创新

有序推动综合性改革试点工作,鼓励有条件的地方围绕数据基层赋能、政务大模型、优化营商环境等,开展制度创新、技术创新和应用创新,实现国家统筹、一地创新、各地复用。推进数字政府跨省帮扶,促进地区的优势互补、资源共享、互惠互利、共谋发展,推动数字政府一体化建设均衡发展。

第七章

落地策略：数字政府建设的典型案例

我国幅员辽阔、区域差异明显，这就意味着各地区在推进数字政府建设的路线和策略选择上可能存在较大差异。

从横向看，受区域环境和发展基础等因素影响，各地数字政府建设面临的主要矛盾、所处发展阶段不同。有的先行地区已经探索大模型等新技术赋能数字政府建设路径；有的地区正借鉴发达地区经验，强化"一盘棋"部署，优先完善云、网、数等基础设施和平台建设；有的地区结合数据产业优势，重点推动公共数据的流通利用；有的地区服务地区经济发展策略，优先通过数字政府建设推动政府职能转变，着力优化营商环境。

从纵向看，省域、市域、县域不同层级在数字政府建设方面承担的统筹和建设任务不同，关注重点不同。以政务云建设为例，省级层面重点关注云的统筹规划、集约化建设、标准研制、统一纳管、资源调度等，市级层面建设政务云平台，实现业务的安全可控运转，区县一般不单独建设政务云。

为了更生动地呈现我国各地如何推动数字政府建设落地，本章分别从顶层规划设计、体制改革、建设场景、技术赋能、数据价值释放、网络安全保障等方面选取了具有代表性的案例，分析地方在上述环节如何结合自身特色形成数字政府解决方案，推动治理能力升级。

第一节　顶层规划先行：甘肃省市县一体化贯通模式助力数字政府建设

一、甘肃建设数字政府的设计规划

2021年以来，甘肃省委、省政府深入贯彻习近平总书记关于"网络强国"和建设"数字政府"的重要指示精神，将数字政府建设作为推进政府治理能力现代化的总抓手、促进经济高质量发展的加速器、优化发展环境的大平台、展现甘肃形象的新窗口，创新谋划、多措并举，出台加快甘肃数字政府建设的顶层设计和重大决策，在政务信息化建设方面进行了有益的探索和实践，并取得了显著成效。

甘肃以"中西部领先、全国一流"为目标，坚持统筹与研发并重，新建与利旧结合，当前与长远统一，确定中国移动集团作为甘肃省数字政府建设的系统集成方、标准制定方、运营维护方，统筹构建数字政府"12345+N"技术体系，精心打造数字政府技术架构和应用平台，甘肃成为全国数字政府建设中首家进行省级统筹和系统集成的省份。

甘肃通过构建省市县三级一体化数字政府，实现了跨越式发展，技术架构和平台应用取得了突破性进展。政务信息基础设施不断完备，电子政务外网、电子政务内网、电子政务云建设取得积极进展，电子政务外网已覆盖省、市、县、乡四级，接入单位近1.5万家，政务数据共享应用不断深入。

在甘肃省数字政府省级建设项目评估会议上，由中国工程院院士沈昌祥领衔的评估专家委员会一致认为，甘肃省数字政府省级建设项目技术标准高、应用功能强大，省级统筹的建设模式节省了建设资金，打造了政企合作的样板和范例，为欠发达地区推进数字政府建设提供了有益的探索，具有示范性和可推广性。同时，甘肃的数字政府建设得到了一些省份和行业的关注，黑龙江、山东、辽宁、江西、云南、内蒙古、西藏等省份和国家信息中心、国家发改委营商环境发展促进中心、中国核能行业协会先后赴甘肃省考察调研数字政府建设工作。

二、甘肃的五大创新实践

甘肃的数字政府项目坚持全省"一盘棋"，采取"省级统筹主建、市县配套推进、系统集成应用、整体跃升水平"的建设模式，统筹构建数字政府"12345+N"技术体系，即深化"放管服"改革优化营商环境1条主线，管理和技术2个架构,"一网通办、一网统管、一网协同"3个关键链条,"甘快办""一码通""不来即享"和12345热线4个特色品牌,省、市、县、乡、村5级贯通的政务服务体系,N个政务服务应用系统,以满足企业和人民群众日益增长的数字服务需求。

1. 构建省市县乡村5级一体化架构

甘肃数字政府按照"入口统一、业务统一、能力统一、数据统一、云网统一、运管统一"的技术标准,采用最先进的中台架构,通过全业务流程再造,构建了省市县乡村5级云网一体的统一架构,按照"4级46同"的统一标准,梳理省市县乡村5级事项100万余项,实现事项、申报、受理、办理、评价、材料的统一。

2. 以数资政、以数辅政打造管理抓手

以深化"放管服"改革、优化营商环境为目标,遵循"以数资政、以数辅政"的建设理念,建设省、市、县3级贯通的运营指挥中心和业内领先的省级政务服务综合监督平台(见图7-1),包含政务服务监测、服务效能评价、

图7-1 甘肃省数字政府运营指挥中心

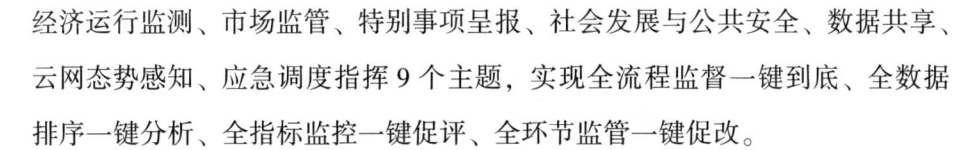

经济运行监测、市场监管、特别事项呈报、社会发展与公共安全、数据共享、云网态势感知、应急调度指挥 9 个主题，实现全流程监督一键到底、全数据排序一键分析、全指标监控一键促评、全环节监管一键促改。

3. 创新特别呈报，提升政府治理效能

坚持把政务数据的利用服务作为打通利企便民"最后一公里"的重要抓手，按照"应上尽上、全程在线、服务更优"的要求，聚焦政府效能、国家标准、营商环境、民情反映、数字政府建设等核心领域，研发"特别呈报"APP，通过手机终端向省政府主要领导和分管领导、市州长、厅局长推送政府效能指标，以提升市州和厅局线上政府办事能力，解决线上可见的重大动态和数字政府运行中的突出问题。

4. "甘快办"政务服务移动端应用

坚持"应上尽上、全程在线、服务更优"目标，甘肃打造了全省统一"甘快办"政务服务移动端应用品牌，建成了覆盖省、市、县、乡、村 5 级的政务服务移动端，推进覆盖范围广、应用频率高的政务服务事项向移动端延伸，推动实现更多政务服务事项"掌上办""指尖办""就近办"（见图 7-2）。充分利用人工智能技术，实现从"人找服务"到"服务找人"的转变，优化办事体验，累计接入税务、医保、教育等行业和人民群众紧密相关的高频应用 2600 余项。

5. 建设省级 12345 热线平台

按照"统一规划、统一标准分级建设"的建设思路，采取整体并入、双号并行、设分中心 3 种形式，对全省 57 条热线进行整合归并，新建和对接 14 个市州政务服务热线，建成"覆盖全省、统一联动、一号对外"的政务服务便民热线体系，架起了党委、政府联系群众的桥梁，"全省统筹、统一联动、一号对外"的做法入选清华大学数据治理研究中心《政务热线数智化发展报告（2022 年）》经典案例。

图 7-2 甘肃省"甘快办"政务服务移动端

三、甘肃数字政府建设取得的四大成效

创新了省级集成建设模式,"省级统筹、全省联动"。甘肃地处西部地区,在财力资金有限的情况下,央企与地方紧密结合,同向努力,省级统筹的建设模式节省了建设资金,打造了政企合作的样板和范例,探索出一条在西部地区建设独具特色亮点的数字政府建设新路径。

1. 弥补了数字政府服务发展的应用短板

甘肃数字政府建设项目首批纳入企业开办、疫情防控、公共资源交易、智慧税务、投资审批等重要事项,为市场主体提供数字化和便利化服务,为深化"放管服"改革、优化营商环境提供技术支撑。

2. 强化了政府调控数据服务的主导地位

甘肃数字政府的技术架构和平台设计突出数据汇聚共享,大数据平台提供全方位的数据服务支撑。数据汇聚共享平台正在焕发强大的支撑应用能力，有助于促进数字政府、数字社会和数字经济发展。

3. 实现了全省运行数据的展现、管控和预警

甘肃省数字政府建设的运营指挥中心打造了全省统一的"一网统管"指挥枢纽，对全省各单位运营数据进行综合汇集与呈现，重点汇聚全省政务、气象、应急、公安、交通等城市运行核心数据，实现全省运行数据一屏展现、全面管控、及时预警，并能够与全市各级指挥中心联网，实现"一网一号"呼叫联动，协同解决各类城市管理和社会治理问题。

4. 满足了企业和人民群众的数字服务需求

甘肃数字政府建设明确一条深化"放管服"改革优化营商环境的发展主线，建设利企便民、精准服务、整体协同、透明高效的一体化数字服务政府，打造"甘快办"（一网通办）"甘政通"（一网协同）等特色品牌，不断提升品牌影响力和美誉度。甘肃建立省市县乡村5级贯通的政务服务体系，不断提升政务服务能力和水平，不断增强人民群众的获得感、幸福感，面向企业、群众建立线上线下协同的多个政务服务应用系统，满足企业和人民群众日益增长的数字服务需求，为建设美好新甘肃提供强有力的支撑。

第二节　体制改革驱动：辽宁省以 12345 热线为抓手深化营商环境建设

一、辽宁建设数字政府的规划

为全面优化营商环境，贯彻落实党的二十大报告提出的"畅通和规范群众诉求表达、利益协调、权益保障通道，完善网格化管理、精细化服务、信息化支撑的基层治理平台，健全城乡社区治理体系，及时把矛盾纠纷化解在基层、化解在萌芽状态"相关要求，辽宁省坚持问题导向，以 12345 热线为抓手，深化管理体制改革，构建"1+6"制度体系，印发了《辽宁省12345政务服务便民热线管理办法》，配套出台了企业群众诉求办理、群众诉求办理实施细则、考核评价、数据管理、知识库建设、服务规范六个细则，推动12345热线平台规范化、制度化、标准化建设。

二、辽宁的五大制度创新

1. 建立"12345热线+网格化"六级联动制度

辽宁将12345热线已有的省、市、县、乡四级办理体系与基层街道、社区网格工作体系整合衔接、相互融合，形成"接诉即办"和"网格报告、镇街吹哨、部门报到"六级联动制度，拓宽民生问题上行通道，落实部门职能下沉责任。同时，辽宁依托12345平台的政企直通车、供热直通车、供电直通车等渠道功能，拓宽专业网格渠道，汇聚了2.8万个承办单位、3.2万名承办人员、2.9万名项目管家在乡镇（街道）下沉，成为推动解决企业群众"急难愁盼"的重要力量和有力支撑。

2. 建立"确权责任清单"，完善快速响应制度

辽宁在12345热线平台四级分类目录基础上，与基层网格事项相结合，进一步完善县（区）级以下"确权责任清单"，细化网格事项。细化明确了48类行业领域、222项问题类型、1117项问题表现及418项权责问题。根据问题复杂程度实现分级分类处置，一般问题"一键直达"、复杂问题"提级办理"，确保诉求问题能够在第一时间精准派送责任主体，大多数问题能够在网格内得到快速解决。

3. 建立"12345热线+网格化"双化解制度

聚焦群众反映的诉求问题，辽宁通过制度性规范，依托12345热线平台，实现基层网格重点难点问题提级响应，对于需要跨部门解决、基层网格内难以解决的重点和难点诉求，由12345热线系统建立问题上行通道，提交上级

政府或行政主管部门统筹协调。分级建立争议事项会商制度，对职责边界不清、存在管辖争议的高频诉求事项，及时召集相关职能部门研究会商，逐一厘清职责权限、明确管辖主体、制定处置规范，确保企业群众诉求及时妥善处置，及时把矛盾纠纷化解在基层，化解在萌芽状态。

4. 建立"12345热线+网格化"考核监督评价制度

坚持问题导向，统筹12345热线诉求与网格事项办理情况，辽宁建立完善以即时分转率、按时反馈率、办结率、满意率、有效回访率为核心考评体系，规范考核流程。对群众、企业合理诉求应办未办、反复投诉、久拖不决、部门推诿扯皮等问题，统一纳入12345平台日报、周报、月报，进行通报督办，对督办后仍不解决的，通过12345纪检监督平台，报送纪检监察机关。

5. 建立数据分析及舆情监测制度

推动12345热线平台与网格化系统数据对接，辽宁建立一体化的数据采集、数据管理、数据共享和数据应用平台，实现12345热线端企业群众反映的以"事"为主的诉求问题，与网格员巡查发现的以"点"为主的网格事项数据的关联分析，精准分析研判企业与群众需求，聚焦基层社会治理中高频多发和解决率较低的问题和点位，实现对共性、同类、季节性问题的主动发现、前瞻处置，为舆情分析、应急处置、区域治理提供决策参考和科学研判，推动"未诉先办、主动治理"。

三、辽宁的三大创新实践

1. 被动受理变主动服务

辽宁依托"12345+网格化"制度，打造了"人人都是网格员"的理念，形成了"线上+线下"全方位融合、多元参与的问题反映通道，使社情民意收集的范围更广泛、渠道更充分、制度更完善。试点运行期间，"12345+网格化"平台有效化解辽宁省信访增量较大的养老保险欠缴、土地征收及动拆迁、产权证办理、工资拖欠及劳资纠纷、教师职称及待遇等涉及教育、社保、医疗、住建、司法等领域诉求问题共计49.1万余件（次），同比增加26%，不少问题隐患因为及时发现被消灭在萌芽状态。

此外，辽宁通过对企业群众诉求问题的颗粒化分类和精细化管理，使"12345热线+网格化"平台成为基层社会治理的受理中枢、调度中心、处置中心和体征监测中心，为舆情分析、应急处置、区域治理提供决策参考和科学研判，成为社会治理的"小切口"。鞍山市岫岩县哈达碑镇先后5户居民反映吃水难，经水利站勘查发现自来水管线老化，漏水严重导致水压不足。经镇政府专题会议研究，将辖区内年限较长的自来水管线全部更换，保障了全镇13个行政村近千户村民的吃水问题。

2. 诉求办理"一键直达"

辽宁通过打造逻辑穿透、流程顺畅、资源共享的"12345+网格化"一体化运行制度，推动解决问题关口前移，使诉求问题能够直达责任部门、办件人员，在问题发现和解决之间搭建"直通车"，实现了诉求办理的全面提速。2022年全省12345热线平均办结天数从9天缩短至7天，供热、供电、供水等民生诉求平均办理时效缩短至16小时。沈阳市和平区将全区1092名网格员作为发现问题的"公共管家"，将市场监管、金融、城建、商务等职能部门1009名工作人员作为解决问题的"行业管家"，通过网格员走访联系企业1179家，收集问题181件（次），提报"行业管家"后全部得到解决。

3. 协同联动"一站式"化解矛盾

通过12345热线平台与社区网格管理平台的全面融合，辽宁构建了"省—市—区—街道—社区—网格"六级联动工作制度，实现全省一个平台指挥调度、各层级协同办理的运作模式，做到了人员力量的全面下沉，"多格合一、一格多用"力量联动。沈阳市皇姑区在试点过程中，10个街道131个社区提级上报诉求249件，涉及城市建设、物业管理、停车管理、公

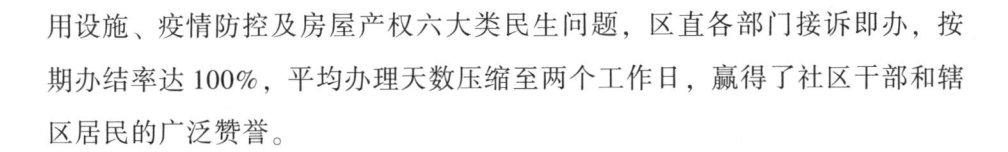

用设施、疫情防控及房屋产权六大类民生问题，区直各部门接诉即办，按期办结率达100%，平均办理天数压缩至两个工作日，赢得了社区干部和辖区居民的广泛赞誉。

四、数字辽宁取得的三大成效

辽宁省12345政务服务便民热线，在整合相关政务服务热线基础上，实现全省互联互通。辽宁通过体制创新改革，实现网格化管理、精细化服务，及时把矛盾化解在基层、化解在萌芽状态。

1. 诉求渠道加速融合，实现工作闭环

"12345热线+网格化"平台有效解决了辽宁省社会治理渠道碎片化、民意诉求办理归口不统一等问题，打通服务群众"最后一公里"，使群众诉求直接、直观、直面地呈现给主管部门，有效提升了热线诉求问题直达率，缩短了诉求问题办理时间。

2. 社区网格办理力度进一步提升，建立向上"提级办理"机制

"12345热线+网格化"平台建设，有效减轻了基层多头诉求、反复投诉等负担，提升社区"提级办理"能力，将小事、隐患、苗头性问题快速解决。

3. 形成跨部门合力，建立化解矛盾问题联动机制

"12345热线+网格化"平台建设针对群众诉求问题多元化、利益复杂化等特点，进一步加强跨区域跨部门合作机制，瞄准源头化解矛盾，形成上下联动的基层治理格局。

第三节 建设场景统筹：广州市"四网融合"打造数字政府建设新图景

一、广州建设数字政府的规划

党的十八大以来，党中央从推进国家治理体系和治理能力现代化全局出发，围绕数字中国、数字政府建设等做出了一系列重大部署，2022年，《国务院关于加强数字政府建设的指导意见》提出构建协同高效的政府数字化履职能力体系，全面推进政府履职和政务运行数字化转型，统筹推进各行业、各领域政务应用系统集约建设、互联互通、协同联动，创新行政管理和服务方式，全面提升政府履职效能。广东省、广州市针对数字政府建设出台系列措施文件，要求各地全面开展"数字政府2.0"建设。

在此背景下，广州市海珠区坚持以"制度创新+技术创新"为主线，全力打造"整体协同、运行高效、服务精准、管理科学、治理精细"的海珠数字政府2.0模式，依托"三三四"技术架构，打造"云、数、网、端、视"一体融合的政府运行基础设施支撑，通过"一网通办""一网协同""一网统管""一网共享"的"四网融合"，打通"数字应用"全场景，推动数字化服务更精细。

二、广州的四大创新实践

广州市海珠区数字政府建设思路简单归纳为"三三四"技术架构（见图7-3）。第一个"三"，是三强，即强化公共支撑、智能中枢、基础设施三大支撑基座；第二个"三"，是三促，即面向公众、政府、企业三类对象，打破数字壁垒，再造业务流程，创新技术手段，促进数字优政、数字惠民、数字兴业三大领域应用；"四"是四保障，建立运行管理、制度标准、数据治理、安全保障四大保障体系。在此基础上，海珠区建设"一网通办""一网协同""一网统管""一网共享"的"四网融合"应用支撑，构建数字化、智能化的政府运行新形态，充分发挥数字政府建设对数字经济、数字社会、数字生态的引领作用，为推进政府治理体系和治理能力现代化提供有力支撑。

1. 政务服务"一网通办"

海珠区在计算机端依托广东政务服务网，建设信息复用、材料复用、电子

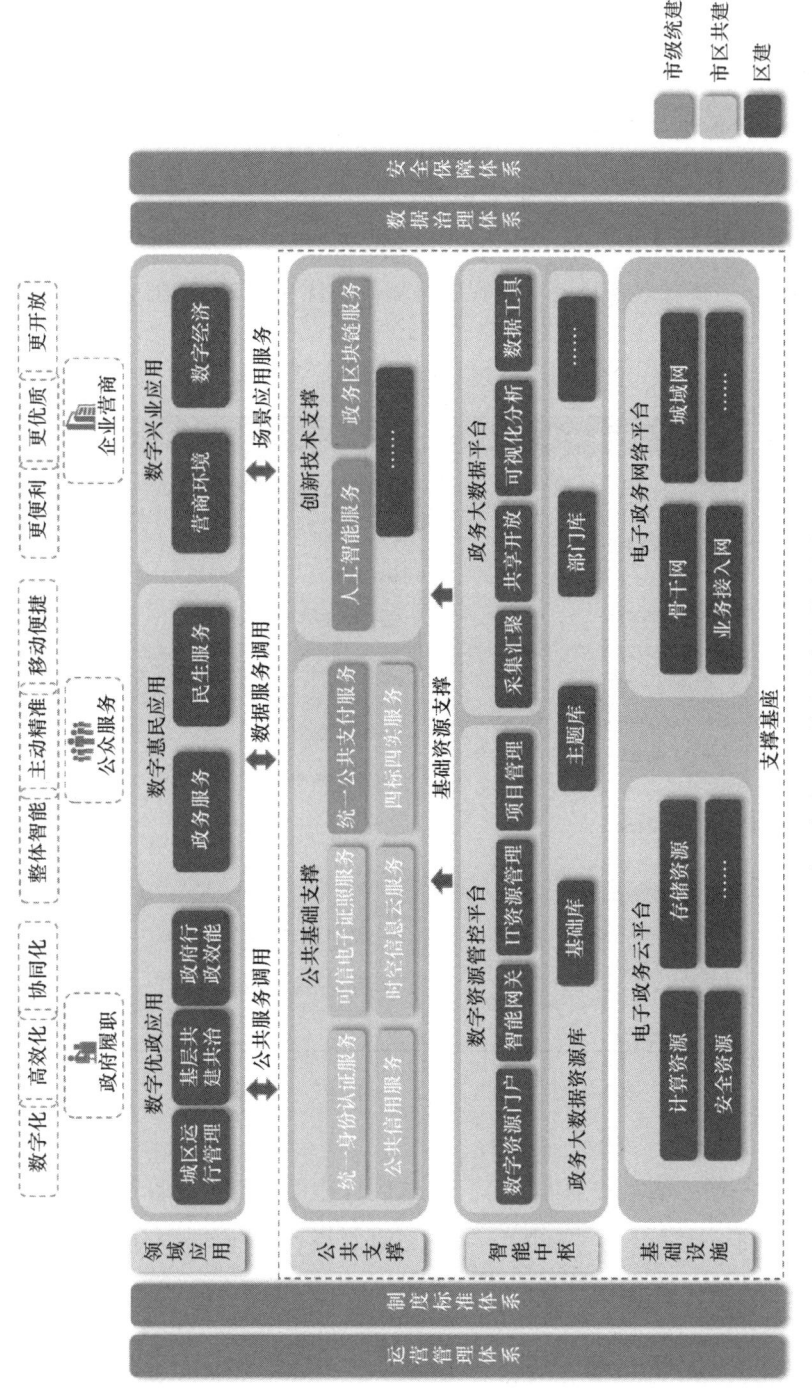

第七章 落地策略：数字政府建设的典型案例

图7-3 广州市海珠区数字政府的技术架构图

签名、双向快递等功能应用，在全市率先推出 500 项政务事项"线上湾区通办"，1200 多项政务事项实现"全流程网办"。移动端打造海珠区移动公共服务总门户"珠事通"小程序，覆盖 600 多项政务事项，发出全省首张个人电子证明材料，率先推出"一码通办""亮码办事"新模式，全省率先实现 130 余项人社和医保业务全流程"指尖办"（见图 7-4）。自助端布设"政务+金融"一体机、"智慧政务晓屋"等智能终端，实现 9 省 20 个地区 9000 余项政务服务"远程联办"。

图 7-4 广州市海珠区"珠事通"小程序

通过"一网三端"的通办服务，海珠区打造优质的智慧政务，实现"清单之外无审批、平台之外无事项"，帮助企业群众办事"填更少的信息、报更少的材料、跑更少的现场、带更少的证件、实现更快办理"。全区 1047 个事项、2826 项申办材料、269 类电子证照实现自动校验，电子签名应用率提升

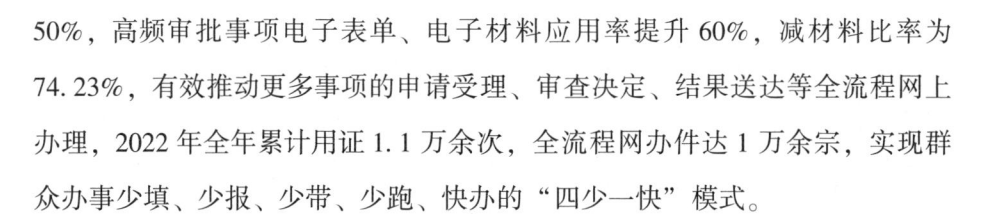

50%，高频审批事项电子表单、电子材料应用率提升 60%，减材料比率为 74.23%，有效推动更多事项的申请受理、审查决定、结果送达等全流程网上办理，2022 年全年累计用证 1.1 万余次，全流程网办件达 1 万余宗，实现群众办事少填、少报、少带、少跑、快办的"四少一快"模式。

2. 政府运行"一网协同"

以"一张网"理念打通区属各部门办公应用的业务流程，海珠区建设数字化协同办公平台，集成协同办文、业务审批、机关事务处理等 16 个主题功能，提供面向全区公务人员的统一工作门户。该平台融入全省公务应用生态圈，与"粤政易"平台对接联动，实现主要办公功能的移动化处理。公务人员动动手指即可完成公文流转审批和跟踪督办，并能随时随地发起与全省公务人员的无障碍沟通，从而达到上下联动、政令畅通的目的。

目前，海珠区数字化协同平台注册用户达 1.67 万人，全面覆盖全区 63 个党政群机关、18 个街道、267 个社区，月均登录使用 20 万人次、行文总数 6 万份、事项办理 7 万份，彻底改变政府传统办公方式，实现全区党政群机关内部办公平台化、标准化、协作化和移动化，为探索具有广东特色的数字政府改革建设提供了创新范本。

3. 政府治理"一网统管"

海珠区以广州塔景区为试点，打造广州塔景区智能化管理平台，建立 1972 项景区体征指标，对景区内大到地标建筑物，小到城市设施部件，进行全面 1∶1 的 3D（三维）数字还原（见图 7-5）。该平台结合人工智能算法引擎的构建，建立人流承载、交通拥堵、气象等预测预警机制，对城市管理"六乱"及高频不文明行为等智能识别，实现城市运行"一屏感知"、指令"一键触达"。海珠区建设"数字海珠一张图"智慧化平台，将人、地、物、组织等基础数据高效落图，实现任意行政区划范围的"底数精准查询、周边资源迅速关联、城市底册快速共享"的高效数图输出模式。

图 7-5　广州塔景区智能化管理平台

海珠区通过打造高精度数字孪生底座，使管理者能多维度、全方位掌握景区情况，数据治理态势感知更全面，结合人工智能算法引擎的构建，与真实监控视频形成优势互补，实现对城市管理"六乱"及高频不文明行为等智能识别、快速调度、就近处置，实现了景区运行管理由被动应对到主动监测、智能预警的转变，使重点区域精管善治"触角"得到延伸。

4. 数据资源"一网共享"

海珠区通过"规范制度建设+平台集约思维"，强化数据的统筹归集、统筹管理和统筹应用，形成有效统一的数据治理和监管体系。在规范制度方面，早在 2018 年，海珠区就出台实施了全省首个区县级政务信息资源共享管理办法；2021 年，海珠区出台全国首份区县级数据要素市场化配置改革行动方案，在全国率先开展数据经纪人制度的探索，组建"两官一员"的首席数据官队伍，创新提出数源责任"清单化"、数据采集"减量化"、数据管理"集中化"、数据应用"场景化"、数据安全"立体化"、数据要素"市场化"等"六化一体"的数据治理新模式，全方位提高数据运营能力。在平台集约方面，海珠区打造了"一中心两平台"，分别是政务大数据中心，以及聚焦经济、人口两大核心关键数据资源打通数据壁垒，在全省率先打造经济大数据平台和人口大数据平台两大数据底座，实现 10 多个部门的数据在平台上融合汇聚，赋能各部门经济调节科学化、社会治理精细化转型。

海珠区经济大数据平台打通经济数据 3500 多条，在海珠区制定经济政策、经济预警、安商稳商、增税纳统、楼宇园区高质量发展等工作上发挥了有力的支撑作用。海珠区人口大数据平台汇聚数据 10 亿余条，有效改善了过去依靠纸质户册开展日常管理中服务效率不高的局面，帮助工作人员有针对性地提供困难群众基本兜底保障、精准动员居民接种疫苗、处置突发应急事件等。

三、数字广州取得四大成效

1. 前沿技术综合应用，推动数字政府技术创新

（1）运用数字孪生技术，把广州塔景区复制到"元宇宙"，成为广州市首个以实用为导向的数字孪生平台，同时，以 AI 算法为核心建立智能算法中台，实现城市中轴线区域治理的"可观、可感、可调度"。

（2）按照省市信创标准，基于全国产化环境开展软硬件建设，全省率先启动基于信创标准的移动化、数字化协同办公平台，打造"区—街—社区"纵横联动的协同办公体系。

2. 强化资源共享共用，实现数字政府场景创新

（1）全省率先打造经济大数据平台，提供经济运行的宏观全景画像、中观运行分析和微观监测预警等功能应用，提高经济调节支撑能力。

（2）打造全省首个人口大数据平台，打破了以往数据分散于各个业务系统的问题，建立起"人、房、楼"共管的数字化电子户册，助力城区治理底数更清、情况更明、信息更准、管理更好。

（3）在全省率先提出从"数据治理"向"数图治理"提升的理念，打造全省首张以"数图融合"为核心的数字行政区划图。

3. 围绕"优政、惠民、善治"，提高数字政府服务能力

（1）群众办事满意度日益增进。2022 年，根据广州市政务服务效能指数评价分析报告，海珠区政务服务工作在全市 11 区中以首位的成绩获评为"政务服务指数榜效能之星"。全年收到来自办事群众、企业表扬信 138 封，锦旗 59 面。

（2）经济调节科学化逐步实现。海珠区经济大数据平台成为全区经济运行"晴雨表"和发展"指挥棒"，能够及时感知经济运行体征，全景透视产业发展生态，对经济风险智能预警，有效支撑经济工作布局规划、施策调控，提升安商暖企"五个一"工作的效率以及政策兑现服务的精准性。2022 年海珠区 GDP 首次超越 2500 亿元，克服了疫情影响，保持韧性发展态势，新一代信息技术服务业营收连续 8 年保持两位数高速增长。

（3）社会治理精细度明显提升。通过跨层级、跨部门、跨系统数据融合汇聚和开发利用，海珠区解决了各部门、各街道工作中数据共享不足、信息盲区多、数据质量低等痛点难点，为数字政府改革和智慧城市建设建立起坚实的数据中台，更有针对性地提供困难群众基本兜底保障、民政专项救助、高质量的养老服务，掌握突发应急事件处置主动权，形成基层社会治理的"共建共享、共治善治"新范式。

4. 激发数据要素红利，赋能数字经济创新发展

海珠区成为全省唯一的"数据经纪人""首席数据官""数据生产要素统计核算"创新改革"三试点"单位，在数据要素市场改革中打造了"六个首创"：全国首创分级分类数据经纪人遴选标准，推出全国首批数据经纪人，制定全国首份区县级数据要素市场化配置改革行动方案，全国首发数据经纪产品服务目录，促成全国首批数据经纪业务项目落地成交，推出全国首个数据经纪人撮合交易定价器。全国首批数据经纪人广东电网能源投资有限公司以电力数据赋能关联行业创收超 1 亿元；广州金控征信服务有限公司以数据助力中小微企业超 67 万家、服务融资超 300 亿元；广州唯品会以"智数平台"大数据赋能供应商收益高达 193 亿元，惠及消费者超 5000 万人次。

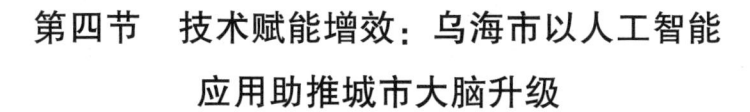

第七章　落地策略：数字政府建设的典型案例

第四节　技术赋能增效：乌海市以人工智能应用助推城市大脑升级

一、乌海建设数字政府的规划

近年来，内蒙古自治区乌海市全面贯彻落实国家、自治区关于实施国家大数据战略思想的重大决策部署，按照《内蒙古自治区数字政府建设行动方案（2021—2023年）》要求，结合实际持续推进乌海市数字政府建设并取得良好成效。同时，乌海市数字政府建设也面临着一些问题和挑战，如多个信息系统不兼容、委办局数据共享利用不足，无法提供全面的城市综合运行信息，突发事件情况下部门间协同联动效率有待进一步提升等，因此亟待构建统一的城市运行监测体系和突发事件综合协调体系，提高跨部门协同效率和决策支持水平。

二、乌海的数字平台建设

按照"塑造能力、夯实基础、完善支撑、创新应用"的核心目标，乌海市推进"城市大脑"建设，构建"1+4+N"整体架构（见图7-6）。"1"是指一个基础设施云平台保障城市大脑高效安全运行；"4"是指四个基础支撑底座：强化城市级"数据中台"能力建设和应用开发，为辖区内各级应用提供支撑和保障；构建乌海智慧城市人工智能平台，实现乌海市城市事件的自动发现、智能感知；依托数字孪生能力，构建乌海市城市可视化管理平台，实时映射城市状态信息，刻画城市细节、呈现城市趋势、推演未来趋势；构建城市业务平台，通过立体化、可视化、动态化展示支撑领导决策。"N"是指乌海市城市APP，打造N个场景应用。

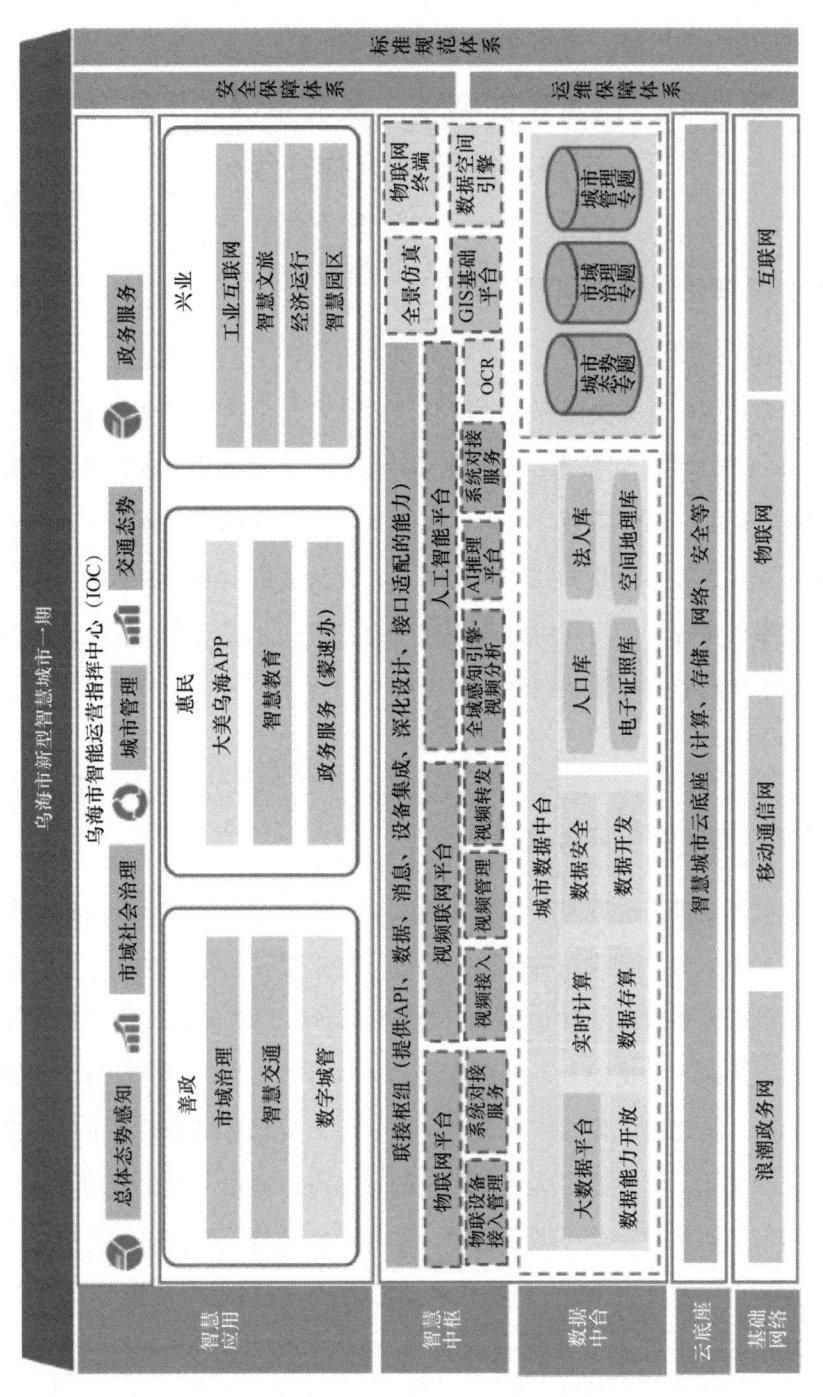

图7-6 乌海市城市大脑整体架构示意图

1. 打造城市数据中台

乌海市城市数据中台通过集合数据能力、产品技术能力，构建全域级、可复用的大数据中心，提供统一的数据服务能力。城市数据中台包括平台体系、数据体系、数据能力开放平台，通过城市数据中台实现全量数据的统一管理、全盘数据的综合应用、全域数据的持续治理。

2. 建设城市人工智能平台

乌海市构建全市统一的综合协调体系，实现事件快速发现与协同联动。人工智能服务平台能够为城市管理的协调作业提供统一的智能化能力平台，在突发事件发生时，做到智能感知，自动发现城市问题，为各管理部门和参与部门提供统一指挥联动协同的基础信息，实现各委办局处置事件的协同联动。

3. 构建城市业务平台

乌海市构建城市规模、资源禀赋、城市信用、民生服务、产业发展、基层态势、城市秩序、经济运行、城市治理、城市管理等政府治理和公共服务运行监测指标体系。城市业务平台作为城市的运营中心，肩负城市窗口、指挥调度、专项整治、日常城市运营等使命（见图7-7）。

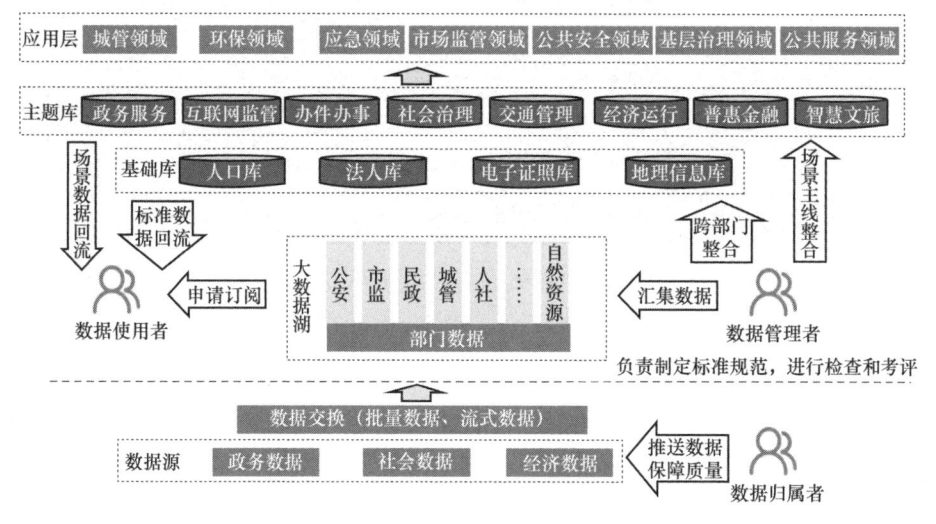

图7-7 乌海市城市大脑业务流程示意图

4. 乌海市智慧城市智能运营中心建设大屏、中屏两个端

大屏作为市情的集中研判会商平台，旨在实现全域感知、一屏统览，助力城市现代化治理（见图7-8）。通过对城市各业务主题及指标进行汇总，大屏可全面直观地呈现城市总体运行状况，城市管理者可以通过多个视角实时把控城市运行态势，从微观到宏观一屏统揽整个城市的体征，从而建立对城市多维度的综合认知，协助城市管理者全方位掌控城市综合态势，发现城市管理短板，提升城市治理体系和治理能力现代化水平。计算机端面向各个委办局的办公室人员，结合业务流程协同规范建设，汇聚全部业务指标，使办公室人员对运行状况全面掌控，足不出户也能快速把握城市运行情况，实现事件处置、指挥调度。

图7-8　乌海市智慧城市智能运营中心计算机端

5. 建设城市可视化管理平台

可视化管理平台可实时映射城市状态信息，刻画城市细节、呈现城市趋势、推演未来趋势，为数字空间的建模、仿真、演化提供支撑，实现物理空间在数字空间的映射交互，促进物理空间运行的改善和优化，打造高效、泛

在、全息的孪生空间底座，辅助城市实现统一时空孪生基础下的规划、布局、分析和决策，全面服务于政府决策、经济发展和公众生活，奠定城市健康发展的基础，助力新型智慧城市建设（见图7-9）。

图7-9 乌海市智慧城市市域社会治理

6. 开发上线城市APP

大美乌海APP立足全域，以"一中心、一个APP、N项服务"为建设思路，打造"2+N"的应用模式，"2"包括一个以云计算为支撑的大数据中心、一个面向居民的公众服务APP平台，N项服务包括生活服务、政务服务、社区服务等多元化服务。平台架构满足单个单位使用，并预留面向自治区级、市级相关单位的数据接口，横向满足不同单位之间数据及系统的对接需求，纵向满足各类智慧化应用功能不断拓展升级的需求。

三、乌海的三大创新实践

1. AI图像分析赋能城市管理

乌海市基于"一网通办"实现"两证合一"（排污许可证和环境影响评价）全流程办理，方便企业开展全程网办，实现了"一套材料、一口受理、同步审批、一次办结"，减轻企业重复申报工作。同时，综合建设项目对环境的影响程度、污染物产生量和排放量等因素，简化手续，提高审批效率，真正落实便民服务"线上更有速度、线下更有温度"。

通过扩展接入全市各单位开放的视频图像，AI图像分析可自动发现、智能抓拍城市各个角落的城市管理问题，及时推送给城管执法局，处置后再通过视频图像自动核查归档。目前 AI 图像分析已在暴露垃圾治理、店外经营治理、违规户外广告治理、渣土车未加盖治理、渣土车违规倾倒治理、无照占道游商治理、乱堆物堆料治理、沿街晾挂治理、非机动车乱停放治理等领域应用。原先依赖人工发现、人工流转处置，每起事件的平均处理时间需 3~4 天。"城市大脑"上线后，事件发现量提升 500%，事件处置流转效率大幅提升，每起事件仅需 1 天即可完成闭环处置，处置时长缩短约 70%，将事件发现、上报、分派、处置、核查、归档的总时长从原先的 3~4 天降低到 1 天内，实现了城市治理从人工排查到智能感知的跨越。

2. AI 智能识别赋能指挥调度

AI 智能识别算法共有 14 种，包括：机动车违停检测、非机动车违停检测、消防通道占用检测——堆物、消防通道占用检测——车辆、未戴口罩识别、个人事件行为识别（吸烟检测）、烟火检测、占道经营事件检测、违规广告牌检测、暴露垃圾、乱堆物堆料、出店经营、游商经营、交通拥堵识别（见图 7-10）。结合数字孪生的三维可视化地图，将预警实时展现在地图上，

图 7-10 乌海市智慧城市智能识别机动车违停检测

同时接入网格员定位信息，在智能运营中心大屏进行核实和指挥调度，实现对城市安全事件更快、更准、更高效的处置。

乌海市通过智能终端精确感知、智能边缘技术及时处理、网和云进行可靠传输和计算，形成以服务为优势、安全稳定可靠的智慧城市技术体系。从人与人的连接到万物互联、万物发声，智慧城市各要素各部件形成互动的新生态。

3. 城市智慧运营赋能应急响应

城市业务平台和城市可视化管理平台的建设，为乌海市数据资源体系的形成提供业务牵引力，将线下延时数据传递升级为线上实时分析，及时为城市运营提供数据支撑服务。在疫情期间，在短时间内完成外呼场景配置上线，两天内完成外呼通知任务达12万人次，第一时间实现卫健委、公安、核酸检测等基础信息的精准分析比对，为乌海市疫情防控工作节约了大量人力、物力。通过对重点事件和指标进行实时动态展示与趋势预测，科学地把控城市疫情防控发展的全局与轨迹，提前做好相关风险的防范措施和处理机制，极大提升了城市应急事件的快速响应与科学处置能力。

四、数字乌海取得的四大成效

1. 提高了决策效率和决策能力

通过建立乌海市城市大脑，乌海市大数据中心将分散在各个部门的业务数据整合到一个平台上，形成统一的数据视图，有助于更好地统筹了解各委办局部门业务与数据应用和运转情况，从而做出更准确的决策。

2. 提高了城市的运行效率和管理水平

通过将各委办局和社会方面的信息数据整合，乌海市利用大数据分析和人工智能等技术手段进行智能化管理，提高了公共服务水平，提升了城市管理效率和管理水平。

3. 提高了居民的生活质量和满意度

大美乌海 APP 的建设，使居民可以通过智能手机终端设备获得智能化的交通出行、随时随地的政务办事、优质普惠的公共服务，享受到更加高效、便捷、安全、舒适的城市生活。

4. 提高了城市的可持续发展能力

乌海市将城市规划、资源利用、环境保护等方面的问题纳入一个整体性的管理体系中，促进了城市的可持续发展。同时，物联网、大数据技术的有效应用，能够更好地监测和管理城市的环保消耗、废弃物排放、垃圾处置等情况，减少城市运转对环境的影响，提高城市环境质量，维护城市生态平衡。

第五节　数据价值释放：沈抚改革创新示范区政务数据资源一体化管理

一、沈抚建设数字政府的规划

2018 年 9 月，国务院批复《沈抚改革创新示范区建设方案》，将辽宁省沈抚改革创新示范区定位为东北地区改革开放的先行区、优化投资营商环境的标杆区、创新驱动发展的引领区和辽宁振兴发展的新引擎。辽宁省委、省政府高度重视示范区发展，将示范区列为辽宁省"五大区域发展战略"之一，并赋予示范区省级经济管理权限，举全省之力加快推进示范区的建设发展。

《沈抚改革创新示范区建设方案》提出，创新管理模式，深化"放管服"改革、"一站式"行政服务改革、商事制度改革，加快转变政府职能。以此为契机，沈抚改革创新示范区管委会加快推动建设高效能的数字政府，锻造自身先行引领的硬核能力。政务数据资源平台是数字政府建设的基础性工程，这也是沈抚改革创新示范区发力数字化转型，助力实现弯道超车、振兴东北的基础性、关键性、创新性工作，具有重要的前导作用和重大的示范意义。沈抚改革创新示范区依据《数字沈抚建设规划（2020—2025年）》总体目标，坚持制度、模式、技术、服务创新相提并重，坚持"数、云、网、端"相融合，构建形成沈抚改革创新示范区电子政务集约创新数据资源平台，通过数据有效治理和融合应用，带动公共服务事项深度一体化融合，实现跨部门、跨地区系统间有效支撑、协同共治。

二、沈抚的四大创新实践

1. 汇聚治理数据资源

通过数据资源普查，沈抚改革创新示范区形成"三张清单"，即数字化业务系统清单、数据资源清单和数据需求清单，并进行数据普查成果大屏实时展示（见图7-11）。在单次全面普查基础上，沈抚改革创新示范区建立内外协同双闭环的日常管理机制，启动"数据资源大起底"，通过"自顶向下""自

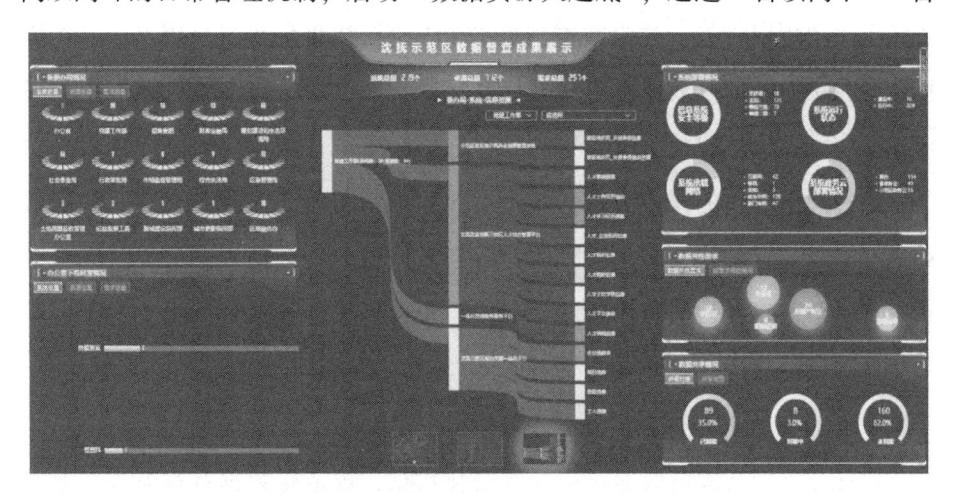

图7-11 沈抚改革创新示范区数据普查成果大屏展示

底向上"的双向数据梳理，全面无死角摸清示范区的"数据家底"。最终，以规范流程和评价考核结合实现长效管控治理，保证普查数据的完善性、准确性、时效性。

2. 编制政务信息资源标准规范体系

政务信息资源标准规范体系包括数据治理标准体系、数据安全标准体系，形成面向从数据采集到使用的全生命周期数据治理管控策略，以及覆盖从数据产生到退役的全生命周期数据安全管理办法、技术规范和实施细则，同时汇聚大量的国标、行标、地市标准等，为示范区其他应用系统建设提供相关标准支撑。

3. 建设"三平台、一门户"，实现数据一体化管理

建设示范区数据采集融合平台，具备项目管理、任务管理、数据源管理、消息队列管理、日志管理、用户管理、监控管理等核心功能，实现示范区所有政务数据的采集、清洗、标准化、融合等工作，构建示范区基础库、专题库。建设数据管控治理平台，具备元数据管理、数据标准管理、数据质量管理、数据模型管理、数据安全管理等几大核心功能，实现示范区政务数据资源的全生命周期管控。建设数据服务平台，进行数据资源目录编目，基于数据资源目录对外提供数据服务（部门领域数据共享服务、基础领域数据共享服务和应用领域数据共享服务）和支撑数据库资源挂载、接口资源挂载等功能。通过简单易懂的操作界面，步步引导的申请流程，让业务人员对数据看得懂、拿得到、拿得快。建设一体化政务数据资源管理门户，示范区数据应用基于示范区政务数据资源管理平台进行集中开发，打通数据壁垒，实现示范区各部门的数据共享交换（见图7-12）。

4. 构建五大应用体系，开发政务数据资源价值

沈抚改革创新示范区通过引入社会化数据，规范化数据普查流程，形成数据普查成果的智能呈现；构建示范区信息化建设知识库，辅助信息化规划的编制和决策；构建贯穿自然人和法人的全生命周期知识图谱，实现示范区域内人口、企业的精准管理；建设信息化项目评审辅助决策能力，通过功能及权责事项等的对比分析，减少信息化系统的重复建设；通过非预设场景分析提供多项数据挖掘能力，为示范区招商引资的多项核心业务提供数据分析支撑。

图 7-12　沈抚改革创新示范区政务数据资源管理和共享平台统一门户

三、数字沈抚取得的三大成效

1. 逐步打通了数据孤岛

沈抚改革创新示范区通过建设一体化政务数据资源管理和共享平台，落地实现了示范区全部 23 个部门之间的数据共享交换，实现了数据壁垒在部门级颗粒度的 100% 打通。

2. 赋能关键应用落地

（1）推进实现"一网通办"。如行政审批局通过共享市场监督管理数据、规划建设局等部门的数据，将行政审批局涉及企业和个人的单次业务办理时间，由原来的 15~20 分钟减少到 5~10 分钟，缩短了单次办理业务时间近 50%。

（2）推进实现"一网统管"。如应急管理局通过共享社会事业局、规划建设局、行政审批局等部门数据，完善了"一网统管"平台的业务完整情况。政务数据资源管理平台提供了示范区域内所有人口、房屋的信息，减少了应急管理局人口、房屋等数据的采集时间。

（3）推进实现"一网协同"。如办公室通过共享示范区行政审批局、财政金融局、发展改革局等部门的数据，实现了示范区部门报表的统一管理和上报，通过平台可以定期下载办公室汇报所需的各类报表。单次报表的收集时间，由原来的2~4天变为随用随下，缩短了业务流转时间90%以上。

3. 提升了建设效能

沈抚改革创新示范区通过数据普查成果智能呈现、信息化项目评审辅助决策两大应用，对信息化项目的系统功能、数据资源比对，累计驳回12个项目申请，实现了示范区信息化系统建设的集约性，减少重复建设，优化财政预算。

第六节 网络安全智治：诸暨市数字政府安全体系建设

一、诸暨建设数字政府的规划

2017—2022年这五年，浙江省从"最多跑一次"改革到政府数字化转型、再到数字化改革，牵引全面深化改革不断向广度和深度进军。为统筹发展和安全，夯实数字化改革网络安全底座，全力服务保障数字化改革大局，浙江省制定出台数字化改革网络安全工作实施方案，明确任务清单、实施路径和时间表，构建数字化改革网络安全指挥、制度、技术、运营、监管五大体系，推动实现业务规划与安全规划同步、业务体系构建与安全体系构建同步、应用技术发展与安全技术发展同步、业务能力提升与安全能力提升同步。

诸暨市作为浙江省数字化改革安全建设样板，聚焦"应急指挥、制度规范、技术防御、运营防控、安全监管"整体建设，涵盖"云、网、端、应用、数据、内容、行为"各类安全对象，构建"组织、人员、资产、隐患、事件、流程、考评"多要素的网络安全数字治理体系，实现网络安全"市—镇—村"三级纵向打通、各委办局横向协同、条块结合、群防群控的网格化治理格局，形成"新时代枫桥经验"在网络安全治理上的创新应用。

二、诸暨的数字政府建设规划和三大场景创新实践

在推进县域数字化改革和数字政府建设过程中，各地普遍面临一些共性的网络安全问题。

（1）政务网络用户单位多，使用人员复杂，安全责任不明确，协同处置不高效。

（2）政务网络资产不清，入网管控不严，资产责任归属不明确。

（3）常态化安全监管不足，多层次纵深技术防御力量欠缺，对网络安全风险隐患感知不及时、不全面。

（4）运营防控尚未到位，缺乏专业化的安全运营团队。

（5）安全监管机制不够完善，安全考核评价不量化。

1. 数字政府安全体系

针对这些问题，诸暨市坚持党对网络安全工作的全面领导，深入贯彻落实《关键信息基础设施安全保护条例》《浙江省公共数据条例》等法律法规，成立由市委"一把手"领衔的工作领导小组，进一步压实各镇乡（街道）、部门党委（党组）网络安全工作主体责任，明确首席网络安全官的工作任务，重构市、镇、村（社区）三级管理机制，形成上下一体、条抓块统的县域网络安全治理格局，真正做到"一把手"统抓、"一盘棋"统建。

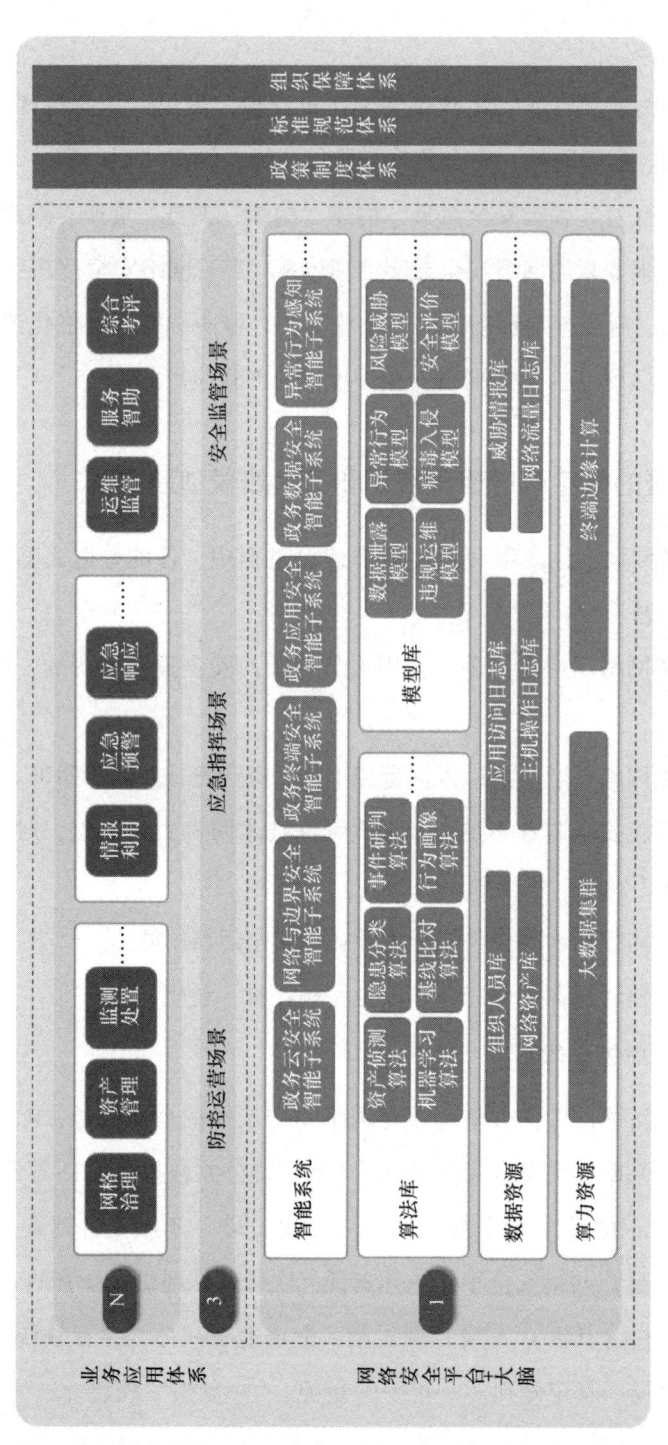

图7-13 诸暨市数字政府安全体系构架

在具体推进上，诸暨市坚持"体系推进、平台统一、能力融合"的设计原则，构建"1+3+N"的应用体系构架（见图 7-13）。"1"即网络安全"平台+大脑"，"3"即防控运营、应急指挥、安全监管三大安全场景，"N"即网格治理、资产管理、监测处置、情报利用、应急预警、应急响应、运维监管、服务智助、综合考评等多个安全业务功能。围绕应急指挥体系建设、制度规范体系建设、技术防御体系建设、运营防控体系建设、监督管理体系建设 5 项一级工作任务，进一步拆解出 23 个二级安全任务、101 个三级安全工作项，通过数字化赋能，横向覆盖 85 家党政机关、群团组织，纵向贯通 23 个镇街、553 个村社，实现网络安全"一屏掌控"、指令"一键通达"、执行"一贯到底"、服务"一网智享"、监督"一览无余"。

2. 三大场景创新实践

（1）**防控运营场景主要包括网格治理、资产管理、监测处置**。网格治理方面，按照部门、镇（街道）将全市政务网络划分为 108 个网格单位，动态建立政务网络终端用户信息档案库。分别赋予各网格单位分管领导监督审核权限、管理员管理处置权限，对非必要在网人员核查清退。资产管理方面，结合资产入网审批，运用网络扫描、流量分析和终端监测等方式，智能识别政务网络存量软硬件资产，按计算机设备、网络设备、安防设备等 8 大类 51 小类自动生成内含 IP 地址、MAC 地址、操作系统等信息的资产清单，建立网络资产库，动态更新资产信息，实现库内资产与所属单位、用户精准匹配。监测处置方面，聚焦网络安全、数据安全、设备安全、应用安全 4 类，运用 UEBA（用户和实体行为分析）、APT（高级持续威胁检测）等技术，智能监测"三高一弱"、私搭无线网络设备、未脱敏数据流转等网络安全隐患，一旦发现隐患，将信息流转至事发部门处置。

（2）**应急指挥场景主要包括情报利用、应急预警、应急响应**。情报利用方面，实时收集外部网络安全威胁情报，参照省级网络安全事件分级分类标准,将初步研判为"一般及以上"危害等级的网络安全事件流转至"应急预警"模块处置;对其他网络安全事件,自动匹配锁定受影响资产,将责任压实到网格单位,快速修复漏洞,阻断网络威胁。应急预警方面,"一般及以上"危害等级的网络安全事件,参照国家网络安全事件应急预案标准,开展红、橙、黄、蓝四色预警。遇疑似红、橙、黄色预警,第一时间上报,由上级部门确定等级(红、橙、黄色预警分别由国家、省、市网安应急部门发布)。遇蓝色预警,由本级网安应急部门实时发布。应急响应方面,对红、橙、黄色预警的网络安全事件,在上级统一指导下,协同开展应急处置和支援保障。对蓝色预警的网络安全事件,第一时间成立线上指挥部,启动应急预案,针对性开展数据备份、设备保护、隐患排查工作,恢复受破坏的网络、信息系统和信息基础设施,后续跟进调查取证、信息发布、善后处置等。

(3)安全监管场景主要包括运维监管、服务智助、综合考评。运维监管方面,将参与诸暨市政务信息系统建设的第三方运维企业、运维人员纳入管理,运用多层次异常行为监测分析技术,动态监控第三方收集、存储、使用政务数据和公民个人隐私信息的行为,智能识别管控运维安全隐患385起。服务智助方面,利用终端防护软件,对用户自动推送弱口令、违规外联等消息提醒,线上开展网络安全相关法律法规、制度规范、典型案例等宣传,提供高危端口修改、敏感信息防泄等安全技能辅助服务,同步开展终端无感督查,有效提升用户的网络安全保护意识和防范能力。综合考评方面,建立部门网络安全评估模型,明确安全防护、安全监测等5个一级指标、13个二级指标、33个三级指标,形成县域网络安全生态整体画像、部门网络安全综合画像,一屏展示各单位网络安全指数排名,直观反映全市网络安全风险管控成效,推动以评促管。

三、数字诸暨取得的三大成效

1. 探索了网络安全"大脑"建设路径

诸暨市汇聚了浙江省、绍兴市网络安全信息,接入全市应用系统安全监测数据,实时监管2.2万余个网络软硬件资产和1.7万余名使用人,集成机器学习、基线比对、行为画像等52种算法,构建风险威胁识别、异常行为分析、数据泄露识别等86个模型,融合"组织、人员、资产、隐患、事件、流程"六要素,开发"网络安全智治"应用,推动"云、网、端、数、应用、行为"全链路全方位贯通,提升了网络安全可视化、精准化、智能化水平,为其他县市构建数字政府安全体系提供了样本示范。

2. 重塑了县域网络安全治理模式

诸暨市坚持"抓本治源、群防群控"理念,构建网格管理、"四责联动"(市委网信办、公安局、保密局监管责任+大数据中心主管责任+接入单位主体责任+个人使用责任)、闭环处置的工作机制,形成了网络安全职责清、人员清、资产清,防控不遗漏、风险不外溢、服务不缺位的"三清三不"网络智治模式,创新发展了新时代网上"枫桥经验"。截至2023年底,项目应用同步上线个人计算机端和"浙政钉"移动端,实现县域政务网络用户信息"一网"归集、网络资产数据"一屏"掌控、风险隐患分类处置、部门评价"一榜"晾晒,诸暨全市2.2万余个网络软硬件资产监管全覆盖,累计发现安全事件447起、安全隐患64041个,处置率分别达100%、99.1%,网络安全防护能力显著提升。

3. 创新了网络安全标准制度体系

诸暨市制定政务网络安全管理指导手册,出台《诸暨市电子政务外网基础设施安全管理指南》《诸暨市电子政务外网网络安全风险处置及通报管理规定》等15项制度,编制《县域网络安全管控体系建设技术白皮书》,起草政务网终端安全防护规范等地方标准,构建了分级分类、标准统一、流程规范、运行有效的网络安全制度体系,为网络安全资产管理、风险处置、应急指挥、监管考评、通报问责等提供了体系化规范化制度支撑。诸暨市聚焦安全管理、安全防护、安全监测、安全成效四方面指标,将评价结果与年度网络安全工作责任制考核和平安考核相挂钩,推动了政务网络安全工作落地落实。

第八章

评估评价：数字政府的成效测度与应用

在各地区各部门推进数字政府建设的过程中，如何有效评价各自建设成效，从而针对性制定改进策略，是一项系统而复杂的工程。数字政府评估评价大致包括三个关键环节的内容：评价什么、如何评价及如何应用。

第一节 评价什么

一、明确数字政府建设内涵

评价数字政府建设成效，首先要明确其内涵，即数字政府包括什么、不包括什么。国家"十四五"规划纲要将数字政府与数字经济、数字社会并列为我国数字化发展的三大支柱，对数字政府建设重点部署了三方面工作。

（1）推动公共数据安全有序共享，开展政府数据授权运营试点。

（2）推动政务信息化共建共用，布局建设经济治理、市场监管等重大信息系统，完善电子政务网络、云平台、数据中心建设。

（3）提升数字化政务服务效能，全面推进政府运行方式、业务流程和服务模式数字化智能化，加快数字技术在辅助政府决策、突发公共事件应对中的运用。

总体来看，纲要主要部署了数据开放共享、数字化能力建设、数字化服务效能提升三方面工作。2022年6月，《国务院关于加强数字政府建设的指导意见》（以下简称《指导意见》）印发，提出强化数字政府考核评估，"在各级党委领导下，建立常态化考核机制，将数字政府建设工作作为政府绩效考核的重要内容，考核结果作为领导班子和有关领导干部综合考核评价的重要参考。建立完善数字政府建设评估指标体系，树立正确评估导向，重点分析和考核统筹管理、项目建设、数据共享开放、安全保障、应用成效五大方面情况，确保评价结果的科学性和客观性"。

同时，针对数字政府建设什么，《指导意见》明确了"5+7"框架，即重点从五个方面、七大领域推进政府数字化转型。五个方面包括政府数字化履职能力体系、安全保障体系、制度规则体系、数据资源体系、平台支撑体系，基本能与要求重点考核的五大方面对应起来。七大领域指政府数字化履职能力的七大方面，又可细分为"5+2"。"5"指政府的五大职能，包括经济调节、市场监管、社会管理、公共服务、生态环境保护。如果"5"主要是面向政府外部事务治理，那么"2"就是面向政府内部运转的数字化，包括政务运行和政务公开两方面。因此，从《指导意见》的部署来看，我国数字政府建设包含范围极广，基本覆盖了除党的机关、人大、司法之外的所有行政机构职责，以及从规划、建设、运营到使用的所有环节，是一项庞大而复杂的系统工程。

二、数字政府评估评价指标

应该重点评价数字政府建设的就绪度、过程还是产出？即数字政府建设的事前、事中、事后情况，如何对各个方面进行赋权、赋重？从实践来看，围绕单个方面或者综合前中后环节开展的评价都已经广泛存在。例如，在评价政府人工智能应用水平方面，多个国际组织采用就绪度评价的方法，目的是帮助政府理解技术应用所需的能力、框架、资源和基础设施，从而做好准备并制定合理政策（见表8-1）。

表 8-1　牛津洞见关于政府 AI 就绪指数的评价考虑

三大支柱	一级指标	指标设置考虑
政府支柱	AI 战略	政府应就如何发展和治理 AI 制定战略愿景，并辅以适当的监管和对伦理风险的关注。此外，政府需要具备强大的数字化能力，以适应新技术的应用和实践
	AI 监管与伦理	
	政府数字化能力	
	政府变革能力	

(续)

三大支柱	一级指标	指标设置考虑
技术支柱	市场成熟度	技术部门能够为本国政府提供良好的 AI 工具，且应具备较强的创新能力，并以营造激发创业的良好营商环境和充裕的研发投入资金为基础。此外，该行业从业人员的技能和教育水平也至关重要
	AI 技术创新能力	
	人力资本	
数据与基础设施支柱	基础设施	AI 应用要求数据具有高度可用性和高度代表性，不仅需要大量高质量数据，同时这些数据还需要对国家公民的特征具有足够代表性。最后，如果没有保障 AI 技术应用的基础设施，这些数据的潜力就无法得到释放
	数据可用性	
	数据代表性	

在政府数字化服务评价中，现有评价大多强调过程和产出结合，既关注渠道建设、事项覆盖、指南准确等过程体验，又关注网办效率等需求满足情况。在营商环境评价中则更关注应用效果即产出情况，如线上服务对企业办事时间、成本的削减情况，"一网通办"对数字经济发展的赋能情况等。不同视角评价的目的不同，结果可能存在较大差异。例如，有研究使用 Alexa 的政府网站点击排名，测试其与政府网站绩效评估结果之间的相关性。结果发现，在全球层面，国家的电子政务绩效对公民点击使用没有显著影响。[⊖]因此，评价什么还需要结合评价的目的和结果应用来确定，确保不是为了评价而评价。

三、数字政府评价考量因素

如何将数字政府融入整体数字化转型，实现与数字经济、数字社会的良性互动，这也是评价需要考虑的问题。数字政府作为数字中国建设的有机组成部分，与经济社会互动关系密切，既需要数字化技术、数字产业的发展为其提供驱动力和外部环境，又需要通过数字政府建设为经济社会发展赋能增效。

《指导意见》将这一互动关系描述为：数字政府建设是"引领驱动数字经

⊖ 马亮，刘柳．电子政务绩效如何影响公众使用——基于全球国家和城市的实证研究［J］．上海行政学院学报，2019，20（04）：83-95．

济发展和数字社会建设、营造良好数字生态、加快数字化发展的必然要求",要通过数字政府建设助推数字经济发展、引领数字社会建设、营造良好数字生态。2023年2月,中共中央、国务院印发《数字中国建设整体布局规划》,将"发展高效协同的数字政务"作为数字中国建设"五位一体"推进的重要组成部分,强调数字政务与经济、文化、社会、生态文明的数字化建设同部署、同推进。换言之,考量因素不仅需要关注政府运用数字化技术提高自身履职能力的情况,更需要关注数字化技术大规模社会化应用对生产生活方式的影响,尤其是对数字经济、数字社会发展的赋能带动情况。

第二节 如何评价

如何评价数字政府建设成效,具体包括由谁组织和开展评价、如何设计指标体系、如何形成评价结果等。当前,围绕数字政府建设的不同视角和领域,国内外已经形成诸多评价测评体系,并根据实践情况不断演进发展。

一、国际层面

为适应互联网的发展应用以及电子政务的兴起,2000年前后,多个国际组织相继提出政府信息化相关评价体系,构成数字政府评价的前身。这些评价主要聚焦在两个方面。

(1) 政府网站的绩效评价。重点关注政府网站的功能设计、用户服务提供、政务信息公开等方面情况,如欧盟的政府网站绩效评价、美国布朗大学的电子政务绩效评价、美国罗格斯大学的城市政府网站绩效评价等。这一类评价的兴起与2000年代全球政府网站建设热潮密不可分,主要国家的政府信息、政务服务逐渐同步到互联网上,极大程度上便利了公众获取政府资讯和服务,推动了政民之间信息交互与联系的深化。

(2) 电子政务的评价。主要围绕在线服务、数据开放、公民参与等进行评价，同时涉及支持线上服务发展的设施、制度、人才等。如联合国的电子政务发展指数（EGDI），从在线服务指数、电信基础设施指数、人力资本指数三方面评价各国电子政务发展水平。日本早稻田大学《2022年数字政府评估报告》指标体系包含十项，除在线服务/政务应用、国家门户网站便捷度、电子参与、数据开放外，设施层面考察了网络准备度、网络安全、新兴信息通信技术应用，制度层面考察了管理效率、政府首席信息官制度、数字政府推广机制。

2020年以来，全球数字化转型的加速对数字政府建设产生深远影响，新冠疫情让各国政府进一步认识到推进公共部门数字化转型的重要性，转型的目标不仅仅是通过互联网加深信息交互与联系，而是要建立更广泛的数字社会连接基础，更好利用各类新兴技术赋能治理转型，有效应对数字空间、现实空间交织带来的各类治理难题。在此背景下，主要国际组织纷纷提出超越传统电子政务框架，形成新的数字政府评价体系，以指导各国公共部门顺利完成数字化转型。

世界银行在2020年提出"数字政府技术成熟度指数"（The GovTech Maturity Index，GTMI），旨在从四个方面全面衡量公共部门数字化转型情况，帮助政府确定需要改进的领域。世界银行认为，虽然现有的电子政务评价对监测数字政府建设进展较为有用，但覆盖仍不够全面，需要进一步拓展评价关注点。GTMI包含四个方面：核心政府系统指数、公共服务交付指数、电子参与指数、政府科技推动指数。联合国的电子政务发展指数（EGDI）考察的信息基础设施指数、在线服务指数、电子参与指数、人力资本指数均被纳入GTMI的二级指标，在此基础之上，GTMI额外考察了政务云平台建设、政企合作框架、政府系统互操作框架、数字身份、数字技能培育等诸多新的指标，更能够从前中后端全面考察政府数字化转型的能力和进展。

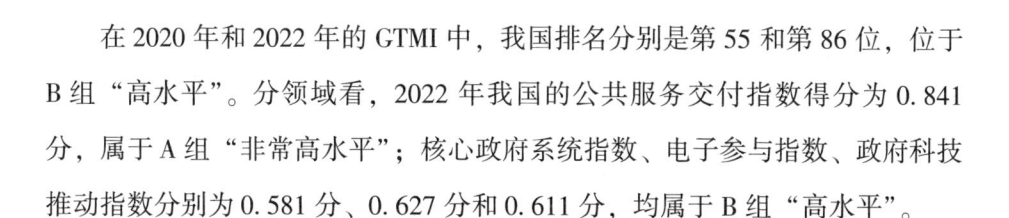

在 2020 年和 2022 年的 GTMI 中，我国排名分别是第 55 和第 86 位，位于 B 组"高水平"。分领域看，2022 年我国的公共服务交付指数得分为 0.841 分，属于 A 组"非常高水平"；核心政府系统指数、电子参与指数、政府科技推动指数分别为 0.581 分、0.627 分和 0.611 分，均属于 B 组"高水平"。

经合组织（OECD）在 2020 年推出"数字政府指数"（Digital Government Index，DGI），认为公共部门数字化转型受基础性因素和变革性因素两方面因素影响。基础性因素包括数字化设计（组织及流程的数字化）、数据驱动的公共部门、政府即平台、默认开放四个维度，变革性因素包括用户驱动、主动交付两个维度。2024 年 1 月 30 日，经合组织发布《2023 年数字政府指数》报告，评估了包括经合组织成员国、伙伴国等在内的 38 个国家在 2020—2022 年的数字政府建设表现。该报告阐释了政府数字化转型长期可持续发展的必要基础。

（1）适应性强的治理安排，各国应制定包含整体政府共同愿景目标和优质公共服务提供在内的数字政府战略，基于此设置能够适应数字环境快速变化的治理安排。

（2）可靠且有弹性的数字基础设施，包括数字身份、数字支付、数字邮政、数据共享系统等。

（3）利用人工智能等新兴技术开展治理的前瞻性方法。随后，从战略制定、政策杠杆、实施情况和跟踪监测四个维度对六项指标进行了评价，形成 2023 年 DGI 排名。

总体来看，排名前十的国家分别为韩国、丹麦、英国、挪威、澳大利亚、爱沙尼亚、哥伦比亚、爱尔兰、法国和加拿大。经合组织成员国在数字化设计、数据驱动和平台型政府建设等三项指标上取得较高平均得分。分维度看，多数国家在数字化设计、数据驱动上表现良好，但需加强监测问责机制和数据开放共享机制建设。在平台型政府建设方面，部分国家数字邮政、数字支付等数字化基础设施建设、数字政府投资管理框架等较为欠缺。此外，各国需在促进开放和用户驱动方面加强政策杠杆及跟踪监测机制建设，利用人工智能、大数据等技术提升数字政府有效性和主动性。

联合国在电子政务发展指数（EGDI）基础上，于2021年发布了《数字政府能力评估：地方和国家政府能力发展手册》（以下简称《手册》），旨在通过《手册》构建的六维框架，指导国家或地区了解自身数字政府建设的能力与水平。六维框架包括领导力、战略、治理、法律、技术、数字技能。

其中，领导力维度塑造宏观治理框架，实施贯彻"自上而下"的、与国家可持续发展计划相对应的数字政府转型目标。战略维度通过制定并实施电子参与战略辅助公共部门转型，推动跨政府机构边界的协同整合与服务共享。治理维度贯穿数据的全生命周期，对数据治理相关主体、组织机制提出要求。法律维度旨在为工作流程、数据使用、采购等划清行为边界。技术维度以确保网络安全为前提，对参与数字政府建设的核心群体提出基本技术能力要求。数字技能维度强调培养和提升公职人员数字技能的重要作用。

《手册》格外突出数据治理在数字政府建设中的重要作用，在六大维度的子维度要点阐述中，始终强调数据的核心作用，如领导力维度要求在数据管理机构设置首席数据官职位，建立和实施一系列数据管理标准；战略维度要求各级部委/机构制定数据质量战略和行动计划，明确人员配备和经费预算，持续性识别产生、使用和公开数据的质量问题；治理维度对数据治理结构、访问标准、共享过程及所需技能进行细致部署；法律维度对数据流通、数字化服务提供等提出规范保障；技术维度要求为数据分析和使用提供相关技术支持、安全保障；数字技能维度要求培养公职人员的数据思维。

从国际评价的演变趋势可以看出，新时期各方对数字政府的关注点已有所不同，并呈现以下三方面特征。

（1）将数字政府建设作为一个更整体性的工作进行考察，要求各国从战略、制度、法律层面就明确数字政府建设的定位、机制和规则，不仅仅是在前端服务实现数字化转型，还要整体建立一个全面数字化的、线上化运转的现代政府。

（2）对新兴技术尤其是大数据、云计算的关注度普遍提升，强调将数据共享与开放、系统上云与互通作为数字政府建设的基础性工作扎实推进，为整个部门的数字化转型提供基础条件。

（3）进一步强调数字政府建设在整个社会数字化转型中的重要意义，期待通过政府搭建数字公共基础设施、提供数字公共产品，为一国民众提供便捷、快速、可及的数字连接基础。

二、国内层面

2015 年以来，我国适应国内政府信息化建设实践，不断探索多样化的数字政府评价体系，主流评价大致包括四类。

1. 政府网站绩效评价

具有代表性的是清华大学国家治理研究院自 2016 年起每年开展一次政府网站绩效评价。评价主要关注政府网站在信息发布、互动交流、办事服务、管理保障等方面的情况，共设置 8 个一级指标，分别是信息公开、政策解读、在线服务、互动交流、展现设计、政务新媒体、监督管理和传播应用，此外还设置了"优秀创新案例"作为加分项，旨在鼓励各地区各部门的创新探索和经验推广。评价数据通过人工查阅浏览信息、模拟用户访问、自动化工具监测等多种方式获取，评价对象包括 53 个国务院部委网站、32 个省级政府门户网站（含兵团）、333 个城市门户网站、262 个区县级政府门户网站。

2. 政务服务评价

自 2015 年起，国务院办公厅电子政务办公室委托中央党校（国家行政学院）电子政务研究中心，面向全国 31 个省（自治区、直辖市）和新疆生产建设兵团以及计划单列市、省会城市，持续开展一体化政务服务能力第三方调查评价工作（见表8-2）。

表8-2　全国一体化政务服务能力第三方调查评价指标体系

一级指标	评 估 要 点
1. 服务成效度	重点从"效能线上可评"的角度，衡量政务服务平台的用户使用、网办效率、服务质量等方面的实施效果
2. 办理成熟度	重点从"服务一网通办"的角度，衡量政务服务一体化办理程度
3. 方式完备度	重点从"渠道一网通达"的角度，衡量公众和企业是否可以方便、快捷和准确地找到所需服务
4. 事项覆盖度	重点从"事项应上尽上"的角度，衡量行政权力事项和公共服务事项通过一体化政务服务平台对外提供服务的情况
5. 办事指南准确度	重点从"指南精准实用"的角度，衡量办事指南公布相关要素信息的准确性、详实性和易用性

资料来源：中央党校（国家行政学院）。

评估指标主要结合联合国电子政务调查评价框架及年度《政府工作报告》要求等，分为服务成效度、办理成熟度、方式完备度、事项覆盖度和办事指南准确度五个维度。数据采集对象为省（市）政府在其省级一体化政务服务平台（政务服务网、网上审批大厅、网上办事大厅等）或门户网站提供的政务服务相关数据。评估结果用于督促地方改善"互联网+政务服务"实践，推介典型做法。随着线上线下服务的融合拓展，针对不同服务渠道的专项评价开始出现。

例如，中山大学数字治理研究中心围绕政务服务智能化建设、政务热线服务质量开展第三方调查评估，从不同能力、不同端口对政务服务能力评价形成补充。政务服务智能化建设评价聚焦政务服务提供的聊天机器人或智能助手，从用户"需求满足"和"过程体验"两个维度对政府网页端、移动端的智能问答系统进行测评。政务热线服务治理评价面向全国333个城市，通过问卷调查、电话模拟拨测，从"目标实现"（管用）和"过程体验"（好用）两个维度40余项指标对城市政务热线的服务质量进行全面评价。

3. 数据治理评价

数据作为数字政府建设的关键性要求，在评价中获得的关注日益增多。复旦大学自 2017 年起每半年开展一次全国重要省、市数据开放情况的评价，分别聚焦政府数据开放的准备度、平台层、数据层、利用层四个维度进行数据采集和评价。依托其评价形成的"中国开放树林指数"成为各级政府衡量数据开放程度的重要参考，同时为国家互联网信息办公室信息化发展局监测国家公共信息资源开放情况提供数据支撑，作为国家信息中心数字中国研究院评价地区数据开放能力的依据。

南开大学自 2019 年起连续五年发布"数据赋能政府治理"评价指数，对包括直辖市、副省级城市、省会城市、非省会城市在内的 76 个城市运用大数据提升政府治理效能的情况进行评价。该指数结合了《数字中国建设整体布局规划》提出的新时代数字中国建设的整体战略方向，2023 年的指标体系包含社会治理、公共服务、保障支撑和公众参与 4 个一级指标，以及 13 个二级指标和 38 个三级指标，详细反映了不同城市、城市群和经济带在利用大数据提升治理能力路径上的尝试与表现。

4. 数字政府综合能力评价

一般以省、市为评价对象，综合评价一地区数字政府建设的整体推进情况，为各地落实数字政府建设要求提供参考。例如，中国软件测评中心提出可从基础设施建设、数据治理体系、应用支撑体系、数字服务能力、管理保障体系五个方面评价地方数字政府的建设成效。

赛迪顾问公司于 2020 年 6 月发布了一份较为全面的全国省级行政区域数字政府建设测评，详细考察各地基础设施建设指数、安全与保障指数、服务指数、应用指数、数据指数五方面情况。清华大学数据治理研究中心于 2020 年发布《2020 数字政府发展指数报告》，从组织机构、制度体系、治理能力和治理效果四个维度构建数字政府发展指数，并发布我国重点省市评估排名（见表 8-3）。

表 8-3 清华大学数字政府发展指数的设计框架

一级指标	设置目标	指标内涵
1. 组织机构	衡量数字政府发展过程中不同类型组织的发展水平与完备程度	与数字政府发展相关的党的领导机构、政府机构、社会组织等
2. 制度体系	衡量数字政府不同领域政策法规建设的发展水平与完备程度	与数字政府发展相关的政府治理、数据治理、经济治理和民生服务等领域的政策法规
3. 治理能力	衡量政府数字化转型驱动治理能力全方位提升的状况	政府数字化转型对信息汲取、数据治理、平台治理、政民互动、政务服务、政治传播等能力提升的情况
4. 治理效果	衡量数字政府促进治理现代化的成效	数字政府促进治理现代化、提升政务服务质量和效果的情况，以及相应的公众评价

资料来源：清华大学数据治理研究中心。

三、评价的不足之处

总体来看，国内围绕数字政府建设不同视角、不同领域的评价已经非常丰富，但针对数字政府整体能力和表现的评价还稍显不足，处于探索阶段，尚未形成系统性的方法论，在评价设计、评价内容、评价机制等方面仍然存在值得改进之处。

1. 评价设计

从评价设计来看，前瞻性或指引性不够强，需要创新方法论、拓展评价范围。从国际比较看，主要国际组织均紧随最新变革趋势，提出了不同的评价设计方案，既有关注新技术准备情况的就绪度评价，又有关注公共产品提供的数字设施评价，还有考察整体转型能力的数字化能力评价，应用目的较为明确。

我国相关方面评价起步较晚，评价设计具有相似性。一方面未能突破和超越传统的电子政务框架，评价还主要聚焦在前端服务提供上，对一些前瞻性议题，如政府数字化技术创新应用水平、系统各模块互联互通能力、不同层次的数字基础设施建设情况等未作深入考察；另一方面，评价的目的和指向不明，针对是考察政策落地效果还是提升整体转型能力，被评估对象是否可以依据评价结果改善自身等问题，部分评价难以给出答案。

2. 评价内容

从评价内容看，囿于数据可获取性等原因，部分评价侧重功能性指标，如设施、机构和制度的建设情况，而对成果、效益指标关注不足，有的甚至将设置了多少机构、发布了多少政策作为计分项，权重达30%。对于数字政府建设如何引领、带动数字经济和数字社会发展，更是少有评价关注。

（1）我国数字政府在网络基础设施、在线服务能力等方面已形成了较为成熟的基础，各环节正从"有没有"向"好不好""效益高不高"转变，要求各方主体更加关注设施的弹性扩展能力、云资源的统筹和调度、重大治理需求的识别和赋能、数字项目的建设效益等。

（2）数字政府建设面临资金约束，迫切需要提升建设效能。

3. 评价机制

从评价机制看，结果应用和转化普遍不足，需重视评价应用机制建设。除由政府主导和推动在线服务评价、数字政府安全评价外，其他评价较少被运用于指导和推动实际建设工作。原因有以下三方面。

（1）多数评价普遍关注地区相对的数字政府发展水平，较少有对某地数字政府发展好不好、哪些环节存在问题给出具体意见。加上评价数据不公开透明，很难依据评价结果分析地区或部门数字政府建设存在的薄弱环节，制定针对性改进政策。

（2）评价大多由第三方主导，较难与被评政府建立合作对接机制，推动"以评促建"工作乏力。

（3）评价对区域数字治理鸿沟关注不足。数字政府建设应当与当地经济社会发展水平、群众接受程度等条件相适应，不宜用"一把尺"衡量全国。多数评价普遍采用一套指标体系衡量全国各地，并强化排名导向、区域差距，对反映各地建设进度、引导各地健康发展帮助不大。

第三节　如何应用

一、合理科学运用评价结果

结果的合理科学运用是开展评估评价的最终落脚点。

(1) 合理运用评价结果有助于优化数字政府政策及实践。评价结果可作为政府战略制定的数据支撑，促进科学决策。通过评价结果分析，决策者可了解数字政府建设的实际情况及短板问题，针对性采取改进策略，优化建设资源配置，指导科学实践。

(2) 合理运用评价结果有助于促进政府持续创新。创新扩散理论中"府际竞争"效应认为，地方政府会模仿学习邻近的、发展程度相似的其他地方政府的创新政策，避免在竞争中处于劣势。评估评价结果中的差距会激励得分排名较低的政府部门，学习与自己层级相同但排名得分高的政府部门的创新做法，推动数字政府建设持续改革创新。

(3) 合理运用评价结果有助于建设透明高效政府。一方面，公众和其他利益相关者可以通过评价结果了解政府的工作成效，反馈自身需求和期待，提升数字政府建设透明度和公众参与度。另一方面，评价结果揭示了政府在信息公开、政务运行、公共服务等方面的表现，从而帮助政府针对性地改进服务质量、提升运行效率。

此外，数字政府评估评价项目在人力资源、数据采集和分析、工具的开发或采购等方面均需要大量投入，成本高且耗时长，若只评不用则会导致资源浪费。

二、可靠且有效的评价结果

可靠且有效的评价结果是发挥评估评价价值的前提。可靠，强调评价结果的一致性和可信赖性，即不同评价体系的评价结果之间是否一致、能否真实反映实际情况。有效，关注的是评价结果是否符合预期，是否有实际的正面影响。如果评估评价无法对绩效予以有效和可靠的结果，反映不了实际情况，就很难为决策者提供有用和可信的信息，甚至可能误导政府决策和政策执行。例如，对大学排名的研究发现，不同排名机构得出的迥异结果，使大学管理者迷失方向，或者策略性地使用对其有利的排名。○

当前，有关数字政府评价结果的可靠性和有效性讨论还较少。数字政府相关评价体系类别繁多，各类评价体系在指标选取、评价权重、评价方法、赋分方式等环节上均存在差异，导致了评价结果的多样化。那么，已有诸多的数字政府评估评价结果是否合理可靠？能否较为客观地反映实际情况和问题？政府机构应该参考哪种评价结果？一些研究从"元评价"即对评价的评价角度进行验证，通过分析不同评价体系和评价结果的一致性及差异性，检验数字政府绩效评价的合理性和准确性。

（1）通过检验不同评价体系之间结果的一致性，以衡量其客观性和可靠性。虽然各类评价体系存在方法和过程中的种种差异，但核心目的均是客观反映数字政府发展情况。理论上看，同一评价对象在不同评价体系中的结果应该一样或相近。例如，国内的清华大学和中国软件测评中心均定期且持续发布政府网站绩效评价结果。在评价指标设计上，都关注服务优化、信息公开、技术应用、数据资源、运维保障等核心维度。

整体而言，两者的评价对象和评价指标设计相近。学者们对 2017 年两个评价结果开展了相关性分析，通过对国务院、省和地市三级政府网站的两个评价结果开展 Pearson（皮尔逊相关系数）和 Spearman 相关性分析，发现两者在 95% 的置信水平上成中度正相关。也即，两项评价得分具有较强的相似性，

○ 施艳萍，袁曦临，宋歌. 基于 ARWU 的世界大学排名体系比较及实证研究 [J]. 图书情报工作，2017，61（15）：9.

同一个政府网站在两个评价体系下的得分相近。据此可以认为，两者评价结果较为可信，一定程度上反映了实际情况。⊖相似的研究设计也在国外数字政府绩效评价项目中有所应用，对 2016 年联合国电子政务绩效评价结果和美国罗格斯大学的电子政务绩效评价结果的相关性分析发现，两者在 99% 的置信水平上显著中度相关，具备一致性，可靠性较好。⊖

（2）通过检验评价结果与公民实际使用情况的一致性，可反映评价的有效性。 数字政府建设的核心目的是搭建政府与公民沟通交流的桥梁，为群众提供满意的政府服务，公民相当于数字政府建设的"甲方"。因此，数字政府建得好与不好，公民意见想法非常重要。公民对某个数字政府项目的使用频率越高，意味着该项目越能满足公民需求，绩效评价结果应该处于较高水平。因此，绩效评价结果与公民使用之间的正相关关系能够在一定程度上反映该评价结果的有效性。

例如，Alexa 排名用于测评网站访问量的数据，被广泛用于检测网站的点击量。有研究使用 Alexa 排名代表公民对政府网站的使用情况，搭建了公民使用率与政府网站绩效结果相关性模型，对 2017 年清华大学的政府网站测评结果开展了评估。Alexa 排名与省级政府网站绩效的回归结果显示，两者之间的回归系数为 -0.537，在 99% 的置信区间上显著，即省级政府网站的绩效得分越高，Alexa 排名越靠前，省级政府网站绩效评价结果与公民使用间存在较好的一致性。Alexa 排名与地市政府网站绩效的回归系数为 -0.158，说明地市政府网站的绩效结果和公民使用之间相关性较弱，解释力一般，绩效评价结果的有效性有待提升。此外，罗格斯大学世界主要城市政府网站的 Alexa 排名在回归中与绩效得分呈现出中度显著的负相关关系，说明该项评价的结果与公

⊖ 马亮，刘柳. 电子政务绩效越高，公民使用越多吗？——中国地方政府的实证研究 [J]. 情报杂志，2018，37（09）：194-198，207.

⊖ 马亮，刘柳. 电子政务绩效如何影响公众使用——基于全球国家和城市的实证研究 [J]. 上海行政学院学报，2019，20（04）：83-95.

民使用情况之间一致性较高,有效性良好。

三、确保评价结果的科学应用

由上述内容可见,数字政府评价结果并非都能完全客观全面地反映真实情况,也不一定能准确反映对服务公民这一核心目标的达成情况。政府部门应理性看待各类评价结果,采取多样化措施,确保评估结果的科学应用。

1. 建立评估评价结果的筛选机制

目前,国内国际第三方数字政府评价项目数量众多,但政府资源精力有限,应优先考虑来源于权威机构、数据完整透明、流程方法科学的评价体系。此外,各评价体系侧重的维度也不尽相同,政府应当依据核心需求,重点关注契合自身数字政府建设目标、能为建设短板提供适当参考价值的评价项目。

2. 注重多方观点,合理解读应用结果

(1) 对于不同机构的评价结果进行综合考虑,避免偏见和片面性。还可利用数据挖掘、机器学习等技术手段,对不同的评价结果进行综合分析和整合,形成更全面、客观的评价结论。

(2) 培训提升公务人员对结果的理解和分析能力,同时借助专家智库力量进行解读,深度分析排名或者得分反映出的客观问题,开展结果与实践、本部门与其他部门的情况对比,充分明确建设的不足之处,改进建设方向。

3. 重视科学评价体系建设及元评价,从源头提升评价结果合理性

应发挥政府主导作用,跟随技术及实践进展,明确并动态更新数字政府建设的关键维度,建立反馈机制,鼓励专业机构、群众等各方反馈意见,构建能全面科学反映现实情况的评价体系。要积极开展元评价,通过对不同评价评价项目指标体系、评价方法过程、评价结果的评估,明确评价结果的可靠性和有效性,推动对合理科学的评价结果的利用,使数字政府评估评价项目真正成为辅助建设的推动力。